高等院校小学教育专业系列教材

中小学生研学旅行实务

主　编　张金良　毕发钱

副主编　漆　凡　袁良良　江四海

参　编　谭育林　王　菁　余　纷　许新燕

郭　斓　杨霞辉　夏洪魏　杜　严

西安电子科技大学出版社

内容简介

本书将中小学生研学旅行的理论和实务有机地结合，以丰富、经典的实例展开介绍，有较强的实用性。全书共八个项目，内容包括研学旅行概论、研学旅行指导师与学生、研学旅行与现代教育、研学旅行课程设计与实施、研学旅行实施主体、研学旅行服务机构、研学旅行基地(营地)、研学旅行经典案例。书末附录中给出了研学旅行相关政策文件。

本书可供中小学教师、研学旅行指导师、研学旅行管理人员以及旅行社等研学旅行专业机构从业人员参考使用。

图书在版编目(CIP)数据

中小学生研学旅行实务 / 张金良, 毕发钱主编 . —西安：西安电子科技大学出版社，2022.11
ISBN 978-7-5606-6682-2

Ⅰ . ①中… Ⅱ . ①张… ②毕… Ⅲ . ①教育旅游—中小学—教学参考资料 Ⅳ . ① G632.429

中国版本图书馆 CIP 数据核字 (2022) 第 185713 号

策　　划　李鹏飞　李伟
责任编辑　李鹏飞
出版发行　西安电子科技大学出版社(西安市太白南路 2 号)
电　　话　(029)88202421　88201467　　邮　　编　710071
网　　址　www.xduph.com　　电子邮箱　xdupfxb001@163.com
经　　销　新华书店
印刷单位　陕西精工印务有限公司
版　　次　2022 年 11 月第 1 版　　2022 年 11 月第 1 次印刷
开　　本　787 毫米 ×1092 毫米 1/16　　印　　张　14.5
字　　数　297 千字
印　　数　1 ～ 3000 册
定　　价　52.00 元
ISBN 978-7-5606-6682 - 2 / G

XDUP　6984001-1

***** 如有印装问题可调换 *****

前言

“读万卷书，行万里路”是我国教学的优良传统。读万卷书所获得的知识，要通过行万里路，在亲身实践中加以检验和应用；而行万里路的实践和体验，则要在读万卷书的指导下进行。研学旅行的提出，就是要统一“读万卷书”与“行万里路”的求学过程，是我国学校教育改革的重要举措。

2013 年国务院办公厅印发的《国民旅游休闲纲要 (2013—2020 年)》首次提出要逐步推行中小学生研学旅行。教育部从 2013 年开始开展研学旅行的试点工作，取得了较好成效。随着我国全面建成小康社会，逐步实现社会主义现代化，近年来国务院发布了一系列促进旅游发展的文件，其中都明确要求积极开展研学旅行，把研学旅行纳入学生综合素质教育的范畴。2016 年初，教育部发布《关于做好全国中小学研学旅行实验区工作的通知》，确定了 10 个全国中小学研学旅行实验区以及研学旅行的基本原则、实施时间等。2016 年底，教育部会同国家发展改革委、公安部、财政部、交通运输部、文化部、食品药品监管总局、国家旅游局、保监会、共青团中央、中国铁路总公司等 10 个部门联合发布《关于推进中小学生研学旅行的意见》，将研学旅行上升到落实立德树人根本任务的高度，并纳入学校教育教学计划。2017 年，国家旅游局开始实施《研学旅行服务规范》。2017 年 9 月，教育部印发《中小学综合实践活动课程指导纲要》，明确了综合实践活动是必修课程，并将研学旅行纳入综合实践活动课程的范畴。2017 年 12 月，教育部办公厅印发《关于公布第一批全国中小学生研学实践教育基地、营地名单的通知》，对于研学旅行基地、营地的性质、功能等有明确的示范意义。

本书除对研学旅行概论进行介绍之外，还分别针对研学旅行指导师与学生、研学旅行与现代教育、研学旅行课程设计与实施、研学旅行实施主体、研学旅行服务机构、研学旅行基地（营地）、研学旅行经典案例这七个方面提出了相应的操作指南，以期对行业、学校、基地（营地）等相关从业人员进行全面指导。

限于编者水平，书中难免有疏漏与不足之处，敬请读者批评指正。

编　者

2022 年 5 月

目录 contents

项目一
研学旅行概论

思政素材

研学旅行来了！

随着我国基础教育改革由知识核心时代走向素养核心时代，国家在研学旅行领域不断释放政策红利。2013 年 2 月，国务院印发的《国民旅游休闲纲要(2013—2020 年)》明确要求“逐步推行中小学生研学旅行”。2014 年 8 月，《关于促进旅游业改革发展的若干意见》首次明确研学旅行要纳入中小学生日常教育范畴。2015 年 8 月，国务院办公厅发布《关于进一步促进旅游投资和消费的若干意见》，提出要“支持研学旅行发展，把研学旅行纳入学生综合素质教育范畴”。2016 年年初，教育部基础教育一司在工作要点中将加强研学旅行工作、建设研学旅行试验区和建立研学旅行统筹协调机制作为年度工作重点，并将之作为“坚持创新发展，深化育人方式改革”的重要举措。同年 11 月，教育部等 11 部门联合发布《关于推进中小学生研学旅行的意见》，要求各中小学要把研学旅行纳入教育教学计划，与综合实践活动课程统筹考虑，促进研学旅行和学校课程的有机融合。至此，研学旅行由原先的“校外活动”上升到“校内课程”，实现了课程化嵌入学校教育的飞跃。

任务一　研学旅行的历史渊源

学习目标

【能力目标】

掌握研学旅行从古至今的历史发展脉络，明确当代研学的时代意义。

【知识目标】

(1) 了解中国古代游学的发展历史。

(2) 了解近现代修学旅行的发展历史。

(3) 了解当代研学旅行的演变过程。

【素质目标】

(1) 通过学习古代游学、近现代修学旅行及当代研学旅行的发展历史，增强学生读万卷书、行万里路的学习理念。

(2) 培养学生知行合一的教育观。

任务描述

位于江西省抚州市的中国戏曲博物馆总展陈面积约2400平方米，馆内设有戏曲史论、戏曲文学、戏曲表演、戏曲舞美、戏曲音乐、国际戏剧交流6大展区。中国戏曲博物馆由抚州市与中国华录集团合作创建，整合了中国唱片总公司、中国戏剧出版社等众多优质产业资源，以现存清代民居及周边建筑群为馆址，旨在建成全国一流的戏曲文化体验基地、戏曲进校园教育实践基地。博物馆展示内容不仅贯穿了中国戏曲文化发展史，还涵盖了各省区市的代表性地方剧种，对中国戏曲文化进行了全面系统的梳理和呈现。那么针对中国戏曲博物馆，中小学生如何开展研学活动呢？

任务分析

经过古代游学、近现代修学旅行到当今的研学旅行的历史演变，研学旅行已成为当前中小学生的必修课。今天，让我们走进中国戏曲博物馆，探寻戏曲的奥秘。

知识准备

研学旅行是由中国古代游学、近现代修学旅行逐步演变发展而来的。

一、中国古代游学

据《史记·孔子世家》记载，鲁定公十四年(公元前496)，56岁的孔子带着弟子们周游列国，开启了中国古人游学之风。孔子与弟子们周游列国长达14年之久，历尽艰辛。他们一路读书问道，一边向诸侯国国君游说，一边开坛授课，广招门徒。其游学足迹遍及卫、陈、鲁、宋、郑、蔡、楚诸国，有些地方至今还保留着有关孔子的遗迹。可以这样讲，孔子堪称中国游学的鼻祖。

孔子与弟子们在游学途中，既有“孔子适周，访礼于老聃，学乐于苌弘”的故事，又有“两小儿辩日”的趣闻，还有“仁人廉士，穷改节乎”的思考。游学途中他时刻践行着“三人行，必有我师焉”的理念，并拜访了几位德高望重的老师。在周游列国途中，孔子及弟子将边游边学的游学精神表现得淋漓尽致。孔子说：“君子怀德，小人怀土。”他还说：“士而怀居，不足以为士矣。”这些话的意思是劝告君子不要留恋故土，应该通过游学四方增长见识，实现远大理想，大展宏图。先秦诸子如墨子、庄子、孙子、孟子、荀子、韩非子等都曾通过游学推行自己的学说及治国之道。

在游历中感受山水，在感受山水中体悟人生，在体悟人生中深思求索，在深思求索中寻得哲理。孔子的思想是闪耀着光辉的教育瑰宝。其“读万卷书，行万里路”的人文精神一直被后世所尊崇。

到汉魏时期，读书人游学之风尤盛，其中最具代表性的人物就是《史记》的作者司马迁。他在《太史公自序》中写出了自己的游学路线——“十岁则诵古文。二十而南游江、淮、上会稽，探禹穴，窥九疑，浮于沅、湘；北涉汶、泗，讲业齐、鲁之都，观孔子之遗风，乡射邹、峄；厄困鄱、薛、彭城，过梁、楚以归。”一番游学，司马迁跑遍了大半个中国，实地考察了各地的风土人情、遗迹遗风，这对他创作《史记》意义非凡。这个过程使他获得了知识与经验的双重积累。这次游学不仅使他对中国的山川地貌、风土人情、历史故事更为了解，而且使他领略到了无限的时空、不羁的自由和一种精神的存在感。这些经历为他以后人格品质的塑造和编写史学巨著奠定了良好基础。

中华历史和文化源远流长，游学的名人故事不胜枚举。唐代诗人杜甫“出游翰墨场”，与文士们郊游，到吴越，赴洛阳，游齐赵。陆游的教子诗曰“纸上得来终觉浅，绝知此事要躬行”。南宋诗人巩丰在《送汤麟之秀才往汉东从徐省元教授学诗》中写道：“士游乡校间，如舟试津浦。所见小溪山，未见大岛屿。一旦远游学，如舟涉江湖。”这几句诗形象地描绘了古代学子远行求学的心态和艰辛。明朝徐霞客的游学经历成就了《徐霞客游记》，该游记为中国的地理学和文学做出了卓越的贡献。

二、近现代修学旅行

20 世纪 30 年代，著名教育家陶行知先生在《中国普及教育方案商讨》一文中提出“修学旅行应该特别提倡”。他抱着教育救国理想，积极倡导“知行合一”。他认为“行是知之始，知是行之成”。他先后组织新安小学的“新安旅行团”走向社会，长途旅行、学习。师生们通过唱歌、劳动、放映抗日救亡电影、卖进步书报、进行爱国演讲等活动自筹经费，欣赏江南风光，观察、学习沿途地理、风俗、民情，了解工业文明。旅途中学生们友爱互助、增进情感，学到了很多在学校接触不到的知识。学生们还参观了淞沪抗日战场等，了解爱国军民奋起抗战的英勇事迹，增强了学生们对国家、对民族的责任感。生活教育理论是陶行知先生教育思想的理论核心，他提出了“生活即教育”“社会即学校”“教学做合一”三大主张，成为中国教育典范，开创了中国研学旅行的先河。

三、当代研学旅行

不同社会发展时期对教育的要求不同。自中华人民共和国成立以来，很多学校组织了各种带有研学性质的学工学农学军实践、勤工俭学、爱国主义教育实践、红色旅游、历史文化探源、地质生物考察、走访参观、春游、秋游、校外综合实践、冬令营、夏令营、课外研究性学习、社会大课堂等活动。这些活动与“走出课堂、走出学校，走到生活、社会、自然当中进行研学”以及陶行知先生倡导的“生活即教育，社会即学校”理念是一脉相承的。

改革开放之后，大量来自日韩、东南亚和欧美国家的“修学旅游团”来华修学旅游。各地积累了大量修学产品组合、组织接待和安全保障等方面的宝贵经验。外来的修学旅游理念对国内一部分家长产生了影响。从 20 世纪 90 年代开始，随着经济的快速发展，家长、学生们对国内修学旅行、出国游学的需求日益增长，一些教育理念较开放的学校开始组织学生修学旅游、出境游学。不少旅行社根据需要组织了一些修学旅游或海外游学旅行团，不断地推动这一市场向前发展。可惜的是，大多数学校只专注于高考应试，再加上基于对学生安全方面的考虑，所以一直没有制度化、规模化地开展修学旅行或出境游学。由于没有政策的出台来规范、引导和监管，出国游学总体呈现“野蛮生长”的状态。

2012 年，国务院办公厅印发《国民旅游休闲纲要 (2013—2020 年)》，倡导“逐步推行中小学生研学旅行”。这份文件的出台正式为研学旅行正名。此后又有系列政策相继出台，使得研学旅行开始受到教育界、旅游界和学生家长们的普遍关注。

如今，在新的历史条件下，为了全面贯彻和落实党的教育方针，推动中国教育事业健康发展，把握时代脉搏，尊重教育规律，体现素质教育，坚持立德树人、以人为本，研学旅行应运而生。

任务实施

实施形式：

6 人一组，分组进行任务闯关。

实施内容：

本活动以中国戏曲博物馆为活动场地，以自主探究为学习手段，将戏曲中的知识设计成竞赛任务。在 6 个展区内设定了不同主题的关卡任务，每个任务都会不同程度地考验同学们的观察力、阅读力、分析力、记忆力、时间掌控力、细心度和协作力。

每 6 人一组，从起点出发，出发前裁判将分发活动设备。参与者要根据活动设备的提示进行活动。

参赛者在完成所有任务后，要迅速回到终点，把活动设备交给裁判，用时少者为优胜。在执行任务的过程中，学生们必须互相帮助、共同协作来完成所有挑战。

任务二　研学旅行概念解读

学习目标

【能力目标】

(1) 能运用研学旅行的概念区分研学旅行与冬令营、夏令营的不同特点。

(2) 能将研学旅行概念应用于研学旅行活动中。

【知识目标】

(1) 掌握研学旅行的概念。

(2) 掌握研学旅行的核心目标。

(3) 掌握研学旅行的基本原则。

【素质目标】

(1) 通过对研学旅行概念的理解，增强学生对研学旅行的热爱。

(2) 通过对研学旅行目标原则的理解，增强学生的责任意识、安全意识。

任务描述

汤显祖纪念馆是为了纪念我国明代伟大的戏剧家、文学家汤显祖而建立的名人纪念馆，于 1992 年兴建，1995 年建成并对外开放。全馆占地面积 180 亩（约 120 000 平方米），由四梦村、娱乐村、度假村组成。四梦村内有清远楼、三生桥、四梦广场、瑶台、照壁、半亭、毓霭池、破茧山房、毛泽东手碑、黄粱饭店等，它们不仅将汤显祖的“临川四梦”——《牡丹亭》《紫钗记》《南柯记》《邯郸记》中的场景结合园林特点艺术地予以展现，同时还展示了汤显祖生平、“临川四梦”对后世的影响及汤显祖在世界剧坛和中国文学史上的地位。其中，汤翁高尚的人格、公道正直的官品、辉煌的艺术成就给人留下了极深的印象。下面，我们就通过探究汤显祖纪念馆来理解研学旅行的真正内涵。

任务分析

本任务针对纪念馆类型的研学基地，通过让同学们对汤显祖纪念馆进行分组探究，引导同学们思考如何开展研学活动，从而提炼出研学旅行的概念及特征。

知识准备

2016 年 11 月 30 日，教育部等 11 部门发布《关于推进中小学生研学旅行的意见》(以下简称《意见》)，旨在深入学习贯彻习近平总书记系列重要讲话精神，落实立德树人根本任务，帮助中小学生了解国情、热爱祖国、开阔眼界、增长知识，着力提高他们的社会责任感、创新精神和实践能力。

中小学生研学旅行是由教育主管部门和学校有计划地组织安排，通过集体旅行、集中食宿方式开展的研究性学习和旅行体验相结合的校外教育活动，是学校教育和校外教育衔接的创新形式，是教育教学的重要内容，是综合实践育人的有效途径。

开展研学旅行应遵循的基本原则包括：

(1) 研学旅行要结合学生身心特点、接受能力和实际需要，注重系统性、知识性、科学性和趣味性，为学生全面发展提供良好成长空间。

(2) 研学旅行要因地制宜，呈现地域特色，引导学生走出校园，在与日常生活不同的环境中拓宽视野、丰富知识、了解社会、亲近自然、参与体验。

(3) 研学旅行要坚持安全第一，建立安全保障机制，明确安全保障责任，落实安全保障措施，确保学生安全。

(4) 研学旅行不得以营利为目的，对贫困家庭学生要减免费用。

通过以上内容，可以理解研学旅行的内涵和外延包括以下关键内容：

首先，研学旅行是由教育主管部门和学校有计划地组织安排的。这里强调的组织方是教育主管部门和学校，而由其他单位组织的或指导推动的不在中小学生研学旅行范围之内。

其次，研学旅行是有计划地组织安排的。这意味着要把研学旅行纳入课程表，要算课时，学生参与研学旅行，课程要逐步与学分挂钩。

最后，研学旅行属于校外教育活动。这意味着研学旅行要走出学校，但校外的一些兴趣小组、俱乐部的活动不属于研学旅行。

一、目标与原则

（一）研学旅行的核心目标

提高社会责任感。社会责任感可以从自己、他人、社会三个层次来理解，通过集体旅行、集中食宿等方式来实现。研学旅行首先要使学生对自己的生命、生活负责，使他们学会生存、生活。其次，让学生学会做人做事，学会与他人相处，学会与他人合作。与他人相处与合作是目前国内中小学生最缺少的，同时也是家长最期望孩子在研学旅行中提升的能力。最后，使学生形成对大自然、社会、国家、民族负责任的意识，即先有国再有家。

提高创新精神。提高创新精神在研学活动中主要通过研究性学习来达成。

提高实践能力。中国基础教育短板之一是学生的动手实践能力弱。有些家长为了让孩子把更多的时间投入学习，连家务都不让孩子做，这导致孩子们缺乏生活经验，只会解题不会解决问题。

（二）研学旅行的基本原则

教育性原则。从事旅游的工作者，习惯于从旅游产业的角度把研学旅行称为“研学旅游”。然而，旅行与旅游有着本质上的区别：旅行侧重带着任务、目的去考察；旅游侧重游玩。研学旅行的最终目的是帮助学生成长，其归宿是教育。教育体现在研学旅行过程中的一事一物、时时处处。

实践性原则。研学活动倡导动手实践。北京市教委印发的《关于北京市初中开放性科学实践活动管理办法（试行）》中提到，每次活动时长不少于 2 小时（计 3 学时），其中 2/3 的时间用于学生动手实践和科学探究。活动要重体验、重实践、少说教。

安全性原则。安全是 1，其他是 0，没有 1，再多 0 也没有意义。无论哪个国家、哪个民族，只要关系到学生的相关活动，安全永远是第一位的。在《意见》里，安全一词出现的次数最多，达 23 次。这是教育主管部门关心、校长担心、家长揪心的核心。预防为主，确保安全是开展研学旅行活动的基本前提。

公益性原则。研学旅行活动不得开展以营利为目的的经营性创收，鼓励免费接待贫困家庭和建档立卡学生。内蒙古自治区要求各研学基地免费项目的数量不少于总项目数的 50%。实现公益性的办法是：政府拨一点，学校贴一点，承办机构减免一点，社会赞助一点，家庭支付一点。

二、集体旅行

集体旅行指的是以班级、年级乃至学校为单位进行的集体活动。目前只有浙江省教育厅的政策文件将“家庭亲子旅行”纳入集体旅行之中，而其他地区的集体旅行都是指学生集体旅行。

在集体旅行过程中，学生团结友爱、互帮互助。清华大学附属中学学生在研学旅行活动中，男生坐在大巴前座，到目的地时方便先下车帮助女生卸行李；上车前，女生将行李摆在车旁，先行上车，男生负责将行李装入汽车行李箱中；活动过程中，全班同学相互打气加油，搀扶登山。

三、集中食宿

目前研学旅行中的学生用餐多数还是以桌餐为主，这虽然简单快捷易操作，但很多时候存在剩餐等浪费现象。只有部分地区的团或餐厅采取了自助餐模式，但大部分地区还不支持自助餐：一是考虑成本较高，二是人多的时候会耗费很长时间。

目前国内研学旅行基地（营地）数量少，住宿配套设施不齐全。学生的研学旅行更多还是入住星级酒店。但集中住宿的初衷是希望通过学生宿舍的形式，给予学生集中生活的特有体验。

在集中食宿过程中，贯穿对学生文明旅游意识和良好行为习惯的培养。北京市海淀区教师进修学校附属实验学校的学生外出进行研学旅行活动，在餐厅用餐时，只能听到碗筷碰撞的声音，几乎听不到任何说话的声音。这一场景震撼了餐厅老板，以至于他不断地追问学校名称，并对此赞叹不已。他认为这就是文明研学素养的最好体现。

四、体验性学习

目前大多数人把体验性学习等同于军事训练或拓展活动。虽然这些活动中有体验性学习的内容，但并不完全是。体验性学习类似于学骑自行车、游泳等，要在实践中学习。研学旅行中的体验性学习有以下四个核心要素：

(1) 在真实环境中完成。曾有一些学校在开展挖红薯活动时，担心学生挖不到红薯会不开心，于是提前将红薯埋在地里。这与综合实践、研学旅行倡导的在真实环境中进行活动的理念是相背离的，因为真实的情形是不一定每棵红薯苗下都结有红薯。

(2) 亲自体验获得直接经验。小学生不会剥虾，初中生不会系鞋带，大学生不会洗衣服、做饭等“巨婴”现象常常被报道。这背后的重要原因之一，就是家长过度代劳。没有人能代替孩子自己成长，孩子直接体验收获的经验才能更加内化于心、外化于行。

(3) 调动视觉、听觉、嗅觉、味觉、触觉参与，做到沉浸式学习，形成对事物全方位的认知。

(4) 通过反思与分享，获得在认知、情感等方面的成长。体验性学习不是为了动手而动手，不是为了体验而体验，研学过程中的体验性学习最终指向的是孩子的成长。让学生通过动手、体验学到知识与技能，掌握方法，获得启发和感悟，提高素养，这是体验性学习的目标。

五、研究性学习

研究性学习可分为初级阶段的研究性学习和高级阶段的研究性学习。其中，初级阶段的研究性学习主要表现为能提出且解决开放式高阶真问题。开放式高阶真问题具备以下三个特点：

(1) 非封闭式问题。在研学活动过程中不提倡提是、否或几个词就能回答的问题。问题应具有启发性，能引导学生思考和表达。

(2) 高阶思维问题。根据布鲁姆教育目标分类法，记忆、理解、应用属于低阶思维，分析、评价、创造属于高阶思维。“是什么”属于低阶问题，“为什么、区别是什么、怎么办”属于高阶问题；例如，“故宫建于哪一年”属于低阶问题，“故宫为何选在那一年建造”属于高阶问题；“树的名字叫什么”属于低阶问题，“树之间的差异、每个现象背后形成的原因是什么”属于高阶问题。死记硬背、灌输填鸭式的教学形式都属于低阶方式，而探索、追究事物的本质才是教育本质之所在。

(3) 搜索引擎查不到答案的问题。通过搜索引擎能查到答案的问题通常是低阶问题。

高级阶段的研究性学习主要通过问题驱动教学法 (Problem-Based Learning,PBL) 项目式学习来实现。比如，选择一个有挑战性的驱动性问题(如人类活动对朱鹮行为的影响等)和合适的方法，分组讨论。

任务实施

实施形式：

展教结合，以汤显祖纪念馆为基础，全面展示汤显祖的生平及其作品创作的相关知识。学生通过学习，达到学习目标。

实施内容：

了解“东方莎士比亚”汤显祖的生平；探究“临川四梦”的创作背景；了解《牡丹亭》《紫钗记》《南柯记》《邯郸记》的旷世奇情的戏剧内容；学习戏曲文化和中国戏剧发展历程；深入了解《牡丹亭》创作的历史背景，挖掘作品背后的历史意义；感悟汤显祖在世界剧坛和中国文学史上的地位和影响。

任务三　研学旅行的时代背景与教育价值

学习目标

【能力目标】

(1) 能将研学旅行的教育价值应用于研学旅行活动中。

(2) 能将研学旅行时代背景与教育发展背景应用于研学课程设计中。

【知识目标】

(1) 了解研学旅行提出的时代背景。

(2) 了解研学旅行的教育价值。

【素质目标】

(1) 增强学生对研学旅行教育价值的认同感。

(2) 提高学生对立德树人教育根本任务的使命感。

任务描述

《寻梦牡丹亭》是国内首创的集游园体验与沉浸交互表演于一体的大型实景文化演出。该演出秉持“传承经典、尊重原著”的创作原则，既保留了剧本的经典内容，又在音乐、

台词等方面进行了创新，并结合全息数字影像技术、巨型圆环装置投影等声光电技术，实景演绎了《牡丹亭》经典戏剧故事，还原了《牡丹亭》中的亭台楼阁等如梦似幻的景致，旨在传承中国古典文化精髓。下面，我们就一起来探究《寻梦牡丹亭》文化演出。

任务分析

本任务需要学生对《寻梦牡丹亭》进行分组探究，讨论研学旅行的时代背景与教育价值。

知识准备

一、时代背景

2014年，在《国务院办公厅关于印发〈国务院关于促进旅游业改革发展的若干意见〉任务分解表的通知》中，关于研学旅行有以下工作任务：

(1) 将研学旅行、夏令营、冬令营等作为青少年爱国主义和革命传统教育、国情教育的重要载体，纳入中小学生日常德育、美育、体育教育范畴。

(2) 建立小学阶段以乡土乡情研学为主、初中阶段以县情市情研学为主、高中阶段以省情国情研学为主的研学旅行体系。

(3) 支持各地依托自然和文化遗产资源、大型公共设施、知名院校、工矿企业、科研机构，建设一批研学旅行基地。鼓励对研学旅行给予价格优惠。

从这些任务分解中可以看出，对于中小学生研学旅行这一新生事物，需要将其放到全国旅游业改革发展的整体事业中去分析和理解。

二、教育发展背景

（一）“素质教育”的提出

20世纪90年代，我国教育界针对应试教育普遍、学生“高分低能”的倾向，提出了素质教育。素质教育是指以提高受教育者诸方面素质为目标的教育模式，它重视人的思想道德、能力培养、个性发展、身心健康。随着教育改革的发展，素质教育的内涵不断丰富，其核心是培养学生的社会责任感、创新精神和实践能力。而研学旅行这种教育形式，充分体现了素质教育的理念，能够落实素质教育的要求。

（二）“立德树人”任务的提出

党的十八大报告提出，要把立德树人作为教育的根本任务。2014年，教育部颁布的《关于全面深化课程改革落实立德树人根本任务的意见》指出："立德树人是发展中国特色社会主义教育事业的核心所在，是培养德智体美全面发展的社会主义建设者和接班人的本质要求。"立德树人的要义是培养什么人、怎样培养人的问题。习近平总书记在2018年全国教育大会上提出，要把立德树人融入思想道德教育、文化知识教育、社会实践教育各环节。这是当下教育改革与发展的重要方向。

研学旅行是我国教育发展到一定阶段的产物，是教育向理想目标迈进的一个里程碑。研学旅行是实践育人的重要载体，在培养学生综合素质方面发挥着不可替代的作用。

三、研学旅行的教育价值

《意见》指出：开展研学旅行，有利于促进学生培育和践行社会主义核心价值观，激发学生对党、对国家、对人民的热爱之情；有利于推动全面实施素质教育，创新人才培养模式，引导学生主动适应社会，促进书本知识和生活经验的深度融合；有利于加快提高人民生活质量，满足学生日益增长的旅游需求，从小培养学生文明旅游意识，养成文明旅游行为习惯。

（一）促进学生全面发展

习近平总书记在2018年全国教育大会上指出，要努力构建德智体美劳全面培养的教育体系，形成更高水平的人才培养体系。中小学的课程设置、日常教学、考试评价大都是分学科进行的，这是学校教育的常态。但研学旅行不同，中小学生研学旅行是由教育部门和学校有计划地组织安排，通过集体旅行、集中食宿方式开展的研究性学习和旅行体验相结合的校外教育活动，因此，它的主要表现是走出学校，在行走中学习。

目前，我国的教育方针是"教育必须为社会主义现代化建设服务，必须与生产劳动相结合，培养德、智、体等方面全面发展的社会主义事业的建设者和接班人"，这是对所有学科、所有学段的要求。研学旅行的教育目的也是指向德智体美劳全面发展。从《意见》对研学旅行工作目标的阐述中可以看出，四个"感受"，三个"学会"，两个"促进"等关键词，涵盖了德智体美的范畴，这与学校其他学科教学、其他形式教育的目的和宗旨是完全一致的。

（二）构建跨学科教育模式

目前在中学课程中，学科课程有语文、数学、英语、物理、化学、生物、政治、历史、地理等。研学旅行不属于学科课程，而属于综合实践活动课程。其学习方式主要不是听讲、阅读和练习巩固，而是考察探究、社会服务、设计制作、职业体验等。因此，研学旅行是综合运用多学科知识、技能、方法解决问题的一种研究性学习样态。

学生在研学旅行中，乘车、用餐、住宿、行进都需要融入集体，要参与一系列活动，因此，研学旅行又是一种出门在外的团队合作和集体教育。

研学旅行中有学生的自主学习，也有研学指导师的讲解和指导。学生们面临真实的情境，在实践活动中发现问题、解决问题。在这个过程中，既有不同学科的知识学习，也有能力培养，还有互帮互助、道德养成、情感熏陶，因此这是一种跨学科的研究性学习模式。

任务实施

实施形式：

集体观看，分组谈论，小组推选代表发言。

实施内容：

选取《游园惊梦》《魂游寻梦》《三生圆梦》三折中的部分内容，再现汤显祖代表作《牡丹亭》中的情境，让学生通过零距离的戏曲体验，感受中国传统戏曲文化的魅力，了解中国戏曲舞台艺术、传统乐器、服装道具以及独特的艺术表现手法等知识。

任务四　研学旅行教育的主要特征

学习目标

【能力目标】

(1) 能将研学旅行涵盖的学习方式融入研学活动中。

(2) 能将研学旅行的课程特征应用于研学课程设计中。

【知识目标】

(1) 理解研学旅行的课程形态。

(2) 理解研学旅行涵盖的学习方式。

【素质目标】

(1) 通过对研学旅行方式的学习，增强学生的创新意识。

(2) 培养勤奋、好学的学习态度，养成善观察、勤积累的学习习惯。

任务描述

抚州名人雕塑园是国家 AAAA 级景区，是综合性开放式的城市大型主题公园，占地面积为 1000 亩。抚州名人雕塑园是一个集学术研究、文化传承、教育娱乐、旅游休闲于一体的城市主题文化生态园，其特色是拥有 66 位抚州历史名人雕塑。下面让我们一起走进抚州名人雕塑园，领略抚州才子之乡的魅力。

任务分析

本任务让同学们对抚州名人雕塑园进行分组探究，引导同学们思考及讨论研学旅行教育的主要特征。

知识准备

一、特殊的课程形态

《意见》指出：各中小学要结合当地实际，把研学旅行纳入学校教育教学计划，与综合实践活动课程统筹考虑，促进研学旅行和学校课程有机融合。《中小学综合实践活动课程指导纲要》提出了考察探究、社会服务、设计制作、职业体验等四种活动方式，其中考察探究包括野外考察、社会调查、研学旅行等。研学旅行作为综合实践活动的一种方式，具有综合实践活动课程的共性特征。

研学旅行的政策要在中小学落地实施，必须纳入中小学教育教学计划，纳入学校课程体系，与各学科国家课程相结合，与地方课程相结合，与校本课程相结合。因此，各学校研学旅行活动课程不会完全相同，而是会有自己的特点。

二、校内外教育相结合

《意见》在“规范研学旅行组织管理”方面提出“学校要做好行前安全教育工作”，还要求“加强学生和教师的研学旅行事前培训和事后考核”。

研学旅行活动课程是一个“三段式”课程，分为行前课程、行中课程和行后课程。行前课程在校内进行，主要是为研究性学习做知识准备，形式上包括讲座、阅读、文献查阅等；行中课程是按照研学旅行活动课程手册的安排，依次展开课程内容；行后课程是在校外收集资料、观察、调查、体验的基础上，回校后完成研学任务，做好总结反思和学习成果汇报交流。行中课程是“三段式”课程的主体，没有行中课程，行前课程和行后课程就不存在了。

三、涵盖多种学习方式

在中小学教育中，普通学科的学习方式一般为听讲学习、阅读学习，主要通过视觉通道和听觉通道获取间接经验，少数科学类学科有动手实验和探究学习。研学旅行是一种不同于传统教育的课程形式，在研学过程中，学生会采用以下多种学习方式，获得直接经验。

(1) 研究性学习：发现问题，提出假设，收集信息，得出结论，解决问题。

(2) 体验性学习：身临其境，动手制作，角色扮演等。

(3) 自主学习：选择自己感兴趣的问题进行探究。

(4) 合作学习：建立团队，分担任务，互相帮助，共达目标。

(5) 阅读学习：了解资源基地，查阅相关资料，阅读专业文献等。

(6) 写作学习：撰写研究计划书，撰写研究报告，填写观察记录表等。

(7) 生活技能学习：提高生活自理能力，学会自我保护，适应集体生活，学会沟通交流，培养规则意识，养成文明礼仪和健康生活习惯等。

研学旅行是一种综合性学习，适合开展主题综合实践活动，如参观访问、社会调查、资料搜集、专家采访、同伴互助、活动总结等。研学旅行能将所有的学习活动融为一体，让学生在现场体验中运用眼、耳、鼻、舌、手、脚等多感官学习，获取直接经验，主动掌握知识。

任务实施

实施形式：

“名人对对碰”，小组分工合作，游戏闯关。

实施内容：

将历史文化名人设置为任务卡，学生分组，根据任务卡中的人物生平，寻找对应的人物。通过有趣的游戏环节设置，让学生主动了解抚州历史文化名人的故事，学习先贤的精神，并锻炼观察力、记忆力以及团队意识等综合能力。

项目小结

本章分析了研学旅行古代及近现代发展历史，详细阐述了研学旅行相关概念，分析了研学旅行的时代背景与教育价值，进而说明了研学旅行教育的主要特征。通过本项目的学习，应根据研学旅行现状，分析研学旅行的发展趋势，对研学旅行发展进行预判，并及时做出正确选择和布局，了解研学对承办机构的挑战。

基础检测

一、名词解释

研学旅行　　体验性学习　　研究性学习

二、不定项选择题

1. 研学旅行不包括下面（　　）内容。

A. 教育部门和学校组织安排　　B. 集体出行　　C. 专业师资

D. 集体食宿　　E. 旅行体验　　F. 研究性学习

G. 旅游活动

2. 研学旅行应具备（　　）原则。

A. 教育性原则　　B. 实践性原则　　C. 安全性原则

D. 公益性原则　　E. 普及性原则

3. 以下（　　）活动属于研学旅行。

A. 冬令营　　B. 兴趣小组

C. 3 月第一个周一至周日，去南昌研学　　D. 春秋游

E. 国庆期间，二 (3) 班学生前往西安进行研学

三、实训题

1. 找出研学旅行承办机构的一个活动课程，了解机构和参与者对活动的反馈。

2. 采访一家研学旅行承办机构，咨询他们对研学旅行政策的理解，并与本项目内容对比，看有哪些异同点，分析为何会出现这种差异。

项目二

研学旅行指导师与学生

思政素材

研学旅行指导师要求持证上岗

近年来，研学旅行作为一种寓教于乐的教学方式多次被写入国家级政策文件，是我国教育体制、教学内容改革的重要突破。随着国民素质的提升和精神文化需求的增加，研学旅行也逐渐成为热门的旅游细分市场。

当前“双减”政策正在完善中，待“双减”真正落地后，研学旅行市场将会形成巨大的经济规模，研学旅行短途化、高频率、类型多元、定制化、小型组团化等特征将会呈现出来。从需求侧来说，周末学业培训取消后，青少年在周末出游将形成高潮，特别是体育休闲类的研学项目或者景区将会拥有巨大的市场，针对不同年龄段青少年的研学旅行市场细分将更加显著。携程《2021暑期旅游大数据报告》显示，休闲亲子游、研学旅行体验成为暑期定制游的主力。从供给侧角度看，研学旅行产品较2020年暑期增长超过650%，研学类产品搜索量较去年同期增长2倍以上。小猪民宿报告也显示，带有研学功能的民宿产品同比2020年增长超450%，搜索量同比增长超3倍……研学旅行指导师等新兴职业开始涌现，部分高校开始开设研学旅行专业。

自2018年3月以来，全国各地的教育部门正在逐步实施研学旅行持证上岗，要求从事研学旅行的机构必须配备具备研学指导能力、参加研学旅行指导师培训并获得证书的研学旅行指导师。自2019年6月开始，文化和旅游部人才中心以研学旅行指导师职业为试点，有序做好文化和旅游行业职业能力等级评价基础性工作，并于9月24日完成《研学旅行指导师》职业能力等级评价体系专家论证。研学旅行指导师的专业素养培训目标，首先是理解国家研学旅行课程性质、重要意义、课程目标、基本原则、主要任务和实施保障等内容；其次是要了解国家教育相关法律法规内容；要具有开发研学旅行课程资源、建设精品课程的知识结构和建构思维。要具有课程研发、课程实施、安全管控和项目管理等四大能力。

任务一　研学旅行指导师的基本素养

学习目标

【能力目标】

(1) 能够针对不同的研学旅行方案委派对应的研学旅行指导师。

(2) 能够对研学旅行指导师的工作可进行较为专业的评价。

【知识目标】

(1) 了解我国研学旅行发展的趋势。

(2) 掌握研学旅行指导师的概念。

(3) 掌握研学旅行指导师的基本素养。

【素质目标】

(1) 通过对研学旅行指导师基本素养的学习，增强学生的社会责任感和工作使命感。

(2) 培养学生与人协作、沟通和团队合作的能力，培养学生的爱岗敬业精神。

任务描述

北京某旅游公司由于业务扩大，决定委派负责人组建分公司，并招聘一批合格的研学旅行指导师。小王是刚毕业的研学旅行管理专业大学生，现在接受总公司的委派，作为负责人张经理的助理完成相关工作。

任务分析

小王作为刚毕业的大学生，在作为助理组建公司的过程中，一定会遇到许多问题，研学旅行指导师的基本素养和分类有哪些，如何选拔出适合公司的研学旅行指导师，在这过程中也要回顾自己所学的专业知识，需要与公司实际业务相结合，所以本任务需要通过以下两个活动来完成：

(1) 研学旅行指导师的基本素养学习。

(2) 新员工招聘。

知识准备

一、研学旅行产生新兴职业

随着研学旅行被纳入教学计划，研学旅行逐渐成为刚需，研学旅行的学校渗透率迅速提升，根据《意见》，一般情况下，学校每学年组织安排 1 ～ 2 次研学旅行活动；每学年合计安排研学旅行活动天数：小学 3 ～ 4 天，初中 4 ～ 6 天，高中 6 ～ 8 天。保守估计，研学旅行和乐园教育市场规模未来可能会达到 2000 亿元左右。

研学旅行行业的高速发展及庞大的市场规模加速了研学旅行指导师这一新职业的产生，奠定了新职业、新技能、新发展的良好基础。研学旅行行业的发展，提升了研学旅行指导师的社会认同度、公信力，满足了人力资源市场的双向选择需要。国家发布新职业，制定相应职业技能标准，可以为设置职业教育专业和培训项目、确定教学培训内容、开发新教材新课程提供依据和参照，从而实现人才培养和市场对接、与社会需求同步。研学旅行指导师职业的产生，可以为相应产业发展起到风向标作用，吸引专业人员流入和社会投入，促进产业升级和结构调整。

二、研学旅行指导师的定义与分类

（一）研学旅行指导师的定义

研学旅行与传统的大众旅游不同，在研学旅行中，学生通过集体旅行、集中食宿的方式走出校园、走出课堂，树立正确的世界观、人生观、价值观。研学旅行指导师必须做出正确和恰当的引导，因此，“研学旅行指导师有点像老师加导游的一个组合，是教育与旅游的结合”。研学旅行是一个新兴行业，我们该如何定义研学旅行指导师这个概念呢？2019 年中国旅行社协会与高校毕业生就业协会联合发布了《研学旅行指导师（中小学）专业标准》(T/CATS001-2019), 该标准作为目前全国唯一的研学旅行团体标准，明确了研学旅行指导师的定义。同年，文化和旅游部人才中心制订的“研学旅行指导师职业技能等级评价标准”，也采用该定义。

研学旅行指导师 (Research Travel Instructor), 是指策划、制定或实施研学旅行课程方案，在研学旅行过程中组织和指导中小学学生开展各类研究学习和体验活动的专业人员。其负责制订研学旅行教育工作计划，在带队老师、辅导员等工作人员的配合下提供研学旅行教育服务。

从工作流程看：该定义涵括了研学旅行的行前（策划和制订课程）、行中（实施课程）、行后工作（评价总结）；从角色功能看：指明了研学旅行指导师是研学课程的策划者、制订者和组织实施者；从职业需求看：研学旅行指导师，不是一个传统职业岗位，而是一种新兴的职业，他是既懂教育，又懂旅游的跨行业复合型专业人才。研学旅行指导师是研学旅行过程中不可忽略的重要力量，他们主要在研学旅途中帮助学生获得有益的学习经验，促进学生的身心全面和谐发展，提升学生的自理能力、创新精神和实践能力。

（二）研学旅行指导师的分类

我国目前的研学旅行指导师这一职业，尚处在不断形成和规范的阶段，且由于这一职业的涉及面广、服务范围大、专业要求高，我们可以从不同的维度进行分类。

1. 按委派主体分

按照委派主体的不同，可将研学旅行指导师分为以下四种类型。

1) 学校研学旅行指导师

学校研学旅行指导师简称学校指导师，指按照规定取得研学旅行指导师证书，接受学校委派，代表校方实施研学旅行课程方案，为研学旅行活动提供专业服务并具备教师资格的人员。此类人员大多由在校的教师组成，是学校实施综合实践课程的主要成员。

2) 旅行社研学旅行指导师

旅行社研学旅行指导师简称旅行社指导师，指按照规定取得研学旅行指导师证书，接受符合《研学旅行服务规范》(LB/T 054–2016) 所规定的旅行社委派，代表旅行社实施研学旅行课程方案，为研学活动提供专业服务并具备导游资格的人员。

若根据各旅行社所承担的不同分工再进一步细分，旅行社研学旅行指导师还可分为：组团社研学旅行指导师简称组团社指导师，指接受组团社委派而开展工作的研学旅行指导师；地接社研学旅行指导师简称地接社指导师，指接受地接社委派而开展工作的研学旅行指导师。随着旅行社团队服务的专业化和成本因素影响，导游与研学旅行指导师合二为一的趋势越来越明显。

3) 基 (营) 地研学旅行指导师

基 (营) 地研学旅行指导师简称基 (营) 地指导师，指按照规定取得研学旅行指导师证书，接受各级主管部门认定的研学实践教育基 (营) 地的委派，代表基 (营) 地实施研学旅行课程方案，为研学旅行活动提供专业服务的人员。

4) 其他类研学旅行指导师

其他类研学旅行指导师简称机构指导师，指按照规定取得研学旅行指导师证书，接受第三方研学服务机构 (包括旅游景区、博物馆、图书馆、科技馆、少年宫、研究所等研学资源单位，教育、文化、培训等研学服务机构) 的委派，实施研学旅行课程方案，为研学旅行活动提供专业服务的人员。

2. 按就业方式分

按照就业方式的不同，可将研学旅行指导师分为以下两种类型。

1) 专职研学旅行指导师

专职研学旅行指导师指按照规定取得研学旅行指导师证书，被学校、研学服务机构或研学资源单位正式聘用，签订劳动合同，以研学旅行教育工作为主要职业的从业人员。这类人员大多受过高等教育和专门训练，大部分具有导游资格证书或教师资格证书等专业证书，是旅行社、基(营)地、研学服务机构、研学资源单位或学校的正式员工。

2) 兼职研学旅行指导师

兼职研学旅行指导师指平时不以研学旅行指导师工作为主要职业，而是利用业余时间，被学校或研学服务机构、研学资源单位临时聘用并委派从事研学旅行教育工作的人员。目前这类人员可细分为两种：

一种是指被学校或旅行社、基(营)地、研学服务机构、研学资源单位等临时聘用，通过规定取得研学旅行指导师证书，但只是兼职从事研学旅行教育工作的人员。

另一种是指被学校或旅行社、基(营)地、研学服务机构、研学资源单位等临时聘用，没有取得研学旅行指导师证书，但具有特定知识或技能，并临时从事研学旅行教育工作的人员。比如科研机构的专家学者、文化遗产地的非遗传承人、民间民俗艺人等，他们是研学旅行师资队伍的重要补充，往往可以深入讲授和指导研学课程，有力保证了研学旅行课程的高品质实施。

3. 按技能等级分

随着研学旅行教育活动在全国各地不断深入开展，为规范研学旅行指导师职业的发展，根据国家职业技能等级要求和《研学旅行指导师(中小学)专业标准》(T/CATS001—2019)的规定，文化和旅游部人才中心从专业技能水平角度来划分，将研学旅行指导师由低到高分成“四级(初级)、三级(中级)、二级(高级)、一级(特级)”四个级别。

三、职业素养与教师、导游素养

1. 职业素养

职业素养是指职业内在的规范和要求，是在职业过程中表现出来的综合品质，包含职业道德、职业技能、职业行为、职业作风和职业意识等方面。是人类在社会活动中需要遵守的行为规范。个体行为的总和构成了个人的职业素养，职业素养是内涵，个体行为是外在表象。职业的核心素养是职业素养的关键因素，是职业人员进行培养和评价的核心指标。

2. 中小学教师的核心素养

教师的核心素养是教师在教学实践中所应遵循的道德规范和基本准则。教师的核心素养是从教育观、教学观、学生观三个方面阐述教育理念素养，包括师德素养、教育理念素养、知识素养、教育教学能力素养、人文素养、信息素养、研究素养、自主发展素养。可以概括出教师核心素养是：教育情怀、专业素养、教育艺术和创新精神。

3. 导游的职业素养

导游应有的职业素养主要体现在以下四个方面：

(1) 应有合理的知识层次，不仅应当掌握旅游景点的相关知识，了解政治、经济、文化、历史、地理、社会等知识，还需涉及心理学、美学、行为学等方面的知识。

(2) 了解国家相关政策法规知识，熟悉旅行交通、食宿等业务知识。

(3) 多方面的能力结构是导游服务必须具备的，包括语言表达能力、导游讲解能力、人际交往能力、组织协调能力、应变能力以及学习能力和跨文化交流能力。

(4) 拥有高尚的品德修养。

四、研学旅行指导师的基本素养

（一）要有崇高的思想素养

1. 坚定的政治素质

(1) 做好研学旅行指导师，要有牢固的社会主义核心价值观。

开展研学旅行有利于促进学生培育和践行社会主义核心价值观，激发学生对党、对国家、对人民的热爱之情；有利于推动全面实施素质教育，创新人才培养模式，引导学生主动适应社会，促进书本知识和生活经验的深度融合；有利于加快提高人民生活质量，满足学生日益增长的旅游需求，从小培养学生文明旅游意识，养成文明旅游行为习惯。

(2) 做好研学旅行指导师，要有强烈的爱国意识。

爱国意识是全中国人民都应该具有的首要的政治素养，研学旅行指导师更应该具备。研学旅行指导师在为中小学研学旅行对象提供热情有效服务的同时，要自觉维护国家利益和民族尊严，遵纪守法。

(3) 做好研学旅行指导师，要有坚定的理想信念。

习近平总书记关于好教育工作者标准的第一条就是“做好教育工作者，要有理想信念”，这是从教育工作者的政治素养上讲的。研学旅行指导师作为一个特殊的教育工作者群体，应该以谦虚好学的态度对待工作，把工作当作事业，坚信教育的前景，坚信教育在整个国家和民族发展进步中的重要意义。

(4) 做好研学旅行指导师，要有清醒的文化自信。

作为文化阵地的中坚传播力量，教育工作者们更应该大力弘扬文化自信。中国特色社会主义文化积淀着中华民族最深沉的精神追求，代表着中华民族独特的精神标志，是激励全国各族人民奋勇前进的强大精神力量。这就要求研学旅行指导师时刻保持清醒的文化自信意识，真正将中国博大精深的文化传承给学生。

(5) 做好研学旅行指导师，要有敏锐的危机意识。

危机意识是指对紧急或困难关头的感知及应变能力。危机来自外部与内部，从外部环境的不可控性及内部条件的可变性，均可看到危机是客观存在的。这就要求研学旅行指导师保持敏锐的危机意识，及时果断地应对发生的各种突发事件。

2. 良好的职业道德

(1) 爱国守法。

爱国守法就是要热爱祖国，热爱人民，拥护中国共产党领导，拥护中国特色社会主义制度；遵守宪法和法律法规，贯彻党和国家的教育方针，依法履行教育工作者职责，维护社会稳定和谐；不得有损害国家利益和不利于学生健康成长的言行。

(2) 敬业爱生。

敬业爱生就是要忠诚于人民的教育事业，树立崇高职业理想，以人才培养、科学研究、社会服务和文化传承创新为己任，恪尽职守，甘于奉献。敬业爱生的重点是规范教育工作者与学生的关系，是研学旅行指导师职业道德的核心与根本。研学旅行指导师的核心工作是教育，教育的本质是培养人才，使学生能够健康成长。

(3) 教书育人。

教书育人就是要坚持育人为本，立德树人，遵循教育规律，实施素质教育；注重学思结合，知行合一、因材施教，不断提高教育质量；严慈相济，教学相长，诲人不倦；尊重学生个性，促进学生全面发展，不拒绝学生的合理要求。

(4) 严谨治学。

严谨治学就是要弘扬科学精神，勇于探索，追求真理，修正错误，精益求精；实事求是，发扬民主，团结协作，协同创新；诚实守信，力戒浮躁。

(5) 服务社会。

服务社会，就是要勇担社会责任，为国家富强、民族振兴和人类进步服务；传播优秀文化，普及科学知识；热心公益，服务大众；主动参与社会实践，自觉承担社会义务，积极提供专业服务。服务社会的重点是规范教育工作者与社会的关系。研学旅行指导师作为一种特殊的教育工者群体，服务社会的道德素养要求更是重中之重。

(6) 为人师表。

为人师表，就是要学为人师，行为世范；淡泊名利，志存高远；树立优良学风教风，以高尚师德、人格魅力和学识风范教育感染学生；模范遵守社会公德，维护社会正义，引领社会风尚，言行雅正，举止文明；自尊自律，清廉从教，以身作则，自觉抵制有损职业声誉的行为。

3. 伟大的职业理想

(1) 职业承诺。

职业承诺主要是研学旅行指导师在社会责任感、相关行为规范约束下而形成的一种承诺，是研学旅行指导师实现职业理想的助推器，为研学旅行指导师实现职业理想提供了前进方向和动力源泉。

(2) 价值取向。

价值取向是教育工作者职业理想中最为核心的要素。作为教育工作者，研学旅行指导师在决定其价值取向时应该坚持以社会价值为主，实现社会价值与个人价值的有机统一，并以积极的心态参与教学工作。

(3) 教育艺术。

在组织学生研学旅行的过程中，在研学旅行休息时，丰富有趣的教学方式，是提高学生学习兴趣和学习收获的重要支撑，这种支撑也将成为研学旅行指导师实现职业价值和成就感，最终实现职业理想的源泉。

（二）要有良好的文化素养

1. 熟悉中小学教育

作为研学旅行指导师应当对中小学教育目标、课程的构成以及研学旅行课程定位有非常熟悉的了解。研学旅行指导师的知识储备要求掌握研学旅行政策法规知识，相关研学旅行目的地及营地的情况，研学旅行组织和服务知识，文明旅游知识和旅行常识，研学旅行安全风险管理知识，基本的安全防护救护知识与灾害应急常识，研学旅行课程方案设计、课程及体验活动实施知识等。

2. 掌握科学知识、运用科学方法

研学旅行指导师只有具备科学思维、科学知识，掌握相应的科学方法，才能开展研学旅行相关活动的教学与研究工作。研学旅行活动是集探究性学习和教育性旅行于一体的教学模式，为中小学生科学素养的培育提供了一种全新的模式。研学旅行包含历史、地理、文化、科技等主题，其中的科技活动涉及范围广泛，涵盖了基础科学、生命科学、资源环境科学、高技术科学等诸多领域。因此，研学旅行指导师必须具备相应的科学素养才能在研学活动中使用科学的教学管理与组织方法设计开展课程。

3. 塑造人文情怀

研学旅行指导师除了传播科学文化知识外，还对培养学生良好的思想品德起着关键作用。研学旅行指导师只有具备较高的涵养与修养，才能在面对嘈杂的学生团体和不断重复的路线活动安排时始终如一地保持工作热情，将每一次研学旅行活动和每一批指导的学生都视为人生中第一次和最重要的一次工作来对待，高质量地完成研学活动指导。

（三）要有全面的能力素养

1. 策划组织能力

研学活动的顺利开展需要学校、研学基地、旅行社等多方参与，这要求研学旅行指导师具备较强的协调能力，要能处理好与各方之间的关系。与多方人员进行调度、协商，如果协调不到位，很多活动就难以开展。

2. 教育教学能力

研学旅行指导师应具备扎实的教育教学能力。研学实践有非常明确的目的性，有提前设定的教学目标和教学任务。研学旅行指导师在带队过程中，应根据学科的结构和学生的认知特点编排的知识体系，围绕实践活动的目标和任务展开教学。根据学生的认知特点和教材的逻辑结构分析教材的重点和难点，使之更有利于学生的理解。

3. 旅行服务能力

研学旅行活动既是教学活动，也是旅行活动。作为研学旅行指导师除了具备教学服务以外、还应当具备导游相当的技能，提供交通服务、住宿服务、餐饮服务、导游讲解以及医疗救助服务等。

4. 安全管理能力

研学旅行是户外活动，学生们一般不具备太多户外运动经验， 有时会因一些不可控因素或突发情况，造成一定安全隐患或安全事故。这就需要研学旅行指导师在面对这些突发状况时，具有一定的应变能力和急救能力，并能够妥善解决问题，确保学生的人身安全。

5. 人际沟通能力

研学旅行指导师要了解不同年龄段学生心理特点，认识到不同年龄段学生在情绪、同伴交往等方面的不同，并能据此创设不同的研学情境，开展多样的研学活动。要注重学生的合作式、自主式探究，把团队合作、沟通交流等学生整体素养的训练和提升贯穿到研学线路中。同时，还要善于观察学生，提前预知其情绪变化，有针对性地调动学生的学习兴趣和热情，增强学生之间的合作和交流。

6. 运用科技能力

研学旅行教育中包含了承担科技教育的任务。研学旅行指导师通过科技教育引领学生学习有关科学知识，帮助学生体验科学活动的过程并掌握正确的科学活动方式，使学生形成科学的认知方式和自然观，必将丰富他们的业务生活，发展个性，开发他们的创造潜能。

7. 心理疏导能力

学生心理健康教育是素质教育的重要组成部分，是培养高质量人才的重要环节。同时，切实有效地对学生进行心理健康教育也是现代教育的必然要求和广大教育工作者所面临的一项共同的紧迫任务。研学旅行教育过程中，可以针对问题学生进行心理疏导和矫正，进而促进学生的个性发展。

任务实施

研学指导师招聘方案

×× 青少年研学旅行基地招聘工作人员方案

公司名称：×× 县青少年研学旅行基地开发有限公司

公司简介：×× 县青少年研学旅行基地开发有限公司，由上海 ×× 有限公司和 ×× 县旅游投资发展有限公司共同出资设立，公司成立于 2017 年 12 月 19 日，注册资本 3000 万元人民币。公司建设的“×× 县青少年研学旅行基地”于 2018 年 3 月动工，计划于 2019 年 7 月建成并投入运营。项目工程占地面积 50 亩，总建筑面积 15 750 m^2，总投资约 1.1 亿元，主要分为研学旅行区、生活配套区、室外拓展区等三大功能区，每天可同时容纳 150 ～ 200 名学生在基地内学习、拓展与生活。

部　　门：研学部　　岗位名称：研学旅行指导师

岗位职责：

1. 负责中小学生研学活动出行的带队工作，指导学生在研学旅行过程中的各类学习活动。

2. 负责研学前期的行前指导、活动预热和研学后期的总结。

3. 负责研学课程的执行工作，包括知识讲解、任务指导、活动组织等。

4. 编写课程、设计活动方案。

5. 完成上级安排的其他工作。

任职要求：

1. 有教师资格证。

2. 有教育培训行业工作经验者优先。

3. 性格开朗，思维活跃，善于与学生相处，责任心强。

4. 有团队活动组织与协调能力，善于处理突发事件。

5. 持有导游证、心理咨询师证、拓展师证、体验师证等优先。

6. 男女不限、18 ～ 35 周岁。

招聘人数：3 人　　　　　　最低学历：大专

应聘地点：×× 旅投公司 2 楼　　职位类别：全职

福利待遇：按国家政策缴纳五险　　月　　薪：3500 ～ 8000 元

注：1. 报名时需提供一张小二寸照片。

　　2. 面试及后期入职时间等电话通知。

联系人：何经理 13000000000　　王助理 18700000000

邮箱：13900000@qq.com

任务二　中小学生发展核心素养

学习目标

【能力目标】

(1) 能够针对中小学生发展核心素养目标，制定研学旅行方案。

(2) 能够对研学旅行方案中的活动是否符合中小学生发展规律进行较为专业的评价。

【知识目标】

(1) 了解我国中小学生发展核心素养。

(2) 掌握发展核心素养的概念。

(3) 掌握中小学生发展核心素养养成的一般规律。

【素质目标】

(1) 熟悉研学旅行教育对中小学生核心素养培育的意义。

(2) 加强对中小学生基本素养的了解，为从事研学旅行教育奠定正确的职业定位，增强学生的社会责任感和工作使命感。

(3) 培养学生与人协作、沟通和团队合作的能力，培养学生的爱岗敬业精神。

任务描述

北京某旅游公司由于业务扩大，决定委派专人针对中小学生发展核心素养进行调研，力求制定出更加适合中小学生的研学方案，组织更加丰富的实践活动。小王是刚毕业的研学旅行管理专业大学生，现在接受公司的委派，作为负责人张经理的助理完成相关工作。

任务分析

小王作为刚毕业的大学生，在作为助理进行调研和学习过程中，一定会遇到许多问题，中小学生发展核心素养有哪些，如何针对这些素养，制定出更加适合中小学生的研学方案。在这过程中也要回顾自己所学的专业知识，需要与公司实际业务相结合，所以本任务需要通过以下两个活动来完成：

(1) 中小学生发展核心素养学习。

(2) 方案制定。

知识准备

一、学生核心素养的内含

2014年教育部印发《关于全面深化课程改革 落实立德树人根本任务的意见》，提出“教育部将组织研究提出各学段学生发展核心素养体系，明确学生应具备的适应终身发展和社会发展需要的必备品格和关键能力”。核心素养是当今时代发展对教育目标的重新定位，从根本上回答了“立什么德、育什么人”的问题。

所谓学生发展核心素养，主要是指学生应具备的，能够适应终身发展和社会发展需要的必备品格和关键能力。核心素养是关于学生知识、技能、情感、态度、价值观等多方面的综合表现；是每一名学生获得成功生活、适应个人终身发展和社会发展都需要的、不可或缺的共同素养；其发展是一个持续终身的过程，可教可学，最初在家庭和学校中培养，随后在一生中不断完善。

核心素养是党的教育方针的具体化，是连接宏观教育理念、培养目标与具体教育教学实践的中间环节。党的教育方针通过核心素养这一桥梁，可以转化为教育教学实践可用的、教育工作者易于理解的具体要求。明确学生应具备的品格和关键能力，可以引领课程改革和育人模式变革。核心素养的提出，将会进一步落实立德树人的根本目标，改变教育领域内依然存在的“唯分数论”现象。

二、中小学核心素养的内容和表现

中小学生发展核心素养，以科学性、时代性和民族性为基本原则，以培养“全面发展的人”为核心，分为文化基础、自主发展、社会参与三个方面。综合表现为人文底蕴、科学精神、学会学习、健康生活、责任担当、实践创新六大素养，具体细化为国家认同等十八个基本要点。根据这一总体框架，针对学生年龄特点进一步提出各学段学生的具体表现要求。

1. 人文底蕴

人文底蕴主要指学生在学习、理解、运用人文领域知识和技能等方面所形成的基本能力、情感态度和价值取向。具体包括人文积淀、人文情怀和审美情趣等基本要点：

(1) 人文积淀：具有古今中外人文领域基本知识和成果的积累；能理解和掌握人文思想中所蕴含的认识方法和实践方法等。

(2) 人文情怀：具有以人为本的意识，尊重、维护人的尊严和价值；能关切人的生存、发展和幸福等。

(3) 审美情趣：具有艺术知识、技能与方法的积累；能理解和尊重文化艺术的多样性，具有发现、感知、欣赏、评价美的意识和基本能力；具有健康的审美价值取向；具有艺术表达和创意表现的兴趣和意识，能在生活中拓展和升华美等。

2. 科学精神

科学精神主要指学生在学习、理解、运用科学知识和技能等方面所形成的价值标准、思维方式和行为表现。具体包括理性思维、批判质疑、勇于探究等基本要点：

(1) 理性思维：崇尚真知，能理解和掌握基本的科学原理和方法；尊重事实和证据，有实证意识和严谨的求知态度；逻辑清晰，能运用科学的思维方式认识事物、解决问题、指导行为等。

(2) 批判质疑：具有问题意识；能独立思考、独立判断；思维缜密，能多角度、辩证地分析问题，做出选择和决定等。

(3) 勇于探究：具有好奇心和想象力；能不畏困难，有坚持不懈的探索精神；能大胆尝试，积极寻求有效的问题解决方法等。

3. 学会学习

学会学习主要指学生在学习意识形成、学习方式方法选择、学习进程评估调控等方面的综合表现。具体包括乐学善学、勤于反思、信息意识等基本要点：

(1) 乐学善学：能正确认识和理解学习的价值，具有积极的学习态度和浓厚的学习兴趣；能养成良好的学习习惯，掌握适合自身的学习方法；能自主学习，具有终身学习的意识和能力等。

(2) 勤于反思：具有对自己的学习状态进行审视的意识和习惯，善于总结经验；能够根据不同情境和自身实际，选择或调整学习策略和方法等。

(3) 信息意识：能自觉、有效地获取、评估、鉴别、使用信息；具有数字化生存能力，主动适应“互联网 +”等社会信息化发展趋势；具有网络伦理道德与信息安全意识等。

4. 健康生活

健康生活主要指学生在认识自我、发展身心、规划人生等方面的综合表现。具体包括珍爱生命、健全人格、自我管理等基本要点：

(1) 珍爱生命：理解生命意义和人生价值；具有安全意识与自我保护能力；掌握适合自身的运动方法和技能，养成健康文明的行为习惯和生活方式等。

(2) 健全人格：具有积极的心理品质，自信自爱，坚韧乐观；有自制力，能调节和管理自己的情绪，具有抗挫折能力等。

(3) 自我管理：能正确认识与评估自我；依据自身个性和潜质选择适合的发展方向；合理分配和使用时间与精力；具有达成目标的持续行动力等。

5. 责任担当

责任担当主要指学生在处理与社会、国家、国际等关系方面所形成的情感态度、价值取向和行为方式。具体包括社会责任、国家认同、国际理解等基本要点：

(1) 社会责任：自尊自律，文明礼貌，诚信友善，宽和待人；孝亲敬长，有感恩之心；热心公益和志愿服务，敬业奉献，具有团队意识和互助精神；能主动作为，履职尽责，对自我和他人负责；能明辨是非，具有规则与法治意识，积极履行公民义务，理性行使公民权利；崇尚自由平等，能维护社会公平正义；热爱并尊重自然，具有绿色生活方式和可持续发展理念及行动等。

(2) 国家认同：具有国家意识，了解国情历史，认同国民身份，能自觉捍卫国家主权、尊严和利益；具有文化自信，尊重中华民族的优秀文明成果，能传播弘扬中华优秀传统文化和社会主义先进文化；了解中国共产党的历史和光荣传统，具有热爱党、拥护党的意识和行动；理解、接受并自觉践行社会主义核心价值观，具有中国特色社会主义共同理想，有为实现中华民族伟大复兴中国梦而不懈奋斗的信念和行动。

(3) 国际理解：具有全球意识和开放的心态，了解人类文明进程和世界发展动态；能尊重世界多元文化的多样性和差异性，积极参与跨文化交流；关注人类面临的全球性挑战，理解人类命运共同体的内涵与价值等。

6. 实践创新

实践创新主要指学生在日常活动、问题解决、适应挑战等方面所形成的实践能力、创新意识和行为表现。具体包括劳动意识、问题解决、技术应用等基本要点。

(1) 劳动意识：尊重劳动，具有积极的劳动态度和良好的劳动习惯；具有动手操作能力，掌握一定的劳动技能；在主动参加的家务劳动、生产劳动、公益活动和社会实践中，具有改进和创新劳动方式、提高劳动效率的意识；具有通过诚实合法劳动创造成功生活的意识和行动等。

(2) 问题解决：善于发现和提出问题，有解决问题的兴趣和热情；能依据特定情境和具体条件，选择制订合理的解决方案；具有在复杂环境中行动的能力等。

(3) 技术运用：理解技术与人类文明的有机联系，具有学习掌握技术的兴趣和意愿；具有工程思维，能将创意和方案转化为有形物品或对已有物品进行改进与优化等。

三、研学旅行教育对学生核心素养培育的意义与途径

培育学生核心素养归根结底需要通过课程建设和教学改革来实现，研学旅行作为一种新的综合实践活动课程，提倡实践、探究、合作、反思等多样化的学习方式，注重知识与经验的整合，注重发展学生的创新精神、实践能力、社会责任感以及良好的个性品质，对学生核心素养的培育具有独特价值。课程化研学旅行作为一种新的综合实践活动课程，倡导学生在行动中探索，在实践中体验和感悟，从而获得知识和经验，契合了学生核心素养培育的主旨要义，是培育学生核心素养的一条重要路径。

（一）研学旅行教育对学生核心素养培育的意义

1. 夯实学生文化基础

《中国学生发展核心素养报告》指出：文化基础重在强调学生能习得人文、科学等各

领域的知识和技能，掌握和运用人类优秀智慧成果，涵养内在精神，追求真善美的统一，发展成为有宽厚文化基础、有更高精神追求的人。

研学旅行是通过组织学生集体旅行、集中食宿的方式走出相对封闭的校园，走进丰富多彩的自然世界和社会生活，去了解并感受乡土乡情、县情市情、省情国情，感受祖国大好河山，感受中华传统美德，感受革命光荣历史，感受改革开放伟大成就等。通过活动，让学生能在旅行的过程中陶冶情操，增长见识，体验不同的自然和人文环境，提高学习兴趣，提升中小学生的人文底蕴。此外，研学旅行中的“研学”，是学生基于自身兴趣，在教师指导下，从自然、社会和学生自身生活中选择和确定研究专题，主动地获取知识、应用知识、解决问题的研究性学习。研究性学习强调学生通过实践，增强探究和创新意识，学习科学方法，发展综合运用知识的能力。在通过旅行的方式开展研究性学习的过程中，学生的理性思维、批判质疑和勇于探究的精神品质得以彰显和提升。

2. 促进学生自主发展

自主发展重在强调学生能有效管理自己的学习和生活，认识和发现自我价值，发掘自身潜力，有效应对复杂多变的环境，发展成为有明确人生方向、有生活品质的人，从而成就精彩人生。学生自主发展目标的实现需要依托学会学习和健康生活两大核心素养的培育来完成。

研学旅行直面学生的现实生活，倡导学生在生活中，通过生活来获得教育。正如伟大的人民教育家陶行知先生所说：“没有生活做中心的教育是死教育。没有生活做中心的学校是死学校。没有生活做中心的书本是死书本。在死教育、死学校、死书本里混的人是死人。”字里行间透视出生活与教育及人的发展之间的关系，教育是基于生活并为人的健康生活和意义生存护航的。研学旅行让学生走出校园，走进鲜活的生活中去，通过自我管理、自我规划、自我约束等自主方式开展学习，对学生自我管理能力的培养及健全人格的修习具有重要的价值。在学习方式上，学生摆脱了纯粹书本学习的束缚，学习伴随着活动自然进行，自然世界的丰富多彩、社会生活的五彩缤纷内在地驱动着学生去探究、追问，学习的兴趣油然而生，自主学习占据主导，此时，学生的学习超越了学会的层面，走向会学、乐学的更高境地。可以说研学旅行很好地契合了核心素养中学会学习的主旨要义。

3. 推动学生社会参与

社会参与重在强调学生能处理好自我与社会的关系，养成现代公民所必须遵守和履行的道德准则和行为规范，增强社会责任感，提升创新精神和实践能力，促进个人价值实现，推动社会发展进步，发展成为有理想信念、敢于担当的人。学生社会参与集中体现在责任担当和实践创新两大核心素养上。

研学旅行过程中的山水游览、文化体验、民俗体验等将极大地促进学生对祖国文化、传统和山水的热爱，激发其爱国、爱乡情怀。正如顾明远先生所言，研学旅行是让学生走出学校、走向大自然、走向社会、走向世界，是拓宽学生视野、增进学识、锤炼意识的好举措，也是让学生了解认识祖国的魅力山河、中华民族优秀文化传统的好方式。学生通过研学旅行，瞻仰革命圣地，考察社会民情，走进博物馆、博览会，用眼睛去观察，用心灵去感受祖国大好河山的壮丽，体会华夏文明的博大精深，了解祖国改革开放取得的伟大成就，在潜移默化中激发学生对祖国的眷恋之情，增强学生的民族自尊心、自信心和自豪感。研学旅行中的所闻所见能够深深鼓舞学生的斗志，激励学生担当责任。同时，学生通过研学旅行，可以在参与社会实践过程中应对各种挑战，在问题解决中不断提升实践创新能力。

（二）研学旅行培育学生核心素养的现实路径

1. 资源整合：主题统整多学科课程资源

核心素养是一种跨界素养，学生核心素养的发展是多维度的，涉及人文、科学、生活、实践等多方面。培育学生核心素养，无论是学校课堂教学还是社会实践活动，在实施过程中都需要设立明确的主题。课程化研学旅行既是门课程，也是一项社会实践活动，它兼具知识传授和实践创新的双重任务。针对学生核心素养的发展，可通过创设各具特色的主题活动，让学生在主题鲜明的教学活动中得到熏陶和发展。比如，创设提高学生文化基础的主题，可通过设计专门的文化路线，包括参观博物馆、古城、古镇、历史遗址等具有深厚文化积淀的景点，让学生以史为鉴、以人为鉴，知兴替、明得失，在潜移默化中熏陶人文素养，汲取历史文化中的知识和智慧。借助研学旅行的特殊性和趣味性，将自然资源、社会资源和教学资源有机结合起来，拓宽和延伸学生的课堂学习，在学习内容中融入多学科、多领域、多视角的课程资源，让学生多样化、多渠道、多方面地汲取知识、经验，发展能力。可见，适应学生核心素养发展的课程不再是一些简单的、既定的、被完全安排的学科(科目)，而应该是走出固定的教室空间，丰富教材内容，将学科综合化、学习内容实践化。整合多学科、多领域的课程资源，结合研学旅行的实践性，使课程呈现多元化的形态，为学生提供立体的学习空间和真实可触的学习内容。

此外，培育学生核心素养还需要充分发挥文化对人的潜移默化作用。研学旅行可以将文化熏陶与知识能力的发展有机结合起来，在实施过程中面向全体学生，遵循教育规律，注重知识性、科学性、文化性以及趣味性，将区域特色文化有机融入到活动教学中，突出活动的教育目的和学生的成长指向，让学生在各种活动中感受文化的魅力，在文化熏陶中培育学生的人文素养。研学旅行让学生有机会走出教室、走进自然，在此过程中，教师应精心设计、妥善安排，将自然文化、社会文化与学校文化融合起来，充分挖掘文化的内隐性和旅行的趣味性，让学生素养在轻松愉悦的文化氛围中得到发展，使学生可以感受、吸收不同地区各具特色的课程文化，在亲身体验的过程中实现核心素养的内化。

2. 教学改进：革新传统学习方式和课堂形态

研学旅行革新了传统的学习方式和课堂形态，有利于培育学生的核心素养。一方面，研学旅行超越了学校、教室、教材的局限，将学生的学习活动向自然和社会延伸，将课堂教学与社会实践充分融合，丰富了学生的学习方式。研学旅行可以有效整合自主、合作和探究的学习方式，将学生的主体性发展内置于活动准备和实施过程中。比如，在研学旅行活动开展之前，要充分发挥学生的自主性，选择研学的路线、研制活动方案以及制定各项预案等前期工作皆由学生自主完成。在研学旅行过程中，面对陌生的环境及各种情境性问题，要激发学生的集体意识、合作意识，发挥学生团队的力量，群策群力，集体攻关，使学生自主、合作、探究的能力得到有力地提升。另一方面，研学旅行有助于变革课堂形态，实现从“生本课堂”向“自本课堂”的转型。让学生经历真实的探究、创造、协作与问题解决，发展学生的核心素养。课程化研学旅行既面向全体学生，又关注学生个体，它开拓了学生的学习空间，将课堂形态自由化、自主化，印证了由“生本”走向“自本”的发展趋向。在研学旅行活动中，学校或教师可以利用特定的文化历史背景和主题教学活动，为学生个体的发展营造氛围，给个体提供塑造自己的机会，提供认识自我、治理自我的际遇，实现符号化、抽象化的学生核心素养培育与具体化、灵动化的学生个体核心素养培育的有机整合。

学习方式和课堂形态的变革也彰显着研学旅行突出学生问题解决能力培养的旨趣。研学旅行恰是对传统教学方法的突破，为学生提供了一个体验交流的平台。研学旅行是综合目标、综合手段、综合知识的融合，将部分弥补传统学校教育分科学习带来的弊端，促进学生问题解决能力的发展。在研学旅行过程中，一方面，教师要善于运用活动环境和氛围，激发学生的问题意识；另一方面，要精心设计多样化的研学活动，将活动的主动权交给学生，发挥学生的自主性，让学生尝试解决旅行过程中遇到的各种困难，以此来培养学生的问题解决能力，但要注意在这一过程中教师要给予学生及时的反馈和指导。

3. 管理创新：提升学生自主管理意识和能力

研学旅行是一种新的课程形式，也是一种新的教学方式，它必然内含新的理念、新的育人目标。研学旅行不仅是学生获取知识的渠道，更是学生发展能力的重要途径。在教育过程中，要灵活运用研学旅行来促进学生行为习惯和行为方式的养成，帮助学生学会生活、学习和工作；启发学生在“做中用，用中学”，从而形成运用、解决、生成知识的能力；培养学生的自理、自立、自主意识，提升实践创新能力，最终实现培育学生核心素养的教育目标。

一方面，转变学生的角色定位。基于研学旅行实现培育学生核心素养的目的，就必须变革传统的管理方式，不能将固定的一套学校管理模式直接运用于研学旅行上，而是应该突出学生的主体地位，发挥学生的主导作用。要实现管理模式的创新，首先需要转变学生的角色定位，由过去教学中的被管理者、被领导者成长为一个团队的管理者或领导者，做到管理自己、领导别人。研学旅行应区别于传统的学生旅游活动，在旅行过程中，要突破教师或导游带队领导的形式，更多地赋予学生自主管理的权限，激发学生的领导意识、自主管理意识，提升学生参与活动的积极性，鼓励学生自主收集资料、设计旅游路线、组织团队活动，锻炼学生的管理能力、领导能力。当然，学生角色的转变要建立在学生自信、可为的基础之上。在研学旅行活动中，要关注每位学生，要增强学生的团队认同感和归属感，让学生在活动过程中发挥所长、贡献力量、提升自信。要让学生感受到研学旅行带给自己的成长，让学生在成长的过程中产生自信，以此促进学生角色的转变。

另一方面，教师要实施转型领导。转型领导是一种强调道德维度的领导类型，强调用高级需要来调动下属的积极性，注重挖掘人的潜在动机，激发人的内部驱动，建立自我激励和自我管理机制。在研学旅行中实施转型领导，即在满足学生低级需要的基础上发展并利用其高级需要来促进学生的成长，保证学生在获取知识的同时发展自我管理能力。在研学旅行活动中，教师要时刻关注学生的变化，通过鼓舞、刺激、关怀等方式，激发学生自主管理的内在需求。学生的动机反映其自身的意识观念，直接影响学生的外在行为。在研学旅行中实施转型领导，要转变学生动机，由受外部驱动转向内部驱动，自主、自动地参与到活动准备和实施过程中，凸显学生自主管理的意识，用正向价值观引导学生不断进步，提升自我管理能力。

任务实施

康乐中心小学组织开展红色传承研学教育活动

一群心怀梦想的小学生，通过研学活动，探访红色革命根据地，体验当年红军的艰苦生活，了解革命斗争艰难历史，缅怀革命先烈的丰功伟绩，传承红军革命精神。

康乐中小2021年"百年恰是风华正茂，今朝少年乘风破浪"红色研学活动

任务三　研学旅行指导师与学生的关系

学习目标

【能力目标】

(1) 能够针对不同的研学方案委派对应的研学旅行指导师。

(2) 作为研学旅行指导师时，能够适时调整好师生关系。

【知识目标】

(1) 了解研学旅行指导师与学生的教育、心理、伦理等关系。

(2) 掌握新时代研学旅行指导师与学生关系的概念。

【素质目标】

(1) 通过对研学旅行指导师基本素养的学习，加强研学人员的社会责任感和工作使命感。

(2) 培养学生与人协作、沟通和团队合作的能力，培养学生的爱岗敬业精神。

任务描述

北京某旅游公司由于业务扩大，决定委派负责人针对新招聘的研学旅行指导师进行师生关系主题的岗前培训。小王是刚毕业的研学旅行管理专业大学生，现在接受总公司的委派，作为负责人张经理的助理完成相关工作。

任务分析

小王作为刚毕业的大学生，在组织培训的过程中，一定会遇到许多问题，研学旅行指导师与学生的关系如何，如何引导研学旅行指导师与学生构建和谐、友好、亦师亦友的师生关系，在这过程中也要回顾自己所学的专业知识，需要与公司实际业务相结合，所以本任务需要通过以下两个活动来完成：

(1) 研学旅行指导师与学生的关系学习。

(2) 培训开展。

知识准备

师生关系是指教师和学生在教育教学过程中结成的相互关系，包括彼此所处的地位、作用和相互对待的态度等。它是一种特殊的社会关系和人际关系，是教师和学生为实现教育目标，以各自独特的身份和地位通过教与学的直接交流活动而形成的多性质、多层次的关系体系，良好的师生关系不仅是顺利完成教学任务的必要手段，而且是师生在教育教学活动中的价值、生命意义的具体体现。

一、师生关系的构成

（一）教育关系

教育关系是师生关系中最基本的表现形式，也是师生关系的核心。师生之间的教育关系是为完成一定的教育任务而产生的。这种关系是从教育过程本身出发，根据对教师与学生在教育活动中各自承担的不同任务和所处的不同地位的考察，对两者关系作出的教育学意义上的解释。教不严，师之惰，一般来说，在教育活动中，教师是促进者、组织者和研究者，而学生一般是参与者、学习者，同时又是学习的主人和自我教育的主体。这种关系形式，并不随教师和学生的主观态度而转移，而是由客观条件所决定，并且在教师和学生的积极活动中得以表现。教育关系的建立，首先取决于教师的教育水平，直接受制于教师的专业知识、教育技能和人格力量等。在教育关系中，教师与学生的活动中心都与教育目标有关，并体现着学校教育工作的任务与特点。这种关系既应符合教育科学规律，又应体现教育创造艺术；既能为师生双方提供最大的发挥主体力量的空间，又能使双方的力量形成有效合力，从而使学生获得和谐发展。

（二）心理关系

师生之间不仅有正式的教育关系，还有因情感的交往和交流而形成的心理关系。心理关系是师生为完成共同的教学任务而产生的心理交往和情感交流，这种关系能把师生双方联结在一定的情感氛围和体验中，实现情感信息的传递和交流。师生心理关系是伴随着教学活动的开展而自然形成的，是教学活动中一种客观而基本的师生关系，它受到教学过程和结果的直接影响。由于教育教学活动是师生之间的互动过程，所以师生之间的心理关系在教育教学活动中也起着举足轻重的作用，并贯穿于师生关系的全过程。师生心理关系对教学活动具有重要影响，是教学活动得以展开的心理背景，并制约着教学的最终结果。同时，良好的教学过程和教学结果，会促进师生情感关系更加融洽和谐，所以加强师生之间的相互理解和沟通，直接关系到学生的学和教师的教，甚至会对学生世界观、价值观的形成产生很大的影响。优化师生心理关系是师生关系改革的现实要求。

（三）伦理关系

教育作为一种特殊的社会活动，折射着社会的一般伦理规范，同时又反映着教育活动独特的伦理矛盾，因此师生关系也表现为一种鲜明的伦理关系。师生之间的伦理关系是指在教育教学活动中，教师与学生构成一个特殊的道德共同体，各自承担一定的伦理责任，履行一定的伦理义务。这种关系处于师生关系体系中的最高层次，对其他关系形式具有约束和规范作用。学生的道德观念有很大部分是从教师那里直接获得的，教师会潜移默化地对学生施以道德方面的影响。这就需要教师不仅有广博的知识，还应该有高尚的人格和正确的道德思想，而这正是建立良好的师生伦理关系的关键。但是，长期以来师生伦理关系在教育理论上没有受到应有的重视。师尊生卑是古代社会师生伦理关系的特点，而在现代社会，师生互相尊重、人格平等成为师生伦理关系的基础。人的全面发展是现代社会的基本价值追求，人性解放、民主自由是现代伦理的基本精神，因而，只有充分体现现代伦理基本精神的师生关系才是真正意义上的现代师生伦理关系。作为现代教育伦理本性的具体化和集中表现，现代师生伦理关系应具有促进学生全面发展、体现教育崇善的基本特性，这也是师生伦理关系改革的方向所在。

二、构建新型的师生关系

和谐的师生关系是指师生在民主平等的原则指导下、在共同参与教育教学活动的过程中形成的一种互相学习、互相帮助、互相理解、互相促进的人际关系。随着新课程改革的不断深入，新的教育理念呼唤构建和谐的师生关系。构建和谐的师生关系，让学生体验到尊重、平等、自由、信任、理解等形成自主自觉的学习意识，并激起学习知识、探索知识的兴趣。构建和谐的师生关系是建立班级和谐学习氛围的要求。师生关系是班级关系的重要关系之一，对于构建和谐的班级氛围具有重要的作用。和谐的师生关系，是教师具有亲和力的体现，是提高课堂教学效率的助力，也是有效预防课堂教学意外的保障。

尽管“亲其师，信其道”是教师熟谙并坚信的教育原则，但怎样才能使学生“亲其师”？长期以来，我们始终缺少对这个问题的深入、系统、科学的研究。近些年来发生的一些由于师生关系恶化所造成的极端事件，固然有来自社会方面的复杂原因，但也说明，如何构建正常的、和谐的、亲密无间的师生关系，是许多教师急需提高的一项重要的专业技能。每一位优秀的教师都是构建和谐师生关系的大师。他们能自然而然地和学生建立起亲密无间的关系，以至于他们的言谈话语、举止行为能在学生心中发挥持久的作用，从而影响学生的情感、态度和价值观的形成。迪斯尼美国教师奖获得者菲利普·比格勒在《美国最优秀教师的自白》一书中写道，“掌握教学策略与技巧，不足以成就一名优秀教师，优秀教师让人充满希望，让人相信有一千个拥抱生活的理由。”

构建良好的师生关系是教师专业中最重要的技能之一。是一门需要教师毕生学习和研究的教育艺术。和谐融洽的师生关系在教学过程发挥着特殊、奇妙的作用。它像一根彩带拉近了师生心灵的距离，使学生学习动机由单纯的认知需要上升为情感需要，使教师工作动机由职业需要上升为职责需要。良好的师生关系并不复杂：一方面是教师对学生的关心和爱护，另一方面是学生对教师的尊敬和信赖。因此，教师和蔼的态度，亲切有神的目光，真诚的信任和鼓励，是学生乐学的动力。由于师生之间不仅仅是教育者与被教育者的关系，同时也是领导者与被领导者，成熟者与未成熟者，有知者与无知者，长辈与晚辈等多重角色的关系，这就必然要求教师具有更大的吸引力、影响力和权威性。即要有渊博的学识和良好的教学艺术，有对学生始终如一的关怀和爱护、无私和没有偏见的品格，有庄重的仪表和举止等。只有当你真正成为充满人格魅力的教师，才会有和谐、融洽的师生关系，才会使你担当的教育角色发出耀眼的光彩。

实现师生关系的和谐不仅是发挥教师主导作用和学生主体作用的需要，也为教学过程中教与学之间信息的传递与反馈提供了有利条件。新型的师生关系没有固定的模式，但要处理好师生关系应注意以下几点：

(1) 以爱为本，多一点尊重和信任。爱心是和谐师生关系的基础。教师的爱来源于对学生深刻的认识和了解。知之深，才能爱之切。学生年龄虽小，但也有着同成年人一样的情感世界：懂得快乐与痛苦、羞愧与恐惧，有自尊心和荣誉感。教师对学生应多一点耐心，少一点急躁；多一些宽容，少一些指责。尊重和信任是沟通师生情感的桥梁。可以说，尊重是爱的别名。尊重学生，就是尊重学生的人格，允许学生在思想、感情和行为中表现出一定的独立性，给他们提供更大的独立的活动空间。把学生作为与自己平等的人来对待，尊重他们的意愿和情绪，乐于倾听他们的意见和要求。当然，教师的爱绝不是让学生放任自流，一味迁就，而是爱中有严，严而有度。严父型也好，慈母型也好，良师也好，益友也好，都必须以爱为前提。教师的爱是一种责任，因为爱，才会有师生情感的共鸣；才会有教和学的同步；才会有师生角色的互换；才会有师生教学的互补。

(2) 发扬民主，讲求一点“参与效应”。教育家罗杰斯认为，教师的态度可以决定教学的成败。教师要善于为学生创设一种宽松、安全、愉悦的学习氛围，给学生成功、快乐、友爱的享受。教师要充分发扬教学民主，使学生能自由表达、自由参与、充分意识到自己的存在和价值。人人都有一种参与意识，都希望自己拥有一定的发言权和自主权，如果适时让学生们体会“我长大了”的成人感，重视并满足他们的参与意识，他们就会以积极合作的态度在课堂教学中发挥其主体的作用。可见，教学的民主是建立和谐的师生关系的活力所在。

(3) 注重个性，多一点欣赏眼光。一名成功的教师总是带着欣赏的眼光和积极的心态投身于教学活动。教师真诚的期待不仅能激发学生积极向上的激情，而且深刻地影响着学生智力和个性的发展。如果师生关系中没有真诚的欣赏，任何学生都可能失去自信心。所以，适度的表扬和鼓励，能让学生品尝到成功的喜悦，在被欣赏的愉悦体验中奋发、崛起。

不容怀疑，每一个学生都有闪光的东西可以挖掘，关键是怎样挖掘，何时挖掘。对学生而言，被人欣赏特别是被老师欣赏无疑是一种幸福，是一种被点燃的信任。而教师欣赏学生也是一种境界和美德，是一种沙里淘金、发现绿洲的快乐。

三、研学旅行指导师与学生的关系

研学旅行指导师是中小学教育中策划、制定或实施研学旅行课程方案，在研学旅行过程中组织和指导中小学学生开展各类研究学习和体验活动的专业人员，是肩负研学任务的特殊教师。因此研学旅行指导师与学生的关系体现在如下方面。

（一）教学上的授受关系

从教育的角度说，研学旅行指导师是知识的传授者，学生是接受者。从教师与学生的社会角色规定意义上看，在知识界上，教师是知之较多者，学生是知之较少者；在智力上，老师是较发达者，学生是较不发达者；在社会经验上，教师是较为丰富者，学生是欠丰富者。教师较之学生有明显的优势。老师的责任是帮助学生由知之不多到知之较多，由不成熟到成熟，最终是要促成学生能够不再依赖教师，学会学习，学会判断，学会选择，而不是永远牵着他们的手。我们不仅要认可而且要鼓励学生善于根据变化着的实际情况有所选择、有所发挥。

（二）人格上的平等关系

在我国的传统中，教师往往习惯于把自己置于“绝对权威”的地位，往往认为自己当然在人格上高于学生，漠视学生独立存在的主体性，这样当教师教导学生应当公正处世时，学生极有可能持一种不以为然的态度。当然，人格上的平等并不意味着角色上的对等。教师与学生之间的关系还应有对学生的教养与要求的一面。因此，教师威信、威望的存在又是非常必要的。所以教育公正的重要内涵之一是教师要努力做到对学生的尊重与要求的统一。素质教育要求面向全体学生，这就是说对学生必须“一视同仁”，公正对待每一位学生，使全体学生得到发展。在教学中我们应该分层施教，帮助学生在各自的基础上取得发展，针对不同层次学生的发展水平，提出不同层次的要求，使每个学生都能获得成功的喜悦。在教育过程中要不偏爱学生，一碗水端平，平等对待学生必须坚持以下五项基本原则：

(1) 不以个人的好恶区别对待学生。

(2) 不以师长的尊严凌驾于学生之上。

(3) 不以学生的过失伤害学生的人格。

(4) 不以学生的好坏成绩而另眼看待学生。

(5) 不以与家长关系的亲疏远近而区别对待学生。

美国作家爱默生说：“教育成功的秘诀在于尊重学生。”因此，尊重是爱的具体表现形式，是适应师生感情的基础。在学习中，学生的情感得到了尊重，他们潜在的能力就能够得到充分的释放。尤其是对差生的尊重更是对他们的一种最大的激励，也是给了他们一种向上的动力。

（三）社会道德上的相互促进关系

教师的道德品质是使学生形成优良品质的首要因素。学生的思想品德的培养和形成离不开学校的教育，教师正是以自身的道德认识和道德品质为根本来对学生实施教育的。在学生心目中教师的形象高于他人，影响大于他人，老师的所作所为分量很重。在学生生活学习过程中，教师给予的影响是较完整、较系统的，而家长、社会的道德影响则具有盲目性、原始性和不系统性。教师的道德品质是使学生思想品德不断升华和发展的推动力，要培养学生优良的思想品德就要不断地提高自己，使站在学生面前的是一位可以敬仰、学习、信赖的人。因此教师用自己的道德认识对学生加以引导、灌输、充分发挥明白是非懂得道理的作用，其特殊作用是不容置疑的。在品德形成教育中，要培养学生的爱国主义情感、责任感、同学之间的友谊、对社会的劳动和公共事业的义务感、集体主义荣誉感，这些都归属于情感教育的范畴。

教师在对学生进行道德教育的同时，要不断地进行自我反思，总结经验教训。教师要经常深入到学生中间去，和他们打成一片，做他们的知心朋友建立最有亲和力的师生关系。通过和学生之间的互动，教师能够更加深刻地认识到自身职业道德的重要性，更加热爱本职工作，创新教育观，从而提升自己，促进教师个人思想品德的提高和发展。

四、研学旅行教育对构建新型师生关系的意义

研学旅行能够培养学生的团队协作能力、处理问题能力，同时也促进了学生和老师、同学的沟通和交流，增加了师生间的了解和友谊。

研学旅行的活动，让师生有了共同的话题。由于平时教学中教师一直担任着一种“严父”般的角色，虽是三尺的距离，却有着天上与地下的差隔，学生对老师的敬畏远远大于亲近，进而导致教师很难了解到学生的真实情况。而在旅行之前，教师和学生往往共同探讨研学旅行线路，比较不同旅行地点的教育意义，了解学生的兴趣。互相提醒必备的物品、出发时间、注意事项等，使老师和学生有了共同话题和交流机会，增进了师生的相互了解。

研学旅行过程为师生的相互了解创造了机会。旅行过程中，老师可以全方位地了解学生，学生也可以全面地了解老师，不像在学校时，老师关注的只是学生的学习成绩，只能通过学生的课堂表现、完成作业的情况来了解学生。在旅行过程中，教师穿插授课，融入学生集体，以平等的交流促进师生关系的和谐发展。由于老师事先进行了充分的准备，特别是对某一旅游景点的历史典故，人文知识讲解，讲解得更加透彻，学生也学到了好多课

本上学不到的内容。老师和在课堂上的授课完全不一样，都是边看边讲的，看到了什么，就讲解什么，这让学生对老师渊博的知识更加敬佩，对老师的尊敬也油然而生。同时老师通过和学生共同的吃、住、行，对于学生的日常生活有了更多了解，进一步了解每一位同学在生活中的优缺点，进而在以后的学习和生活中更有针对性地帮助学生。在旅行的过程中，学生遇到了困难，也会积极地找老师解决，当然这些困难不是学习上的困难，而是生活中的困难，由于不在父母身边，他们唯一能够依靠的就只有老师了，这进一步拉近了师生关系。在这种共同的旅行生活中，通过感受老师的关心和帮助，学生真实地感受到老师不是父母，但胜似父母的爱生之心。

研学旅行结束之后，进一步帮助学生弥补不足，让学生取得更大的进步。旅行结束之后，师生共同探讨研学报告的撰写，老师对学生的研学报告进行指导和改进，共同体验研学旅行的快乐和收获。老师对学生的性格、品德有了进一步的了解之后，在研学旅行结束之后的日常教学过程中，能更加有的放矢地对学生进行因材施教，让帮助学生的效果更加明显，学生当然也会取得更大的进步。

开展研学旅行，还可以促进校内教育和校外教育之间的有效衔接，提供家庭、学校和社会之间的更多交流。随着教育形式和人才培养模式的创新，家庭教育、学校教育和社会教育成为助推学生素质教育全面实施，核心素养全面发展，引导学生主动适应未来社会的三大领域。过去家校之间的交流沟通往往只依赖于家长会，研学旅行的实施会提供更多的机会让老师、学生和家长之间讨论学习之外的问题，有利于家长和老师发现学生性格、爱好、社会责任、探索能力、同伴友好、自理能力、创新精神和实践能力等其他方面的特点。

任务实施

《提高师生关系培训班》：按照学习的内容，撰写提高师生关系培训班计划，做好培训班前期的准备工作。

任务四　研学旅行指导师的职业定位

学习目标

【能力目标】

(1) 能够对研学旅行指导师的职业进行较为精准的定位。

(2) 能够对研学旅行指导师的工作进行较为专业的评价。

【知识目标】

(1) 了解研学旅行指导师的职业定位。

(2) 掌握研学旅行指导师的能力要求、道德要求等。

【素质目标】

(1) 通过对研学旅行指导师职业定位的学习，加强学生的社会责任感和工作使命感。

(2) 培养学生与人协作、沟通和团队合作的能力，培养学生的爱岗敬业精神。

任务描述

北京某旅游公司由于业务扩大，决定委派负责人组建分公司，招聘一批合格的研学旅行指导师，并针对新招聘的研学旅行指导师进行职业定位主题的岗前培训。小王是刚毕业的研学旅行管理专业大学生，现在接受总公司的委派，作为负责人张经理的助理完成相关工作。

任务分析

小王作为刚毕业的大学生，在作为助理开展培训的过程中，一定会遇到许多问题，研学旅行指导师的职业定位如何，对新招聘的员工如何进行培训，在这过程中也要回顾自己所学的专业知识，需要与公司实际业务相结合，所以本任务需要通过以下两个活动来完成:

(1) 研学旅行指导师的职业定位学习。

(2) 进行岗前培训。

知识准备

2016 年国家旅游局发布的《研学旅行服务规范》(LB/T054-2016)，提出在研学旅行承办方人员配置中“应至少为每个研学旅行团队配置一名研学旅行指导师，研学旅行指导师负责制定研学旅行教育工作计划，在带队老师、导游员等工作人员的配合下提供研学旅行教育服务。”

一、研学旅行指导师的职业定位

研学旅行指导师是学生研学教学实践活动的主要承担者，是研学旅行行业专业人才中培养的重中之重。研学旅行指导师不同于导游，导游一般的服务对象是普通的游客，主要工作是为其提供导游服务、讲解服务，为其安排好行程中的吃、住、行、游、购、娱等各项服务。研学旅行指导师作为新兴职业，其服务对象主要为中小学生，主要工作是为中小学生提供研学实践教育教学，同时还要有保障旅游出行的服务技能。因此，研学旅行指导师是复合型、全能型的人才，它应该具有导游人员的带团、控团能力，同时具备教师的知识、教学能力和职业素养。

研学旅行指导师是帮助学生成长的角色，而不是单纯的监督或管理者，应该具备五个方面职业形象。

（一）实践教育的引领者

研学旅行首先是一种实践教育，研学旅行指导师是学生在参与研学旅行实践教育的引领者。研学旅行课程把学习与旅行实践相结合，将校内教育和校外教育相衔接，强调学思结合，突出知行合一。研学旅行指导师在研学旅行活动过程中，需要启发学生的自主学习的意识，激发他们的学习兴趣，引导学生学会动手动脑，学会生存生活，学会做人做事，进而促进其身心健康发展，培养他们的社会责任感、创新精神和实践能力，从而实现立德树人这一根本目的。在旅行实践过程中，研学旅行指导师不仅需要充分准备研学旅行课程，而且还应具备对研学课程进行二次再研发的能力，以此激发学生对研学课程的兴致，取得事半功倍的效果。研学旅行指导师要以学生“自主发现为理念”的主题式和项目式研学为导向，在研学方法、引导方式等方面耐心细致地做好引导工作，努力让学生学会自主发现问题，并在实践中解决问题，收获成就感。

（二）优秀文化的传递者

文化是一个国家、一个民族的灵魂，是一个国家综合国力和国际竞争力的深层支撑。作为一名研学旅行指导师在带领学生饱览祖国大好河山的同时，要讲好中国故事，要推动中华优秀传统文化在孩子们心里生根发芽，在课程设计和实施中润物细无声地让学生不忘本来、吸收外来、面向未来，更好构筑中国精神、中国价值、中国力量。研学旅行指导师在学习宣传传统文化时不是简单地做古人的传声筒，也不是简单地照本宣科，更不是以古颂古、尊古薄今、为学而学，而是在“取其精华，去其糟粕”、“择其善者而从之，其不善者而改之”的前提下，掌握新时代赋予传统文化的时代内涵。对传统文化中的仁爱、民本、诚信、正义、和合、大同等思想观念、人文精神、道德规范的内涵，要结合社会主义核心价值观，紧扣以爱国主义为核心的民族精神和以改革开放为核心的时代精神，做出与时代相适应的新诠释。

（三）研学活动的组织者

研学旅行活动是以集体旅行、集中食宿的方式，来引导中小学生在实践中体验，在体验中研究学习。因此，研学旅行活动本身，就是一个复杂的大工程，而且离开常规的教学环境，更是增加了管理学生的难度。这就需要研学旅行指导师具有很强的组织协调能力，不但能在研学旅行活动开展之前，协助做好活动策划工作，精心设计课程，还能在研学活动实施过程中，落实好现场课程，组织学生有序、积极地参与到课程中来。作为一名优秀的研学旅行指导师，还应该细心组织好整个研学过程中的每一个环节，串联并处理好旅游车司机、餐厅酒店的服务员、基(营)地教练、景区讲解员等人员之间的关系。研学旅行指导师组织协调能力的强弱，将影响着研学课程实施效果的好坏。

(四)生活学习的服务者

研学出行，短则一天，多则三五天，甚至一周以上。在出行的这些时间里，一方面固然是要培养学生独立生活及处理日常事务的能力；另一方面，也需要研学旅行指导师随时落实处理好，需要由承办机构来落实的一些事情，做好每一天的生活保障工作，如用餐的安排，居住房间的分配及告知使用注意事项等。而且，中小学生毕竟还是未成年的孩子，心智尚不成熟，处理日常事务的能力也会有欠缺，这就需要研学指导师还能像学生的家人一样，时时处处关心孩子的饮食起居、关注活动过程中的动态变化，特别是学生们的情绪及心理状况，以便及时发现问题，并给予必要的帮助和引导。

(五)安全研学的保护者

《意见》明确提出了“以预防为重，确保安全为基本前提”的工作目标。安全问题，是学生研学出行的首要问题，也是研学旅行指导师在工作中务必格外重视之处。没有安全，就没有研学旅行。广大中小学生都是未成年人，自我把控力弱，社会生存经验浅，个体精力却异常旺盛，这就更增加了安全出行保障上的困难程度。因此，在整个研学旅行活动过程中，研学旅行指导师作为离学生最近，也是学生最直接的保护人员，需要从上岗的那一刻起，就牢牢把握住“安全”这道关口，将安全意识贯彻到整个研学过程。严格把关安全操作流程，依照安全手册指南将安全预防措施落实到每一个环节，直到研学旅行活动结束。

二、研学旅行指导师是综合型人才

研学旅行指导师是既具有导游服务能力又具有教育教学实践水平的新兴职业人才，它服务于中小学生群体，是研学实践教学和服务工作中的核心人物。因此研学旅行指导师不单单是某一专业的人才，而是拥有多种能力素质，满足多种需求的综合型人才。

研学旅行指导师的综合型应该包括：

一是懂业务的研学管理人才。研学旅行指导师是研学旅行活动的组织者，又是景区景点的讲解者。要具备导游的基本素质，熟悉地方各类旅游资源和旅游文化。还要负责研学旅行项目开发与运营、研学产品咨询服务、课程方案实施指导与评价、应急与安全管理等领域的各项服务。

二是懂教育的研学课程开发人才。研学旅行的活动课程开发是保证研学旅行质量和可持续发展的核心环节，如何将研学旅行和学校课程有机融合，设计富有课程属性的研学旅行课程，是当前研学旅行发展的重要瓶颈和难题。研学旅行指导师要能将知识、能力和情感（价值观）三维目标设计在研学旅行课程方案中，并能融合在研学旅行的行前、行中和行后各个阶段；能从学情和乡土乡情、县情市情、省情国情出发，从学校要求和基地（营地）拥有资源两方面考虑，合理设计出适合不同年龄段学生的研学旅行课程方案；同时，还要为中小学校定制具有校本特色的主题研学旅行课程。

三是懂教学的课程实操人才。研学旅行指导师需要熟悉教育教学规律，熟悉学生的认知规律和教育心理学的基本原则与方法，熟悉课程资源开发、管理与利用的方法，掌握研学旅行课程教学知识；能对中小学生研学课程活动进行组织、实施和教学，并持续优化。研学旅行指导师是各类研学任务的具体组织实施者，要善于研学的辅导。在整个研学旅行过程中，要善于观察学生情绪的变化，调动学生的学习兴趣，激发学生的学习热情，保持学生的学习专注度，维系学生小组的团队凝聚力，确保学生在旅游活动中不偏离研学的主题。在研学旅行过程中，研学旅行指导师要根据研学课程的要求，通过参观讲解、游戏互动、角色扮演、手工制作、模拟体验等多种活动创设研学情景，督促学生以分工协作的方式完成研学任务，并对学生的完成情况进行检查和点评。

四是懂安全的统筹协调人才。研旅行指导师是学生安全的第一责任人，要承担救生员和学生生活老师的职责。这就要求研学旅行指导师要有强烈的责任心，要热爱学生工作，对学生有细心与耐心，要具备一定的野外生存救护技能，还要有强健的体魄。研学旅行主要服务对象为小、中、高（一般为小学四至六年级；初中一至二年级；高中一至二年级）学生，各个学龄段、每个学生个体、每位家长对安全的理解差异较大，对安全技能掌握的程度不同，因此对于研学旅行的所有从业者来说，安全防控的难度更大，安全服务的要求更细，安全管理的责任更重，研学旅行安全的目标更高。研学旅行指导师应掌握研学旅行安全风险管理知识，熟悉基本的安全防护救护知识与灾害应急常识，能制订安全预案并在突发情况下进行应急安全管理。

任务实施

研学旅行指导师岗前技能培训，制定培训计划，安排好培训内容。从专业的教育教学、实践体验和旅行游览方面，进行讲解、教学、团队体验、组织协调和应变急救等能力培训。在基本讲解能力的基础上开展互动教育教学的能力提高，同时针对性开展政策法规、产品线路设计、品牌营销、安全应急、课程开发、活动实施与评价、心理学、导游务实、综合实践教学等方面培训提高能力。

项目小结

本项目主要介绍了研学旅行指导师的定义和分类，研学旅行指导师的基本素养的构成；简述了中小学生的核心素养的内容和表现，阐述了研学旅行教育对培养学生核心素养的意义和途径；介绍了研学旅行指导师与学生的关系；最后讲述了研学旅行指导师的职业定位，以及研学旅行人才的综合型性质。

基础检测

一、名词解释

研学旅行指导师　　学生发展核心素养

二、简答题

1. 研学旅行指导师的基本素养有哪些?
2. 研学旅行指导师的能力素养包括哪些?
3. 简述研学旅行教育对学生核心素养培育的意义。
4. 研学旅行指导师应该具备哪五个方面的职业形象。

三、实训题

认识研学旅行指导师

实训目的：深入了解研学旅行指导师这个职业

实训内容：到研学基地现场观摩研学旅行指导师工作场景

实训方式：

1. 个人或小组业余时间实地考察。
2. 以班级为单位，集体到校企合作基地观摩。

实训要求：

1. 通过实训谈谈对研学旅行指导师的认识，班级展开讨论。
2. 通过实训活动，总结观摩成果，做成 PPT，班级分享交流。

项目三 研学旅行与现代教育

思政素材

好学力行，知行合一！

2016年12月，《意见》的发布，标志着研学旅行在我国全面推进；2017年8月，教育部印发《中小学德育工作指南》，明确提出要“组织研学旅行，把研学旅行纳入学校教育教学计划，促进研学旅行与学校课程、德育体验、实践锻炼有机融合。”研学旅行，也被称为“行走中的课堂”，它有效地将学校教育和校外教育联系起来，成为落实立德树人根本任务、培养学生核心素养的有效载体。

教育部在答复全国人大代表对“关于加强中小学社会实践活动的建议”时指出：要充分利用全国中小学生研学实践教育基地、营地和各类青少年校外活动场所，组织开展生态文明等主题研学实践教育活动。支持实践基地建设，有针对性地开发自然类、历史类、地理类、科技类、人文类、体验类等多种类型的研学基地。

2022年4月，教育部正式印发《义务教育课程方案》，将劳动从原来的综合实践活动课程中完全独立出来，并发布《义务教育劳动课程标准(2022年版)》。这一标准将义务教育分为四个学段，并为每个学段规定了教育内容，包括家务劳动、农业生产劳动与工业生产劳动等多个方面。“劳动教育是中国特色社会主义教育制度的重要内容，是全面发展教育体系的重要组成部分，对贯彻党的教育方针、落实立德树人的根本任务、培养德智体美劳全面发展社会主义建设者和接班人具有重要意义。”

任务一　研学旅行与道德教育

学习目标

【能力目标】

(1) 掌握研学旅行是提升道德认知、培养道德情感、锤炼道德意志和转变道德行为等的有效途径。

(2) 能将德育目标融入研学课程，初步设计研学旅行活动。

【知识目标】

(1) 了解传统德育资源在开发过程中存在的问题。

(2) 了解研学旅行为学校德育带来的创新契机。

【素质目标】

(1) 通过设计并实施各种形式的德育研学旅行活动，加强学生的道德感和社会责任感。

(2) 培养学生对祖国文化、传统和山水的热爱，激发其爱国、爱乡情怀。

(3) 通过研学旅行活动，磨砺学生的道德意志。

任务描述

湘绣是中国四大名绣之一，是以湖南长沙为中心的带有鲜明湘楚文化特色的湖南刺绣产品的总称，它起源于湖南的民间刺绣，吸取了苏绣和粤绣的优点而发展起来，已经有2000多年历史。湘绣以着色富于层次、绣品若画为特点，民间有苏猫、湘虎之说。

近年来，为了促进民族非遗的传承和发展，推动传统文化在青少年中的传播，湖南省沙坪湘绣博物馆不断完善开发与学校教育内容衔接的研学实践课程，总结、提炼出“绣道文化”研学课程，成立了绣道文化书院，开展了绣文化讲堂、参观讲堂、刺绣体验课堂、专业讲解员、绣道文化表演者、工艺大师现场讲说教学、研学者亲自动手体验刺绣乐趣等研学活动，寓教于乐，实现“以研促学”，博物馆成为了孩子们开展社会实践活动的“新宠”。

任务分析

湘绣是中国首批国家级非物质文化遗产项目，是中国宝贵的财富。沙坪湘绣博物馆，每年会接收来自全国各地的研学团，设计合理的研学课程具有重要意义。

研学旅行活动：绣道文化研学之旅——走进沙坪湘绣小镇。

知识准备

所谓德育，是教育者根据一定的社会要求，针对教育对象的思想实际和个性心理发展特征，有计划、有目的、有步骤地对教育对象所施加的带有价值引导性的思想政治教育活动。

德育概念具有广义和狭义之分。广义的德育，指的是大德育观，包括思想教育、政治教育、道德教育、法治教育、心理健康教育等。狭义的德育，着重指道德教育，具体包括道德观念、道德情感、道德意志，道德信念和道德行为等方面的教育。

一、传统德育资源在开发过程中存在的问题

（一）注重对传统文化形式的传承而忽略对传统美德意识的传承

我国礼仪之邦的称号古已有之，但是近年来，部分国人所表现出来的素质修养完全不符合礼仪之邦的称谓。许多人都存在各种各样的道德问题。例如，无视秩序、对待他人态度恶劣、在公共场合举止和语言粗俗等。甚至在我国未来的发展支柱青少年的身上也出现了各种不符合传统美德的行为。例如，在食堂打饭时，存在争抢位置、插队等现象；在上课过程中睡觉、玩手机等，缺乏对教师的基本尊重，在日常生活中遇见教师也不会打招呼；总是使用一些不文明的文字用语；乘坐公交车时，不给老人让座；在公共场所中，大声喧哗等。

（二）在传统德育资源的开发过程中存在知行不一的问题

经过学校的教育，人们开始了解德育理论。但理论的学习不一定会促进行为的转变，即在传统德育资源的开发过程中存在知行不一的问题。现实表明，很多人虽然在理论知识上对道德规范形成了基本的认同，但是在实际生活中却没有改善自己的道德行为。比如，虽然人们知道诚信对于社会生活中的重要性，但是却依然没有加强对诚信行为的辨识与学习，从而导致诚信意识淡化；虽然人们了解艰苦奋斗的重要性，但是却缺少艰苦奋斗的精神。

（三）德育资源的挖掘深度和广度不足

我国在德育实践方面进行了许多积极的探索，德育资源得到了一定程度的开发，种类

也较为丰富，但是在开发层次方面还较浅，没有进行深度的挖掘，这就造成了德育资源开发成果质量不高等问题。当前我国中小学校在德育资源的开发方面往往浅尝辄止，开发能力十分有限，加之观念的陈旧，使得德育资源开发工作无法形成科学高效的方法和机制，德育资源的重要优势无法在德育过程中有效地发挥出来。例如，随着以信息技术为支撑的网络平台的迅速发展，本应该成为德育全新阵地的网络媒体没有得到应有的重视，许多教师不善于开发和利用网络德育资源，使网络这一德育实践渠道没有被充分利用，直接造成了德育资源的严重浪费。此外，对于校外德育资源的利用一度处于停滞状态，与学生家长、社区基层以及企事业单位等合作较少，来自社会中的大量德育资源没有与学校的德育进行有机地融合。

二、研学旅行为学校德育带来的创新契机

学校德育与研学旅行的有机融合是新时代教育发展的必然要求。学校德育为研学旅行的开展指明了方向，研学旅行则是对重理论轻实践、重课堂轻课外、重笔纸测验轻行为表现、重灌输说教轻自主构建的传统德育模式的超越与创新。总体而言，研学旅行的勃然兴起和政策推行在内容、方法、资源和评价四个方面为学校德育的创新发展提供了良好契机。

（一）研学旅行的开放性和多样性丰富了学校德育的内容

德育内容是指德育活动中对学生施加思想、政治、道德、法治等影响的信息体系，它是一定德育目标的具体体现和实现载体。随着时代的变迁、社会的发展和教育的进步，德育内容呈现出推陈出新的特点，其范围逐渐拓展，类型不断丰富。《意见》明确规定了中小学的德育内容由理想信念教育、社会主义核心价值观教育、中华优秀传统文化教育、生态文明教育和心理健康教育五大部分构成。而《中小学德育工作指南》也提出“将研学旅行作为理想信念教育、爱国主义教育、革命传统教育、国情教育的重要载体”，研学旅行“有利于促进学生培育和践行社会主义核心价值观，激发学生对党、对国家、对人民的热爱之情”。由此可见，研学旅行与中小学德育在内容上高度一致，能够很好地满足德育学科教学内容与时俱进的时代要求。研学旅行作为一门兼具开放性和多样性的活动课程，除了可以帮助学生更好地吸收和理解在德育课堂上所接受的价值观念和道德规范，还极大地丰富了学校德育的内容，有利于学生在亲身实践和参与体验中形成较为健全的道德人格。

首先，研学旅行是“古色”的文化之旅，学生可以在实地考察中深刻感受中华民族的悠久历史和厚重文化，增强民族认同和文化自信。

其次，研学旅行是“红色”的追忆之旅，通过瞻仰革命圣地和缅怀革命先烈，可以引导学生传承红色基因，继承革命传统，培养其家国情怀和爱国主义情感。

再次，研学旅行是“绿色”的自然之旅，学生通过切身体会人与自然之间的共生关系，懂得自觉爱护环境。

最后，研学旅行是树立正确“三观”的价值之旅，学生在游览自然风光、考察社会民情和体验人生百态中加深自我与自然、社会之间的认识，有利于形成正确的世界观、人生观和价值观。

（二）研学旅行的体验性和实践性促使学校德育方法的转变

德育方法是师生为达成一定德育目标而采用的活动方式和教育手段的有机组合。从理论上讲，德育方法因不同的划分标准而丰富多样，如在抽象程度上有方法论层面的和具体的德育方法，在教育意图是否明显上有明示的和暗示的德育方法，在目标指向上有侧重知、情、意、行等不同要素的德育方法。但在实际的学校德育中，教育者常常关注和使用的却是讲授、谈话、讨论、奖惩、榜样示范等类型单一、意图过于公开的德育方法。许多不为学生察觉而效果更为持久的德育方法，如参观体验、情感陶冶、道德实践、理想激励等，却没有得到应有的重视。学校德育旗帜鲜明的价值特点需要教师在使用德育方法时巧妙而间接地处理好教育意图，这是因为真正高效的德育常常发生在“道德隐匿”之时，也就是学生在不知不觉中受到潜移默化的浸染和熏陶。自然是个大宝库，社会是个大舞台，研学旅行的最大特点就是在游中学、行中思，充分发挥出环境润物无声、育人无痕的独特作用，这与马克思主义坚持的“人创造环境，同样环境也创造人”的辩证观点不谋而合。研学旅行的体验性与实践性至少从三个方面促使学校德育方法的提升或转变：

其一，由于学生置身于特定的时空环境，即便教师采用惯常的方法，其效果也不可同日而语。比如，在参观革命英雄纪念馆时宣讲爱国主义和理想主义一般要比课堂上直接的道德倡议效果更佳。

其二，研学旅行强调学生与自然万物的亲密接触，这为教师使用不同以往的德育方法创造了有利条件。譬如，教师可以引导学生“比德于自然”——以自然景物隐喻道德人格，当岁寒三友映入眼帘，学生便联想到坚贞不屈、虚怀若谷、冰清玉洁的道德人格。

其三，更为重要的是，教师可以根据研学旅行中实际情境的变化和学生品德发展的特点，对不同的德育方法进行优化组合和灵活运用，从而增强德育方法的生命力。

（三）研学旅行的协同性和整合性拓展学校德育资源的类型

《国家中长期教育改革和发展规划纲要（2010—2020年）》指出，创新人才培养模式需要“注重知行统一，坚持教育教学与生产劳动、社会实践相结合”，并“充分利用社会教育资源，开展各种课外及校外活动”。研学旅行是一门校内教育需求和校外教育资源良性互动和融合发展的综合实践活动课程，是有效调动和充分利用社会教育资源积极参与办学的重要形式。在教育不断走向开放的时代潮流中，研学旅行突破了德育资源局限于书本、课堂和校园的狭仄空间，最大限度地将教育部门、学校、家庭、社会和市场领域中的多层次、多形态、多类型的资源整合起来，这些丰富多样的德育资源不仅为学生的道德学习提供了真实的道德情境和鲜活的道德案例，还有利于建立健全协同育人机制，进而形成教育合力，提高德育实效性。国家层面《意见》的出台推动了研学旅行由点到面广泛铺开，众多旅行公司、各类教育机构或其他社会组织都争先恐后地融入到这股火热的教育浪潮中，竞相推出层出不穷的研学产品以满足广大学生的个性化需求，这确实为研学旅行的健康和长远发展提供了强有力的资源支撑。作为研学旅行的主导者，中小学应积极借助有关部门、旅游景点、校外实践基地等社会力量，充分开发和多方整合自然资源、科技资源、组织资源、社区资源和历史文化资源，与相关合作单位建立常态化的研学旅行机制。同时，在资源挖掘和建设中，必须“遵循因地制宜的原则，对于主题和内容的选择、研学基地的确定，都要结合当地实际去考虑，充分利用地域特色资源，做有地域特色的研学旅行”。

（四）研学旅行的交互性和集体性优化学校德育评价的模式

学生的道德发展是一个涉及知、情、意、行等因素的复杂系统，相应的德育评价也就不宜采取以偏概全、避难就易的简单做法。然而，目前我国中小学的德育评价在很大程度上依旧遵循着相对单一的传统模式：一是评价主体单一，教师几乎是学生品德评价的道德法官，小组互评和学生自评的缺席大大削弱了评价的信度。二是评价内容单一，教师往往通过笔纸测验的道德知识考试来判断学生的道德水平，甚至简单地根据学业成绩进行换算；而且，评价的参考内容主要是学生在学校和课堂上的行为表现，而学校场域之外的一举一动则旁落于评价者的视野之外。三是评价方式单一，过于强调以甄别和选拔功能为主的总结性评价，忽视了对学生品德发展更具实质意义的诊断性评价和发展性评价，其结果是总体印象法和评分法大行其道，而反映学生品德发展问题和促进学生品德发展策略的个性化评价缺失。

研学旅行的交互性和集体性为多主体、全方位、组合式的德育评价提供了难得机遇，有利于变革相对单一的传统评价模式。首先，研学旅行涉及部门多，参与人员广，不仅有教育系统中的教师和学生，还有社会组织或旅行机构的工作人员。基于此，教师评价、师生互评、小组评价、学生自评和第三方评价就可以有机结合起来，从而提高评价的可靠性。其次，研学旅行的主要旨趣不是课本知识的简单再现，而是在实践体验中促进学生知、情、意、行等各个品德要素的共同发展。相应地，德育评价的范围就不会拘囿于考查学生的道德认知，教师可以通过深入观察和深度交流全面而准确地把握学生的思想动态、情感变化、价值倾向和行为表现。最后，研学旅行可以实现多种德育评价的有机组合，除了将诊断性、总结性和发展性评价结合起来之外，还可以将道德纪实、行为观察等质性评价和量化评估结合起来，也可以从效果论与动机论的视角辩证地看待学生的外显行为和内在动机。

三、研学旅行是德育的有效途径

道德由道德认知、道德情感、道德意志和道德行为四种心理成分构成。道德认知即道德观念，是对道德规范及其执行意义的认识。道德情感是根据道德观念来评价他人或自己行为时产生的内心体验。道德意志是一个人自觉地调节行为，克服困难，以实现一定道德目的的心理过程，通常表现为一个人的信心、决心和恒心。道德行为是实现道德动机的行为意向及外部表现。其中，道德认知是基础，道德情感是催化剂，道德行为是关键。四者构成相互制约和相互促进的整体。因此，进行道德教育的过程就是晓之以理，动之以情，炼之以意，导之以行的过程。

（一）研学旅行是提升道德认知的有效途径

道德认知，是指个体在原有的道德知识的基础上，对道德范例的刺激产生效应感应，经过同化、顺应的加工，而获取道德新知的心理活动过程。它是道德教育的理论基础，也是个体品德培植的理论分析。认知既是一个从道德刺激到道德新知的形成过程，又是一种形成道德新知的手段。

研学旅行作为道德教育的新途径，将道德教育从传统的课堂延伸到课堂之外，研学旅行将学生带入特定的德育场景，充分发挥它的环境体验教育的作用，从而提升学生的道德认知，如对传统优秀文化的认识。正如顾明远先生所言，研学旅行是让学生走出学校、走向大自然、走向社会、走向世界，是拓宽学生视野、增进学识、锤炼意识的好举措，也是让学生了解认识祖国的魅力山河、中华民族优秀文化传统的好方式。

（二）研学旅行是培养道德情感的有效途径

道德情感是人类所特有的一种高级情感，是人类道德心理结构中一个极为重要的因素。道德实践活动不是理性因素的单一作用所致，而是伴随着深刻的情感体验。人们在道德活动中的情感体验也依不同的心理而表现出直观的、想象的、理论的体验形式。在道德活动中所产生的道德情感体验，又反过来影响人们的道德活动，具有催化、选择、评价等功能效应。

研学旅行过程中的山水游览、文化体验、民俗体验等将极大地促进学生对祖国文化、传统和山水的热爱，激发其爱国、爱乡情怀。学生通过研学旅行，瞻仰革命圣地，走进博物馆、博览会，用眼睛去观察，用心灵去感受祖国大好河山的壮丽，体会华夏文明的博大精深，了解祖国改革开放取得的伟大成就，在潜移默化中激发学生对祖国的眷恋之情，增强学生的民族自尊心、自信心和自豪感。研学旅行中的所闻所见能够深深鼓舞学生的斗志，激励学生担当责任。同时，学生通过研学旅行，可以在参与社会实践过程中应对各种挑战，在问题解决中不断提升实践创新能力。

（三）研学旅行是锤炼道德意志的有效途径

意志是人们自觉地将愿望设计为蓝图，以它支配和调节自己的行动，去克服困难以求实现目的的心理过程，是人的积极性的特殊形式。它以人调节自己的行为，抑制其他意图和动机为前提。人的道德心理活动，从来就不是“风平浪静”的，不仅有恶的因素的骚动，而且有善的不等值冲撞；不仅有对过去行为的反省，而且有对未来的设计；不仅有一时的道德冲动，而且有始终一贯的道德行为，这些都需要意志的参与。道德意志就是人们按照道德原则和要求进行道德抉择和行动时调节行为克服困难的能力，是在履行道德义务过程中所表现出来的决心和毅力。可以说，没有道德意志，就没有道德行为，就没有道德生活。然而，道德意志并非人天生所具有的，它需要人们在道德实践活动中遵循规律，经过长期磨炼而成。

研学旅行过程中的体验，尤其是在红色旅行的过程中，学生可以深刻感受革命先烈们的英雄事迹和顽强意志，这对于学生在进行道德抉择和行动时，磨砺他们的道德意志具有重要作用。例如，参观革命遗址，体验红军当时训练、战斗和生活情景，学唱革命歌曲，通过听、看、读、写、画、说、谈、演等学习方式，传承革命精神，多角度、多感观接受革命传统教育和国情乡情教育，提升抗挫折能力。

（四）研学旅行是转变道德行为的有效途径

《中国大百科全书》认为，所谓道德行为 (moral conduct), 是指“一切具有善恶价值并应承担道德责任的个人活动。它受一定社会条件制约并具有某种社会倾向，是人们按照一定道德原则和规范，在个人利益和社会利益关系上，从本人意志出发自主选择的行为。”道德行为，从广义上讲，是人类最基本的道德实践活动，“不仅包括并表现着人们的道德意识，而且也含有行为所据以体现的道德准则或价值标准。”

研学旅行对于改变传统德育重言传轻身教，重认知轻实践的知行不一的倾向，具有十分显著的作用。它能在为学生提供认知环境的同时，为学生提供大量的实践机会。

任务实施

绣道文化研学之旅——走进沙坪湘绣小镇

湘绣是中国四大名绣之一，起源于距今 2500 多年前的春秋战国时期，是中国首批国家级非物质文化遗产项目。湖南长沙的沙坪小镇是我国唯一湘绣产业基地。

1. 了解湘绣历史文化

观看《沙坪绣天下》短片，同学们初步领略了中国非遗湘绣的历史文化和魅力。历史长廊里述说着湘绣文化的历史起源。

2. 湘绣针法展示区域，展示了几种常用的针法

湘绣鬅毛针法展示台， 一件未完成的作品，可以让同学们更清楚地看到湘绣独有针法——鬅毛针。

3. 赏析湘绣馆藏臻品

惟妙惟肖的湘绣鬅毛针代表作品《虎头》，是湘绣博物馆镇馆作品之一。

双面全异绣《熊猫》两面不同的画面让同学们惊奇不已，非常有亲切感……原来湘绣的熊猫也绣得这么得灵活，这么得逼真，仿佛让他们看到了家乡活灵活现的真熊猫。

4. 走近湘绣大师

在大师工作室内，近距离观摩刺绣工艺大师们的绣制过程。一针一线在手中来回变幻，草木花鸟等作品都惟妙惟肖。

5. 学生亲绣体验

视频教学以及指导老师现场教学，学生动手绣制简单湘绣作品。绣道研学与实践让学生走出课堂，了解我国的非遗文化——湘绣，在活动中放松身心，又延续匠人精神，传承非遗。相较于坐在教室里学习课本上的中华优秀传统文化，研学旅行中的学习能够加深学生的认知以及知识的内化。

任务二　研学旅行与劳动教育

学习目标

【能力目标】

养成劳动的习惯和能力。

【知识目标】

理解劳动教育的概念和必要性。

【素质目标】

树立正确的劳动观点和态度。

任务描述

寻找一块农场作为劳动实践基地。农场拥有大片自然土地资源，青山绿水不仅是学生休闲撒欢的天地，更是学习劳动技能的阵地。学生走进田间地头，体验农耕劳作，亲手采摘果实，感受粮食的来之不易。在参观现代农业中了解三层水培、无土栽培等技术的过程中，进而萌生热爱劳动的意识。

任务分析

本次劳动教育活动设置了三个板块的内容，能够让学生亲历发现问题、分析问题、实践探究、解决问题、评价交流、反思改进的研学旅行全过程。板块一：农耕劳作。学生亲身经历整地、施肥、做垄、点种、覆土等耕种过程，学习耕种工具的使用方法，在耕种活动中体会劳动的艰辛和果实的甜美。板块二：收获采摘。学生在观察活动中记录农作物的生长状况，在动手操作中体验采摘的乐趣、感悟丰收的喜悦。采摘活动成为实践育人、活动育人、协同育人的重要载体。板块三：现代农业。走进温室大棚，观察温室如何为农作物提供一个最适宜作物生长的环境，人们如何运用三层水培、无土栽培、墙体栽培、管道式栽培、立柱式栽培、气雾栽培、树状栽培等现代科技手段进行农业生产种植，感受科技带来的劳动美。三个板块的内容聚焦研学旅行在深化劳动教育、提升劳动素养方面的作用，充分发挥劳动教育综合育人的功能，学生在身体力行中体验春种秋收的农耕生活，感悟“一分耕耘一分收获”的道理，进而形成正确的劳动观念，掌握必备的劳动技能，培养朴素的劳动情感，传承中华民族勤劳奋斗的优良传统。

知识准备

一、新时代劳动教育

1. 新时代劳动教育的基本内涵

在 2018 年全国教育大会上，习近平总书记明确提出德智体美劳五育并举的教育新体系，这标志着劳动教育的发展进入了新的里程碑。但是，目前很多人对劳动教育的内涵理解不够深入，产生了一些误区：第一，劳动教育不仅仅是为了转变我国部分青少年扭曲的劳动价值观，更是为了培养德智体美劳全面发展的社会主义建设者和接班人。在社会发展的每个时期，都可能存在青少年劳动价值观扭曲的现象。若只是把推进劳动教育当作缓解消极劳动观的良药，那么就没有正确理解在中国特色社会主义新时代背景下的劳动教育的科学内涵。因此，开展正确劳动价值观教育的最终目的是实现中华民族伟大复兴，培养能担当民族复兴大任的时代新人。第二，劳动教育并非只在学校中学习综合实践课，更主要的任务是让青少年树立正确的劳动价值观。劳动教育的原则之一是坚持思想引领，中小学劳动教育既要让学生学习必要的劳动知识和技能，更要通过劳动帮助学生形成健全人格和良好的思想道德品质。劳动价值观教育是劳动教育的核心要素，青年学生要牢固树立劳动最光荣、劳动最崇高、劳动最伟大、劳动最美丽的价值观。第三，很多人认为学习科学文化知识相当于劳动教育。《关于全面加强新时代大中小学劳动教育的意见》明确指出，实施劳动教育重点是在系统的文化知识学习之外，有目的、有计划地组织学生参加日常生活劳动、生产劳动和服务性劳动，让学生动手实践、出力流汗，接受锻炼、磨炼意志，培养学生正确劳动价值观和良好劳动品质。劳动教育是一种让学生动起来的体力劳动，而学习科学文化知识更多的是脑力活动。如果将劳动教育和科学文化知识学习划等号，那就否定了劳动教育的真正内涵。

2. 新时代劳动教育的必要性

劳动教育能够培养德行。引导学生在成长过程中为自己的努力和奉献感到自豪，相信工作是最光荣的、最伟大的、最美丽的、劳动教育的目的和方向是通过劳动工作经验，学生可以感受、了解努力工作对于成长的重要性，并激励学生在未来的学习和生活中努力工作，追求独立和实现自己的梦想。

劳动教育能够激发创造。学生在工作中要动用双手和大脑，这也是一种创造性的活动。让学生们自己设计和搭建一个产品，比如一个小板凳，一个小架子，在老师的帮助下克服困难。这能够培养学生的独立思想和创造精神。劳动教育不仅可以培养学生的生活技能，还可以促进学生的身心发展，培养学生的现代精神和实践能力，培养尊重劳动的思想品德。

劳动教育能够发展美育。构建劳动育人教育模式，以美育人，促进学生树立“劳动最光荣、劳动最崇高、劳动最伟大、劳动最美丽”的劳动审美观，让学生在劳动创作中发现美，能够体验美、欣赏美、创造美，以提高学生的审美能力和人文素养。

3. 新时代如何做好劳动教育

《关于全面加强新时代大中小学劳动教育的意见》指出：“要广泛开展劳动教育实践活动，家庭要发挥在劳动教育中的基础作用，学校要发挥在劳动教育中的主导作用，社会要发挥在劳动教育中的支持作用。”此论述表明，劳动教育的深入发展，需要家庭、学校、社会分工协作、同向发力。

首先，家庭是青少年成长的第一所学校，家庭需要与学校积极联动。家长应先以身作则，树立崇尚劳动的良好家风。家庭成员还应鼓励孩子自觉完成学校的劳动任务，并逐步培养孩子良好的劳动习惯。

2021 年春节期间，江西省宜春市宜阳小学的孩子们发扬主人翁精神，自己的事情自己做，家里的事情帮着做，认真完成《笋娃劳动记录卡》，感受劳动的光荣，争当爸爸妈妈的好帮手。图 3-1 和图 3-2 分别展示了宜阳小学的学生帮助家长做美食和帮助家长完成家务的情景。

图 3-1　宜阳小学学生帮助家长做美食

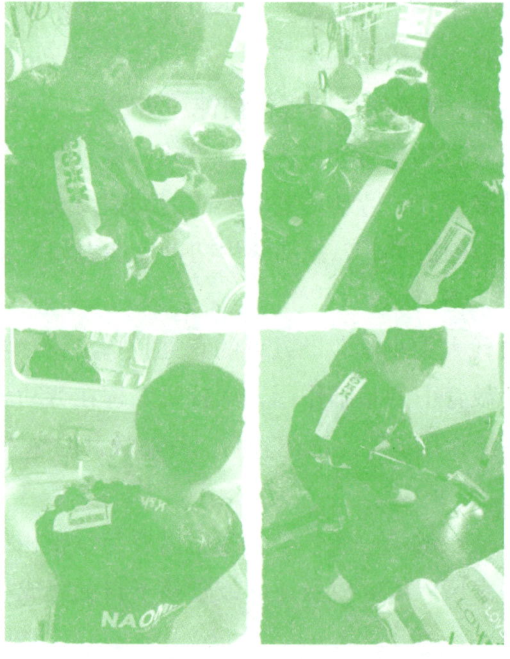

图 3-2　宜阳小学学生帮助家长完成家务

其次，学校是孩子成长的指明灯，学校要发挥在劳动教育中的主导作用。学校可多途径、多方面地开展劳动教育：第一，在中小学设立劳动教育必修课程，合理规定课时和课程内容；第二，在学科专业中有机渗透劳动教育。在文史类课程中，有机融入劳模案例。在理工类课程中，合理渗透劳动的科学态度、规范意识、效率观念和创新精神；第三，在校园文化建设中强化劳动文化，积极开展各项培养热爱劳动品质的教育活动，例如：劳动模范进课堂等。

潍坊市昌乐县第二实验小学的校园劳动实践基地

学校分为六个团队，校内实践基地划分为80个菜畦，每个班主任、任课教师和学生分别对农场、果园进行劳动体验、日常管理及课程开发，让他们在参与中品尝劳动的美，在耕耘中感受大自然孕育生命的神奇与博大。图3-3展示了潍坊市昌乐县第二实验小学的校园劳动实践基地。

图3-3 潍坊市昌乐县第二实验小学的校园劳动实践基地

江西省首门劳动教育慕课《大美劳动》上线运行

《大美劳动》旨在对当今社会一定程度上存在的不珍惜劳动成果、不想劳动、不会劳动等现象进行剖析，通过全面弘扬马克思主义劳动观，在学生心里牢固树立劳动最光荣、劳动最崇高、劳动最伟大、劳动最美丽的价值观念；通过对新时代劳动内涵和外延的全面解读，让学生热爱劳动、尊重劳动、积极劳动，引导学生成长为合格的中国特色社会主义事业建设者和接班人，为中华民族伟大复兴贡献力量。图 3-4 展示了《大美劳动》慕课。

图 3-4　江西省首门劳动教育慕课《大美劳动》

最后，社会是教育的重要场所，孩子的教育离不开社会。社会各界应利用各方面的社会资源，积极支持学校开展校外劳动教育。政府鼓励各类企业开放实践基地，让学生在真实的场景下进行更深入的职业体验。研学旅行是一种将探究式教学和旅行体验相结合的校外教育活动，是劳动教育的重要载体和开展形式。因此，通过研学旅行开展劳动教育，能使学生在日常生活中更直观地感受风土人情，领悟正确的劳动价值观，而不是仅仅从课本上学习理论知识。图 3-5，图 3-6，图 3-7 展示了秋收研学中参观农具展览室、收割稻子、打稻子的场景。

图 3-5　劳动前热身：参观农具展览室

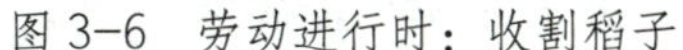

图 3-6 劳动进行时：收割稻子

图 3-7 劳动继续时：打稻子

二、乡土文化教育

1. 实施乡土文化教育的必要性

从优化教育环境来看，乡土文化教育具有深远的教育意义。人是特定文化氛围中的人，正所谓一方水土养一方人，一个人的成长，与他所处的环境，所接受的文化渗透有相当密切的关系。乡土文化教育是人文教育的基础，指学生在了解和认识家乡的基础上，激发乡土情感、产生乡土关怀和乡土认同，并能为改善乡土环境、促进国家认同贡献力量。

乡土文化教育是一种“根”的教育，能够激发孩子热爱家乡的情感，并进而愿意作为家乡的一分子，服务于乡土建设。这就是当代著名学者、民进中央副主席朱永新所提出的，把乡土文化教育引入学校，将有利于中国乡村的重建。为此，他对当前学校教育普遍忽视乡土教育的现象提出了批评：“我们的乡村教育是非乡村甚至是反乡村的。我们是在用城市的模式、城市的教材开展乡村的教育。乡村教育不是为了乡村，不是为了乡村的孩子，不是为了乡村的未来，而是在消弭乡村的精神。乡村的教育严重地脱离乡村的实际，高度复制城市的教育内容，最后的结果不仅让乡村的孩子通过高考逃离乡村，而且那些留在乡村的孩子也对乡村从心理上有疏离感，无法对乡村产生真正的认同。”

乡土文化具有丰富的内容，既是对学生开展生活教育、劳动教育和创造技能教育的生动素材，又是对学生开展人文教育(包括理想教育、人格教育、公民教育、民族精神教育)的极好途径。乡土文化教育有极强的针对性，又有鲜活的事例作示范，是一种包含趣味性、知识性、情感性、实用性的教育。它所取得的实际效果，是学校其他学科教学所达不到的，它的这种教育模式，也是其他学科教学所无法替代的。

2. 乡土文化教育策略

为了进一步搞好乡土文化教育，促进孩子全面发展，提升学校教育品质，提出四点建议：

第一，实施体验式教学。就是把乡土文化教育列入课程，让所有的学生都有机会参与到乡土文化的体验、动手制作以及创新创造中来。只有让学生“动”起来，乡土文化才能“活”起来。

第二，要把接受乡土文化教育纳入对学生的考核与评价。也就是说，要对学生在校接受乡土文化教育的情况具体量化，记录在学生成绩报告单《我的成长足迹》中，作为学生评优的重要依据。这样做的目的，就是为了打破过去以学科考试成绩为唯一标准的做法，真正建立以促进学生全面发展为导向的评价制度。

第三，要配合开展当地人文历史的教育。“非遗”传承包含了当地人文历史的内容，但是，这绝对不是乡土文化的全部。乡土文化教育必须有一个更广阔的视野，通过“非遗”项目的传承，来带动当地民风民俗、人文历史的教育。乡土文化教育的首要任务，就是必须编写好这方面的教材。

第四，要重视乡情文学的培育。换句话说，就是要多组织学生游家乡，写家乡，把乡土文化教育和课堂写作结合起来，既可以让孩子积累丰富的写作素材，又可以极大地丰富孩子的情感世界，增进孩子的乡土意识，这是乡土文化教育中不可忽视的一个重要内容，可以让乡土教育成为真正留住乡土之“根”的传统教育。

任务实施

实施形式：

以班为单位采摘果实，评比、品尝。

实施内容：

1. 农产品采摘

对于成熟的果实，各班以班级为单位，将摘下的果实进行称重、记录，为学期结束时的“黄瓜王”、“茄子王”、“辣椒王”的评比做准备。随后，学生们开始分工，布置场地、清洗蔬菜、摆放产品、进行售卖。

2. 评比、品尝活动

当果实成熟时，进行水果评估和品尝活动。有些班做黄瓜沙拉和凉拌黄瓜。在这些活动中，学生们学会了劳动，收获了喜悦，并意识到只有通过努力和劳动，才能获得劳动的甜美果实。

让学生摆脱书本和课堂学习，改变文化知识学习和动手能力缺乏的现象，让学生在实践中了解农业生产常识，做科学研究，了解营销的基本原理和流程；增强劳动意识、团队合作意识、责任意识、创新意识、科研意识、基本经济素养等。老师们带领学生们播种各种农作物，辨别植物外形，观察生长过程，填写观察记录表，尝试写小论文。待作物成熟后，学生举办果实品尝会，到各班进行收购，自己定价，制作广告，在校园向老师和同学进行推销，感知市场运行的规律，接受经济学启蒙教育。

任务三　研学旅行与心理教育

学习目标

【能力目标】

(1) 掌握中小学生的身心发展特征，设计和更新研学课程。

(2) 根据中小学生的心理特征，提出相应的应对措施。

(3) 根据中小学生的身心发展特征，设计和更新研学课程。

【知识目标】

掌握中小学生的身心发展特征。

【素质目标】

能够掌握设计和实施研学活动的方法。

任务描述

选取桂林、兴安、百色、北海、东兰、钦州、合浦等地作为研学旅行点，带领中小学生感受灵渠、靖江王府、田州古城、刘永福故居、合浦汉闾文化博物馆的历史厚重感；参观湘江战役遗址、桂林八路军办事处纪念馆、飞虎队遗址公园、粤东会馆、百色起义纪念碑、韦拔群纪念馆、韦拔群故居、列宁岩、魁星楼等红色革命印记。通过现场参观、阅览史料和听研学导师解说等，中小学生被英雄人物身上折射出的爱国主义精神深深感动。

任务分析

中小学生心理健康教育的重点是认识自我、学会学习、人际交往、情绪调节、生活和社会适应等方面的内容。相比小学生，初中生在心理上的最大变化是自我意识的变化，教师帮助初中生客观评价自我，直接影响到学生个体自尊、自信的确立，而帮助学生加强自我认识，客观地评价自己，正确认识自己的优点和不足，引导其学会欣赏他人的长处和优点，是增强学生自我认识的重要途径。通过开展红色教育研学旅行，帮助学生加强自我认知，客观地评价自己；注意学习方法的培养，发展学生的学习能力；学会与同伴交往，建立良好的人际关系。

知识准备 

一、中小学生的心理特征

北京师范大学林崇德教授曾说，教育的对象是人，人都有心理活动，有心理活动的规律。掌握未成年人心理发展的基本规律，应该作为教育工作的出发点。只有熟悉中小学生的心理发展特点，才能达到研学活动的最佳效果。

1. 埃里克森的人格发展理论

发展心理学主要以研究人类从出生直至死亡的完整发展历程为基础，探究人在成长过程中的心理变化。人类在不同的成长阶段展现出不一样的心理特点，中小学阶段是成长中的重要阶段，人们在这一阶段呈现出特有的心理特点。

埃里克森的人格发展理论属于发展心理学，埃里克森认为人的自我意识发展具有顺序性和连续性，他把人的自我意识的形成和发展分为八个阶段。这八个阶段遵循一定的顺序，该顺序主要是由遗传因素决定的，而每一个顺序能否成功完成，是由外界环境所决定的。因此，他认为每个阶段都有“心理社会的危机”。这八个阶段分别为：婴儿期(出生～2岁)，儿童期(2～4岁)，学前期(4～7岁)，学龄期(7～12岁)，青春期(12～18岁)，成年早期(18～25岁)，成年中期(25～50岁)，成年晚期(50岁～死亡)。小学四到六年级、初中一到二年级、高中一到二年级大致在10～17岁之间，从埃里克森的人格发展理论来看，这一阶段的孩子正经历学龄期到青春期的过渡阶段。小学生处于学龄期，这一时期是勤奋对自卑的冲突。在这个阶段，如果孩子能顺利完成学校的任务，就能获得勤奋感。反之，自卑感的种子将会根植于孩子心中。中学生处于青春期，这一时期是自我同一性和角色混乱的冲突。自我同一性是指个体在寻求自我的发展中，对自我的确认和对有关自我发展的一些重大问题，诸如理想、职业、价值观、人生观等的思考和选择。这一阶段，个体真正有意识地寻找并回答“我是谁”的答案。

2. 小学生心理发展特征及应对措施

小学四年级的学生正处于在小学阶段由低年级向高年级发展的过渡期。这一阶段，他们的大脑发展逐渐完善，生理和心理出现明显变化。首先，他们的思维方式由具象思维逐步向抽象思维转变，开始对事物进行有条理、有逻辑地分析，虽然他们对事物的看法不够全面客观，但已经开始掌握科学的、分析具体问题的策略。其次，这个时期的孩子自我意识增强，他们开始展现出属于自己的独特个性。比如，拥有自己的小秘密、开始学会打扮自己。最后，虽然孩子开始由被动学习向主动学习改变，但他们仍缺乏明辨是非的能力。根据这一阶段孩子的心理特征，家长和老师应该帮助孩子发现问题、解决问题，帮助孩子树立信心；应该帮助孩子强化良好习惯和改变不良习惯；应该保护孩子的好奇心和想象力，尊重孩子的兴趣爱好，鼓励孩子展示自我。

小学五年级的学生已经进入小学高阶段，这一阶段的孩子生理和心理都呈现稳定的状态。首先，他们与人竞争的意识明显增强，不愿意输了比赛，竞赛的目的是拿冠军。其次，他们开始重视学习成绩，对班级中成绩优秀的同伴产生敬佩之情。最后，他们的自我意识逐渐深刻且稳定，开始尝试摆脱对外界的依赖，独立能力增强，喜欢自发组成小团体。这一时期的孩子不随意相信别人的吹捧，对很多事情开始拥有自己的想法，不再把父母和老师的话当作真理，自控能力逐步增强。作为父母，这一时期应鼓励孩子做事情要坚持，帮助孩子确立进取的人生态度，促进自我意识发展。家长要为孩子提供一些接触自然、社会的机会。如果在学习中遇到的自然和社会的问题，孩子缺乏实践操作能力，就很难准确理解其中内涵。

小学六年级的学生开始进入青春期初期阶段，青春期是青少年向成人过渡的重要时期。首先，这个时期的孩子接触的知识和事物越来越多，对事情的评判开始有自己独特的看法，不再盲目接受老师和家长的观点，还会对家长和老师的正当教育与干涉产生抵触心理。其次，他们的意志力不强，分辨能力不高。因为他们的社会经验较少，思考和分析问题仍具有片面性和主观性。他们过分在意他人的评价，别人稍微说了一些不好的评价，孩子会变得自卑敏感。面对青春初期的孩子，家长和老师应逐步培养孩子的自信心，积极关注孩子的情绪变化，愿意成为孩子的倾听对象。在关注心理状态的同时，家长应鼓励孩子自主规划学习计划和学习目标，逐步为小升初做最佳的准备。

3. 中学生心理发展特征及应对措施

初一年级的学生呈现成熟性与幼稚性的统一，他们身心发展逐步成熟，但初一学生刚刚进入少年期，理性思维的发展不完整，身体发育、知识经验、心理品质方面依然保留着小学生的特点。向上性与盲目性的统一，开始出现较为客观的自我意识和自我评价，开始重视自我形象，但思维的独立性和批判性还处于萌芽阶段，情绪调节能力较差，易受他人影响。作为家长，首先应积极关注孩子对初中生活和学习的适应程度。其次，家长应指导孩子端正学习态度，养成良好的学习习惯，培养正确的思维习惯，为初中阶段的学习打下坚实的基础。

初二年级的学生已经进入青春期，不管是男生还是女生身体都发生了许多引人注目的变化。但由于家长和社会对性知识教育采取闭锁甚至耻于谈论的态度，致使孩子们产生青春期烦恼。另一心理特点是表面什么都不在乎，实际上从众心理很重，既想标新立异又担心脱离集体。于是有的学生出现了紧张、焦虑、自卑等不健康心理，由于心理发展与生理发展的严重不平衡，就会出现程度不同的对抗情绪、逃避、说谎、破坏、暴力等不良行为。面对初二学生的心理情况，家长首先应对怎样去认识爱情、处理对异性的好感进行正确引导。其次，家长应重视和孩子的有效沟通。初二的学生进入到了青春期，比较逆反，和家长的交流逐渐变少，对一味地说教非常抵制，所以这段时间家长一定要多和孩子进行沟通，随时了解孩子的心理变化，及时给孩子需要的心理疏导和正确观念的引导，这样才能保证孩子在健康的心理轨道上发展。

高一年级的学生正处在心理上脱离父母的心理断乳期，随着身体的迅速发育，自我意识的明显增强，独立思考和处理事物能力的发展，高中生在心理和行为上表现出强烈的自主性，迫切希望从父母的束缚中解放出来。而他们的感情变得内隐，即内心世界活跃，但情感的外部表现却并不明显。这些特点常阻碍着父母与子女的相互了解。这一阶段，家长应积极与孩子进行沟通，鼓励孩子自主学习，指引他们对未来职业生涯进行探索。

高二年级的学生属于高中阶段的断层期。此阶段由于很多学生目标不明确，既没有高一时的雄心壮志，也没有面临高考的紧迫感，是一个容易出现动荡和茫然的时期。恋爱现象剧增，随着我国人民生活水平的不断提高，青少年的营养也不断提高，这必然会导致身体的发育加快，身体的早熟也必然包含性机能的早熟。另一方面，高二的学生所要承受来自社会方方面面的压力越来越多，他们非常需要理解和关心。然而，由于家庭、学校、教师只关心学生的学习成绩，对学生的心理需要不关注，导致他们只能从外界获得被关爱的感觉。这一阶段，家长应重点关注孩子的情绪调节，正确地疏导孩子的心理问题。除此之外，家长还应关注孩子的学习状况，正确看待孩子的成绩波动，及时地给予鼓励和帮助。

二、研学旅行课程设计与实施

1. 研学旅行课程设计

社会性教育。中小学阶段是孩子从少年走向青年的过渡阶段，他们的个性发展呈多样性、复杂性和不稳定性。帮助中小学生正确认识社会，培养他们的社会责任感是教育发展的重要目标。社会性认知主要是指对他人表情的认知，对他人性格的认知，对人与人关系的认知，对人的行为原因的认知。为了有效帮助中小学生形成和发展社会性认知，学校和社会应鼓励学生积极参与社会性活动，增加社会性交往。研学旅行的关键是将“读万卷书”与“行万里路”有机结合，通过对当地进行实地考察，文化交流等活动，把研学旅行融入知识教育。通过行万里路的研学方式，中小学生对社会的认知不仅仅停留在枯燥的课本中，而是能够亲身体验社会的构成和发展，这有助于中小学生增进对社会的了解，增强他们的社会责任感和归属感。因此，在设计研学旅行课程内容时，应重视社会游历和社会情境的设置，帮助中小学生加深对自然、对社会、对自我的整体认识，增进对地域文化的热爱、对民族文化的认同、对多元文化的理解，提升综合素养、实践能力和社会责任感。

情绪调节教育。情绪是个体对外界事物的态度，是感情反映的过程。情绪管理需要掌握自我，用平和的心态与情绪共处。中小学生正处于发展时期，他们的情绪情感丰富而热烈，但中小学生情绪和情感的一个显著特征是起伏波动较大，他们会因为一件事情的成功而欣喜若狂、激动不已，也会因为一点挫折而沮丧懊恼、垂头丧气。他们虽然有一定的自主管理情绪的能力，但自我调节的力量非常有限。家长和老师应鼓励学生积累丰富的精神财富，为健康情趣的产生创造丰富的内容，避免不健康或消极的情绪和情感乘虚而入。因此，研学旅行内容中应设置更多的丰富情感的体验活动，让学生学会正确表达自己的情绪，提高处理情绪问题的能力和缓解压力的能力，有助于他们更好地适应外部环境和集体生活。

自我认知教育。中小学生的关注点由外界向自我转变，他们开始把自己当作一个独立的人，自主意识逐渐增强，不愿意轻易相信别人的话。在处理问题和发表观点时，他们开始加入自己的独特想法，虽然有些想法偏主观性，但他们从接受知识向独立认识问题逐步转变。因此，在研学旅行情景体验活动中，教师应积极引导学生进行自主管理学习、活动和生活，发现自我价值和自身潜能，这有助于促进自我实现和自我完善。

人际交往教育。交往是当代中小学生完成学业、人格发展的重要课题。交往既能给中小学生带来幸福和欢乐，也能造成无穷的苦恼与悲伤；交往既能促进中小学生之间的友谊，也能导致人际间的冲突和矛盾。交往关系处理得当，不仅在中小学生心情陶冶、互助交流上起很大作用，而且对于他们形成美好理想、崇高的人生追求具有特殊的意义。但中小学生由于自身成长过程中固有特点及涉世不深、经验不足，对人际交往的认识不够，再加上独生子女的以自我为中心的特点，难免出现交往障碍。研学旅行活动是通过集体旅行、集中食宿方式开展的研究性学习和旅行体验相结合的校外教育活动，孩子需要脱离家庭环境，和其他同伴共同相处一段时间，这有助于促进孩子学会与人相处、消除隔阂、体会团体精神。

2. 研学旅行课程实施

研学旅行活动在组织实施过程中，需充分考虑各年龄段学生的心理特征，避免进行与年龄不相符的活动，这有利于满足各年龄段孩子的需求，从而达到理想的教育效果。

面对不同年龄阶段的学生，研学旅行活动在活动时间和旅行距离、课程内容、活动方式、评价标准等方面应做相应的改变。研学旅行活动的开展一般集中在三个年龄阶段：第一类是小学生，小学生的研学活动以体验性学习为主，活动时间一般为 1 ～ 5 天，以乡土乡情为主，多以直观感受进行评价。第二类是初中生，活动开展以价值体悟为主，重在运用学科知识进行探究总结。活动时间大多为 3 ～ 6 天，以县情市情为主。第三类是高中生，活动时间一般为 7 ～ 10 天，以省情国情为主。活动主题主要以研究性学习为主，研究与体验并重。不同年龄段学生研学旅行课程实施如表 3-1 所示。

表 3-1 研学旅行课程实施

年龄段	小学	初中	高中
活动时间和旅行距离	1～5天，以乡土乡情为主	3～6天，以县情市情为主	7～10天，以省情国情为主
课程内容	以体验性学习为主	以价值体悟为主	以研究性学习为主，研究与体验并重
活动方式	运用“五感”(视觉、听觉、嗅觉、味觉、触觉)，通过自然观察、亲身体验、讨论交流、动手制作、简易实验、故事启发等方式学习。可以自主学习，也要有合作学习	运用学科知识解释问题、解决问题，在实践中掌握研究方法，经历研究过程。以自主学习、探究学习、协作学习为主	提出明确的研究性课题完成质量标准，以学生自主选题、完成研究为主
评价标准	以体验日记、游学感悟、观察日志、摄影、绘画、标本制作、小论文为主	以小课题研究报告、主题研究论文、创意设计作品、科学探究作业等为主	完整的、具有一定创新性和规范性的研究报告，需要综合、规范地运用文献研究法、实验研究法、测量研究法、比较研究法、调查研究法等多种研究方法完成课题，完成汇报、答辩

任务实施

实施形式：

红色教育研学旅行课程设计。

实施内容：

1. 研学旅行前

我校在开展红色教育研学旅行校本课程设计中，要求学生在研学旅行出发前一周，每两人一组搜集研学旅行途经的景点、项目历史资料、背景文字、图片信息，并选取自己感兴趣的内容深入挖掘，有所侧重并进行筛选，制作成推介宣讲 PPT，并在课堂上进行展示、讲解。之后，以年级为单位集中组织学生观看《血战湘江》《百色起义》《龙之战》等经典电影，提前感受研学旅行目的地的历史文化，使学生在出发前对研学充满期待。

2. 研学过程中

依据配套校本教材，完成探究和分享任务(如制作密拓作品、学习壮族山歌、跳竹竿舞、制作灵渠模型、探究桂北民居建筑风格等)。

3. 研学结束后

研学旅行活动结束后，每个学生需分享研学所得、学习感悟等，可通过视频、座谈、征文等形式进行分享。

整个红色教育研学旅行过程把自主学习、合作学习、探究学习、分享学习等多种学习方式结合起来，对培养学生良好的学习观念、学习方法以及发展学生的学习能力起到积极的推动作用。红色教育研学旅行是一次集体出行活动，学生常常以小组为小单位，或以班级为大单位，或以年级为集体，在研学旅行过程中需要集体乘车、行进、参观、就餐、住宿等，相比在校内相对固定的人际交往范围，研学旅行途中的人际交往范围更大、变化性更强，更有利于锻炼学生的同伴交往能力。

任务四　研学旅行与生涯教育

学习目标

【能力目标】

(1) 能够设计生涯研学旅行活动课程。

(2) 能够借助研学旅行进行生涯规划。

【知识目标】

(1) 了解生涯教育的概念和内容。

(2) 熟悉研学旅行中蕴含的生涯教育资源。

【素质目标】

(1) 通过研学活动，带给学生研究了解外部世界的机会，获得更多关于世界或社会的直接经验，为学生未来发展积累资源。

(2) 培养学生与人协作、沟通和团队合作的能力。

任务描述

从学生时代开始，人就应该对自己有一个定位，从而在学习生活中有目标地发展自己相应的才能，从而有机会从日益激烈的竞争中找到自己前行的方向。“自己的人生不设计，就会被人设计——做自己人生的导演！”某高中通过与银行合作，为学生提供模拟银行工作的任务情境，并邀请家长和学生一起参与活动，完成任务。学生和家长通过模拟职业任务的实际操作，能够深刻认识到银行日常的工作内容，并在切身体会中增进自我觉察，促进对自身专业，职业方向的思考。

任务分析

该活动可以促进对自身专业，职业方向的思考，并增强学生的人际交往、团队合作技能，帮助其建立理财观念等，提升学生的综合素质与能力。为此可设计与银行工作相关的研学活动。

研学活动：今天银行我当家。

一、生涯教育

（一）生涯

英文 career(生涯) 从字源看，来自罗马字 via carraria 及拉丁词 carrus, 二者均指古代的战车。在希腊 career 这个词含有“疯狂竞赛”的意思，最早常用作动词，如驾驭赛马 (to career a horse), 后被引申为道路，即人生的发展道路或发展过程，又指个体一生中的一系列角色和职位。1989 年第 2 版的《牛津辞典》将其释义为任何人或物经过的途径。可以发现，生涯强调个体的整个成长和发展历程。

沙特尔 (Shartle,1952)：生涯是指一个人在工作生活中所历经的职业或职位的总称。

美国生涯学者舒伯 (Donald E. Super,1980) 将生涯定义为：“一个人一生中所扮演的一系列角色的组合和序列，它统合了人一生中的各种职业和生活角色”。1980 年，舒伯提出了由横向的生命长度和纵向的生活空间两个维度组成的生涯彩虹图，全面分析了决定个人生涯的自身因素和社会因素。

麦克弗兰德 (Mc Farland,1969)：生涯指一个人依据心中的长期目标所形成的一系列工作选择，以及相关的教育或训练活动，是有计划的职业发展历程。

霍德和班那兹 (Hood & Banathy，1972)：生涯包括个人对工作世界职业的选择与发展，对非职业性或休闲活动的选择与追求，以及在社交活动中参与的满足感。

霍尔 (Hall，1976)：生涯是指人终其一生，伴随工作或职业的有关经验与活动。

麦克丹尼尔斯 (McDaniels，1978)：生涯指一个人终其一生所从事工作与休闲活动的整体生活型态。

韦伯斯特 (Webster，1986)：生涯指个人一生职业、社会与人际关系的总称，即个人终身发展的历程。

从上述国外学者的生涯定义可以看出，生涯大体上指与个人终身所从事工作或职业等有关活动的过程。目前大多数学者所接受的生涯定义来自于舒伯 (1980) 的论点：生涯是生活中各种事件的演进方向和历程，它统合了人一生中的各种职业和生活角色，由此表现出个人独特的自我发展型态。

（二）生涯的特性

同样，从上述国外学者的生涯定义可以看出，生涯具有下面几个特性：

(1) 终身性。生涯的发展是一生当中连续不断的过程。生涯概括了一个人一生中所拥有的各种职位、角色，因此，生涯不是个人在某一阶段所特有的，而是终生发展的过程。

(2) 独特性。每个人的生涯发展是独一无二的。生涯是个人依据他的人生理想，为了自我实现而逐渐展开的一种独特的生命历程，不同的个体有不同的生涯，也许某些人在生涯的型态上有相似的地方，但其实质却可能是完全不同的。

(3) 发展性。人是生涯的主动塑造者。生涯是一个动态的发展历程，个人在不同的生命阶段中会有不同的企求，这些企求会不断地变化与发展，个体也就不断地成长。

(4) 综合性。生涯是以个人事业角色的发展为主轴，也包括了其他与工作有关的角色。生涯并不是个人在某一时段所拥有的职位、角色，而是个人在他一生中所拥有的所有职位、角色的总和，这个总和不只局限于个人的职业角色，也包括学生、子女、父母、公民等涵盖人生整体发展的各个层面的各种角色。

（三）生涯教育

赫尔较早提出生涯教育。(Herr,1969) 较早提出和推广生涯教育，他认为，所有正规教育都应围绕一个生涯发展主题统一起来。

马兰接力生涯教育改革。美国教育总署署长马兰 (Marland，S. P.) 的生涯教育理念集中体现在其 1971 年 1 月 23 日在得克萨斯州休斯顿市的全国中学校长协会会议上发表的题为《生涯教育在当下》(Career Education Now) 的演讲。马兰建议把职业教育改名为生涯教育。在他看来，所有的教育都是生涯教育，职业教育是作为生涯教育的核心部分存在的。“学校里的每个年轻人受的教育某种程度上都属于生涯教育，不管他们将来是成为外科医生、砖瓦匠、家庭主妇或者是秘书。”

霍伊特坚持推动生涯教育改革。霍伊特 (Hoyt,1977) 是生涯教育的主要设计师与推动者。他从 20 世纪 70 年代到 80 年代一直推动生涯教育的发展，即使在 80 年代，生涯教育步入低谷后，霍伊特也不停地撰文延续生涯教育的研究，一直坚持到其去世。

1972 年，霍伊特领导专业小组编写了《生涯教育：指导手册》(Career Education: A Handbook for Implementation)，该指导手册界定生涯教育概念，考察生涯教育要素。并提出生涯教育的概念模型以及指导生涯教育的 10 个行动方针。1975 年，霍伊特以生涯教育办公室的名义专门发文《生涯教育评估——对小学教学的影响》(Evaluation of Career Education-Implications for Instruction Atthe Elementary School Level)，指导小学阶段生涯教育运动的开展。同年，霍伊特编写著作《生涯教育：对一个不断发展的概念的贡献》(Career Education：Contributions toan evolving concept)。该书包含了这几年来生涯教育理念的演变，生涯教育发展的阶段总结，霍伊特对生涯教育改革相关人员的建议，对生涯教育未来的评价。

霍伊特提出了对生涯教育的最持久的定义。他将生涯教育定义为一种集中教育和社区努力去干预目标儿童和青少年，以获取知识和利用、技能以及使工作有意义和令人满意的态度的过程。

综合以上生涯教育主要代表人物的观点，可以发现，生涯教育包含以下基本思想：生涯教育与职业教育密切相关，充分准备与发展成功的职业生涯乃是所有教育的主要目标；生涯教育是终身教育的重要体现，生涯教育是针对所有人、贯穿其终生的教育，因此，生涯教育纵贯人的一生，横贯学校、家庭、社会等各种场所。

二、生涯教育的内容

在生涯教育的发展历程中，有一些生涯理论产生过较大影响力，如霍兰德的类型论、舒伯的职业生涯发展理论、克朗伯兹的社会学习论、认知信息加工理论、社会认知生涯理论和维柯斯的生涯建构理论。

（一）认知信息加工理论

认知信息加工理论 (Cognitive Information-Processing Model), 主要关注解决职业生涯问题和职业生涯决策的思维和记忆过程，认为生涯发展是“个体怎样做出生涯决策”“在生涯决策过程中怎样使用信息”的过程。该理论构建了一个金字塔模型，主要有三个层面：

(1) 知识领域：金字塔的底部是知识领域，包含自我知识和职业知识。自我知识包括探索自身的能力、价值观、兴趣和人格；职业知识包括理解职业、岗位、专业及其工作方式、组织方式。

(2) 决策领域：金字塔的中部是决策领域，包含进行良好决策的五个步骤：沟通、分析、综合、评估、执行。

(3) 执行领域：金字塔的顶部是执行领域，对自身状态进行觉察、监督和调控。

认知信息加工理论为开展生涯教育提供了新的视角。在中小学阶段，通过各种活动和体验帮助学生增进自我知识和职业知识，帮助学生探索价值观、兴趣和技能，了解职业、大学教育和休闲及外部世界知识；在中学阶段，教师重点辅助学生学习 CASVE 的决策循环思考架构，提升其生涯决策技能，并辅导学生增进后设认知技能，帮助学生进行生涯信念澄清，提升生涯自我效能，学会积极地自我对话。

（二）生涯建构理论

美国职业辅导实践与研究的资深学者萨维柯斯 (Mark L.Savickas) 的生涯建构理论 (Career Construction Theory) 探讨个体如何通过一系列有意义的职业行为和工作经历来构建自身的职业生涯。他的理论有三个假设，分别对应三个理论内容：第一，不同个体间的特质存在差异，对应“职业人格类型”(Vocational Personality Types)；第二，个体在不同生涯阶段所面临的任务和应对的策略具有承前启后的发展性，对应“生涯适应力”(Career Adaptability)；第三，生涯发展是一个充满内动力的变化过程，对应“人生主题”(Life Theme)。

(1) 职业人格：指与生涯有关的能力、需求、价值观、兴趣等，但在生涯建构理论中。职业人格并不被认为是个体稳定存在的特质，而是个体与环境互动过程中产生的适应性策略，是个体可以根据情境变化来调试和改变的。如个体的职业人格可以在劳动、学习、活动中得到练习和强化。

(2) 生涯适应力：指个体在应对各种工作任务及角色转变中，面对外部挑战，所形成的与生涯规划、决策和调整有关的独特态度、信念和能力。适应力是生涯建构理论最关键的要素，良好的生涯适应力有以下四个特点：关注职业前景；具有较强的对自身职业未来变化的掌控力；具有对可能自我、对未来情境进行探索的好奇心；具有较强的实现自我的信心。生涯建构咨询的目标之一是提高当事人的生涯适应力。

(3) 人生主题：指在个体生命过程中反复出现的一些模式和风格，这些模式和风格组织和解释着个体的生命历程。人生主题可以通过生涯建构来挖掘和发现，说明个体“为什么如此选择”“为什么对待工作和生活会有此种态度”。

生涯建构理论启示我们，职业人格是可以培养的，生涯适应力是可以提高的，在中小学阶段的生涯教育中，可以通过生涯故事来帮助学生认识自己，克服困扰，激发潜能，提高学习适应力，同时更加注意对学生学习意义、生活意义的引导。

三、研学旅行中的生涯教育资源

研学旅行活动有着丰富的生涯教育资源，利用好这些资源将使研学课程事半功倍。利用好研学旅行中的生涯教育资源，促进生涯教育和研学的有机结合，是解决目前研学存在问题的一个突破口，会是一个崭新而有意义的尝试。周卓行挖掘了研学旅行中的四大生涯教育资源。

（一）自我认知资源

学生参加研学旅行活动，以更贴近现实生活的方式融入自然、放眼社会、走近他人，获得更多认识自己、发现自己的机会，并由此更客观地了解自己在个性、能力、心理状态等方面的优势与不足，并尝试加以完善。

（二）社会探索资源

生涯规划需要学生对自己所处的世界有足够的了解和研究，这样才能依据社会发展的需求，确定适合自己同时也适应社会的个人发展方向或目标。研学旅行带给学生研究了解外部世界的机会，使学生能够全身心地投入到校园内无法接触的领域，获得更多关于世界或社会的直接经验，这些都将成为学生未来发展的个人资源。组织参观各类企业，了解科技的发展和企业的生产、管理、运作等。在生涯规划中，职业规划有着举足轻重的地位，在万千职业中挑选一个作为自己的"终身伴侣"，对学生来说既令人兴奋又富有挑战。若深入名企实地体验，增加对企业的感性认知，能大大减少学生职业规划的盲目性，修正其对名企的理解，做出更加理性的职业规划。在名企中，学生将接触最先进的科学技术、感受一流的企业文化、接触优秀的企业员工，这些会激发他们的兴趣，燃起他们的斗志，从而让他们更加脚踏实地地践行职业理想。参观自然景观、人文景观、博物馆、科技馆等，可以拓宽知识面，陶冶情操，培育社会责任感，寻找自我发展动力。乡村、市井能带给学生更真实的生活体验和社会认知，民众的生活情态、生活需要、生活问题都能给学生带来各种感受和启发，培养未来人才所需的基本素养。

（三）升学探索资源

对中学生来说，及早了解高校的情况，有助于他们进行生涯规划或学业规划，从而激发其学习动机并提升学业管理能力。学生进入高校校园，通过观摩体验大学生的学习研究活动，了解高校的专业设置、学习要求、学校特点和人文内涵。聆听学长的经验介绍，感受校园文化，甚至只是在心中理想的大学校园里静坐片刻，都将对其生活规划起到正向的激励作用，使其更坚定自己的人生理想，用强大的动力支撑自己实现理想。

案例 浙江（杭州）研学旅行："访名校，立大志，学传统，立大德"

课程内容

早上南京出发，大概10:30分抵达浙江大学紫金港校区。

上午浙江大学参访，分组奔赴浙大（校史馆，科技馆，机器人实验室学习浙大精神）。

中午亚洲第一大食堂——浙江大学食堂用餐，与浙大在校学长零距离地接触与交流。

下午西溪国家湿地公园是一个集城市湿地、农耕湿地、文化湿地研学体验项目，国家湿地公园——全国中小学生研学实践教育基地；走进洪氏宗祠，了解六百年钱塘望族的历史过往，感受古代先贤的魅力人格；参访杭州洪氏家族文化展览馆，了解洪氏家族的起源、发展、历代名人辉煌事迹，举行穿汉服成人礼仪式，了解江南特色手工艺（西溪香袋）的历史渊源，了解八种中药材，体验香袋的制作流程，将西溪的一草一木装进香囊研学体验。

后适时返程。

研学内容见图 3-8 至图 3-11。

图 3-8　访名校——浙江大学

图 3-9　走进江南园林——洪府

图 3-10　西溪香袋特色体验

图 3-11　穿汉服，成人礼体验

（四）自我提升资源

在研学过程中，有意识地利用各种机会或资源来锻炼自己，开发自己的潜能，获得处理问题的经验或能力，是学生必须完成的生涯准备。研学过程中的自我提升资源主要包括：

心理品质锻炼资源。如艰苦的活动、需要耐心的活动，以及许多意外的活动等都可以成为意志力或心理韧性训练的课堂；活动中的各种问题会带来学生情绪的波动，这正好是情绪管理和训练的机会；团队中不同个性学生相处中的合作与冲突，是学生人际能力训练和个性完善的重要媒介和渠道。

创造力训练资源。如团队活动和协作、研究项目的策划、问题的解决、结果的精彩呈现，均需要学生开动脑筋有创意地参与。一路所见所闻给予学生的启发是创造力生发的源泉。

研究与学习能力提升资源。有准备的研学过程实际上是对学生研究与学习能力的考验过程，学生借助研学的培训、过程的指导、自己的体悟以及任务的完成过程，来发现和训练自己的观察、思维、解决问题等基本学习能力，并养成主动交流、及时记录、经常反思的学习习惯。

自我管理能力训练资源。研学中学生需要按照团队目标管理好自己的行为，抵制诱惑，控制冲动，自我激励，坚持符合要求的行动。

任务实施

今天银行我当家

适用学段：高中

活动时间：一天

活动地点：银行或教室

活动准备：

1. 人员安排：生涯导师 1～2 名 . 职业教练 12 名（银行工作人员），学生 30 人，家长 30 人。工作人员若干。

2. 校方与合作机构就活动人员、物料、场地、流程安排等达成一致并确认无误。

3. 可提前安排学生进行兴趣、性格等特质测评，作为工作任务分工的参考。

活动流程：

1. 开幕式

欢迎参与的学生和家长，感谢提供活动支持的机构，说明人员角色、时间、整体流程等安排。

2. 团队建立

(1) 分组：学生队扮演银行工作人员，家长队扮演客户，将两队分别分为 6 组。每组 5 人（可以根据实际参与人数做调整），各组分配一位职业教练。

(2) 小组建设：通过热身，小组展示等团队活动，完成各小组建设。学生组每小组为一个分行。

(3) 小组竞赛：通过点钞、外币识别等银行考核竞赛，增进小组凝聚力，促进小组成员的相互了解。

(4) 角色分工：各小组完成职业角色分工。如学生组有经办柜员、核准柜员、客户经理、保安等；家长组有普通客户、大客户、不配合客户等。

3. 上岗培训

职业教练对各角色进行业务培训。

4. 任务模拟

各学生组模拟银行经营，完成分行宣讲、客户服务、不配合客户识别、业务办理等任务。

5. 闭幕式

(1) 颁奖典礼：对业绩优秀的小组和表现出众的个人给予奖励。

(2) 总结分享：学生对活动体会和收获进行总结，家长对子女的表现给予正面反馈，并相互交流分享。

项目小结

传统德育资源在开发过程中存在重形式轻意识、知行不一、挖掘深度和广度不够等问题。研学旅行作为综合实践活动的一种形式，为学校德育带来了创新契机。它的开放性和多样性丰富了学校德育的内容；它的体验性和实践性促进了学校德育方法的转变；它的协同性和整合性拓展了学校德育资源的类型；它的交互性和集体性优化了学校德育评价的模式。研学旅行是提升道德认知，培养道德情感，锻炼道德意志和转变道德行为的有效途径。

劳动教育的目的是培养德智体美劳全面发展的社会主义建设者和接班人。新时代劳动教育的形式比以往更多样，而研学旅行是进行劳动教育的新途径。在研学的过程中，学生亲身参与到劳动过程中来，这能让广大的青少年树立正确的劳动观，从而形成正确的人生观和价值观。研学旅行能够整合家庭、学校和社会劳动教育的多重资源。在研学的过程中，家庭需要与学校积极联动；学校要发挥在劳动教育中的主导作用，学校可通过多途径、多形式开展劳动教育；社会应利用各方面的资源，积极支持学校开展校外劳动教育。

研学旅行的主要对象为小学四到六年级、初中一到二年级、高中一到二年级，大致在 10 ～ 17 岁之间，从埃里克森的人格发展理论来看，这一阶段的孩子正经历学龄期到青春期的过渡阶段。研学旅行课程的实施应充分考虑各年龄段学生的心理特征，从活动时间和旅行距离、课程内容、活动方式、评价标准等方面来对比小学、初中、高中的课程实施的差异。研学旅行课程设计涵盖社会性教育、情绪调节教育、自我认知教育、人际交往教育等领域，有利于锻造学生的心理韧性，促进学生的心理健康。

通过研学旅行，学生可以获得更多认识自己、发现自己的机会，并由此更客观地了解自己在个性、能力、心理状态等方面的优势与不足，并尝试加以完善。研学旅行带给学生研究了解外部世界的机会，使学生能够全身心地投入到校园内无法接触的领域，获得更多关于世界或社会的直接经验，这些都将成为学生未来发展的个人资源。在研学过程中，有意识地利用各种机会或资源来锻炼自己，开发自己的潜能，获得处理问题的经验或能力。

一、名词解释

校内外劳动教育资源　　埃里克森的人格发展理论　　道德行为　　生涯教育

二、不定项选择题

1.《关于推进中小学生研学旅行的意见》规定了中小学的德育内容由（　　）等构成。

A. 理想信念教育　　B. 社会主义核心价值观教育

C. 中华优秀传统文化教育　　D. 安全教育

E. 心理健康教育

2. 根据《国家中长期教育改革和发展规划纲要 (2010–2020 年)》，创新人才培养模式需要注意 (　　) 方面。

A. 注重知行统一　　B. 坚持课堂中心论

C. 坚持教育教学与生产劳动、社会实践相结合

D. 充分利用社会教育资源，开展各种课外及校外活动

3. 以下 (　　) 属于生涯的特性。

A. 终身性　　B. 独特性

C. 发展性　　D. 综合性

4. 以下 (　　) 属于研学旅行中的生涯教育资源

A. 自我认知资源　　B. 社会探索资源

C. 升学探索资源　　D. 自我提升资源

三、论述题

1. 在对不同年龄段的孩子进行研学活动时，侧重点分别是什么？

2. 设计一次以研学旅行为载体的劳动活动课。

3. 试述小学生、初中生、高中生心理特点的异同。

项目四

研学旅行课程设计与实施

思政素材

研学旅行过程中的山水游览、文化体验、民俗体验等将极大地促进学生对祖国文化传统和山水的热爱，激发其爱国、爱乡情怀。研学旅行让学生走出学校、走向大自然、走向社会、走向世界，是拓展学生视野、增进学识、锤炼意识的好举措，也是让学生了解和认识祖国的魅力山河、中华民族优秀传统文化的好方式。学生通过研学旅行，瞻仰革命圣地，考察社会民情，走进博物馆、博览会，用眼睛去观察，用心灵去感受祖国大好河山的壮丽，体会华夏文明的博大精深，了解祖国改革开放取得的伟大成就，在潜移默化中激发学生对祖国的眷恋之情，增强学生的民族自尊心、自信心和自豪感。研学旅行中的所闻所见能够深深鼓舞学生的斗志，激励学生担当责任。同时，学生通过研学旅行，可以在参与社会实践过程中应对各种挑战，在解决问题中不断提升实践创新能力。

任务一　研学旅行课程的基本理念与目标

学习目标

【能力目标】

(1) 能应用研学旅行基本理念指导课程设计。

(2) 能应用研学旅行课程目标指导课程设计。

【知识目标】

(1) 掌握研学旅行课程的基本理念。

(2) 掌握研学旅行课程的目标。

【素质目标】

(1) 培养学生严谨的思维能力，培养学生发散性思维。

(2) 树立团队意识，增强分工合作能力。

(3) 树立注重需求的服务意识以及精益求精的工作意识。

(4) 紧密结合中小学生核心素养进行研学目标设计，提升研学旅行指导师专业职业素养。

任务描述

大觉溪户外营地野外生存实践探究：野外生存实践课程是为了让人们在难以预知的环境中，如远离人群的山区、丛林、荒原、孤岛等，在物资条件有限的情况下，最大限度地维持健康和生命。这些技能不仅能在特殊情况下发挥作用，在实际生活中也能帮助我们更好地应对各种突发情况，确保安全。根据大觉溪户外营地野外生存实践探究，探讨研学旅行课程的基本理念和目标。

任务分析

野外生存实践课程包含方向辨识实践科学探究、常见绳结技巧实践科学探究、水源净化、帐篷搭建、户外取火等。

知识准备

一、研学旅行课程的基本理念

1. 以全面落实立德树人根本任务为宗旨

研学旅行课程帮助中小学生了解乡情、市情、省情、国情，使中小学生开阔眼界、提升家国情怀；着力提高他们的社会责任感、创新精神和实践能力；促进中小学生培育和践行社会主义核心价值观，激发中小学生对党、对国家、对家乡、对人民的热爱之情；创新人才培养模式，引导学生主动适应社会，推动全面实施素质教育；增强学生对中国特色社会主义的道路自信、理论自信、制度自信、文化自信，全面落实教育立德树人的根本任务。

2. 以真实问题情境为学生素养培育的课程内容

研学旅行必须走出校门，学生面对的不是传统课堂中抽象化的知识点和虚拟环境，而是现实世界的真实问题情境。研学旅行在课程建设、基地规划、线路选择、课程实施、教学设计、课程评价等各个环节，都要以培育学生发展核心素养为主线，基于真实的问题情境，促进课堂学习与旅行探究深度融合，获得对自然、社会的真实体验，启发学生发现问题、分析问题，并依靠集体合作，解决现实问题。

3. 以引导探究和合作学习为课程教学方式

研学旅行从教育均衡和学生发展核心素养出发，强调集体旅宿、集体研学，在改变学生个人接受性学习方式的同时，也注重学生独立探究和个性发展。在自然、社会的真实情境中开展丰富多样的实践活动，能够突破学科界限，突破学生个性差异的局限，推进多学科融合、主题式学习，倡导研学课程资源共享、研学创意和成果分享，发展团队合作精神，培育学生主动学习的态度和多样化的学习方式。研学旅行的学业评价既要注重集体业绩，也要防止滥竽充数，还要进行个性化写真描述。

4. 以思维品质的培养为重要的课程目标

研学旅行课程具有开放性，要求研学活动过程中将发散思维与收敛思维相结合，将辩证思维培养作为重要的研学目标，不追求任务结果和呈现方式的一致，而是注重培养学生思维的深度和广度，思考解决同一问题的不同路径和表现方法。研学旅行课程要基于一定的主题开展，要精心挑选适合学生发展的活动内容并加以整合。实践活动不能停留在肤浅的操作层面，必须以综合思维引导操作，在实践中实现思维进阶。研学旅行的学业评价必须兼顾研究的深度和操作的合理化程度。

二、研学旅行课程的目标

1. 总目标

研学旅行课程的总目标是让中小学生通过亲近和探究自然，接触和融入社会，关注和反省自我，体验和感受集体生活，使中小学生养成价值认同、实践内化、身心健康、责任担当等意识和能力。

(1) 价值认同。让学生欣赏祖国大好河山，感受中国传统美德，体验社会经济巨大发展成就，尊重中华民族优秀文明成果，了解中国共产党的历史和光荣传统，理解、接受并践行社会主义核心价值观，增强国家意识、文化自信和拥党爱民的意识和行动，培养家国情怀，提升人文底蕴。

(2) 实践内化。让学生在校外真实情境中，经历问题研究的过程，获得探究体验和经验，形成发现问题、提出问题、分析问题、解决问题的志趣和能力，在实践中内化、提升知识和素养，培养批判质疑、勇于创新的科学精神。

(3) 身心健康。让学生缓解学业紧张和压力，放松身心，提高审美情趣，磨炼体魄和意志，培养吃苦耐劳精神和抗挫能力，培养安全意识，提高自我保护和生存能力，体验社会文明建设，养成健康的行为习惯和生活方式，学会生活，提高生活质量和品位。

(4) 责任担当。让学生适应集体生活和研学，形成团队意识和互助精神，学会交流和分享研学成果和创意，提高与人交往能力，养成规则与法治意识，明辨是非，自尊自律，养成文明礼貌、宽和待人的品格以及积极参与和谐社会建设的意愿和能力，形成社会责任感以及积极履行公民义务的意识和能力，在现实情境中培育可持续发展理念、绿色生活方式和行动能力。

2. 学段目标

研学旅行课程针对基础教育三个学段，主要覆盖小学四至六年级，初中一、二年级，高中一、二年级共七个年级。研学旅行课程各年龄段学生的生理、心理发育有很大不同，学生通过研学旅行课程培养的价值认同、实践内化、身心健康、责任担当的意识和能力也有因年龄而导致的程度差别。针对不同学段学生的价值认同、实践内化、身心健康、责任担当制定了不同的学段目标，如表 4–1 所示。

表 4-1 不同学段的目标

目标	学段		
	小学四至六年级	初中一、二年级	高中一、二年级
价值认同	感受乡土河山之美，感知乡土文化中的优良传统，了解当地的革命史迹，了解家乡历史和发展与祖国的关系，知道并初步践行社会理念，接受并初步践行社会主义核心价值观，初步形成国家意识、文化自信和拥党爱民的意识	了解旅行目的地生态环境优势，体会地方文化反映的中国传统美德，认知地方历史演变和现实发展中的革命传统和改革理念，接受并践行社会主义核心价值观，增强国家意识、文化自信和拥党爱民的意识	认知旅行目的地体现的祖国大好河山、中国传统美德，革命光荣历史，理解旅行目的地历史和现实所反映的在中国共产党正确领导下中华民族复兴的光辉业绩和宏伟前景，理解、接受并践行社会主义核心价值观，增强国家意识、文化自信和拥党爱民的意识和行动，培养家国情怀，提升人文底蕴
实践内化	在校外真实情境中，对于给定的简单问题，初步学会收集、处理简单信息，初步掌握研究问题、使用工具的简单程序和方法，学会集体生活、集体研学，能够初步提炼实践经验，整理、总结和展示研学成果，并从中获得体验乐趣，初步形成动脑筋探索、动手实践，以及与人合作、师生互动的习惯	在较为复杂的校外真实情境中，对于给定的较为复杂的课题，能够收集、处理相关信息，应用所学知识，发现其中较为简单的科学问题，初步运用科学研究方法和手段分析解决问题，能够主动接受教师指导，积极参与小组分工合作，学会整理、概括实践经验，获取新知识，掌握新技能，完成较为简单的研学报告或其他形式的研究成果，并能与人交流分享。从中获得成功体验，形成乐于实践、敢于质疑探索、实事求是的科学态度和初步的创新意识和能力	在复杂的校外真实情境中，面对现实问题，能够运用所学基本理论、基础知识，收集和处理有关信息，发现值得探究的实际问题，积极参与团队研学，制定科学的研究计划和路径，运用适合的研究方法和设备，主动争取教师和专业人员的指导，自主发现、分析和解决问题，完成研学成果的创作，展示和推广成果，获得成就感，养成科学态度和创新精神，培育科学伦理和人文素养，提升实践意识和能力

续表

目标	学段		
	小学四至六年级	初中一、二年级	高中一、二年级
身心健康	亲近自然，体验文明，放松身心。初步学会体验生态之美，初步树立中华民族文化自信心，初步养成尊重生命、然爱生活的态度和爱美情趣，初步形成投身生态建设、文明建设的意愿。在集体生活中敢于面对困难，克服困难。磨炼体魄，锻炼意志，初步形成健康生活方式、独立生活能力。初步形成安全意识和自我保护能力	走进自然，走进社会，开阔视野，缓解学业紧张和压力。学会发现和欣赏大自然和社会中的美，形成生态文明意识、传承中华民族优良传统的意愿，应用研学成果为生态建设、文明建设作贡献。在研学旅行过程中培养吃苦耐劳和抗挫折的精神和能力，形成积极锻炼和健康生活的习惯。形成安全意识和行为能力，能够保障研学旅行安全	养成热爱自然、热爱社会的情感，陶冶审美情趣。学会自我放松和缓解学业紧张和压力。理解生态文明、社会文明的美学实质，形成陶冶情操、创造美的意识和能力。能够积极评价和参与生态建设、文明建设。养成艰苦奋斗的精神、坚韧乐观的心态和良好的心理素质。养成健康的生活方式和积极的生活态度，提高生活质量和品位。具备安全基础知识、基本理论和基本技能，以及积极参与安全建设的意愿和能力
责任担当	置身大自然、社会和集体生活，初步了解乡情乡史及其所反映的家国关系，产生较强的爱乡爱国情感和努力学习建设家乡、报效祖国的初步志趣，初步感受到社会主义事业接班人的责任和荣誉。形成热爱集体、互爱互助、从小事做起表现自我价值的初步意识和能力。了解建设法治社会、和谐社会的基本内容，具有参与社区服务、保护环境的初步意愿和能力	融入大自然、社会和研学团队，理解地方实情和发展问题以及地方与中央的关系，树立爱国理念和报国志向，具有社会主义接班人的意愿、学好建设家乡、建设祖国的本领并付诸研学行动。形成团队意识，自觉承担研学中的责任。在研学活动中服务社会，从中体验正确的自我价值和成就感。初步具有法治意识和生态理念，自觉维护法制、保护生态环境	学会在自然考察和社会调查中认知国情国力、国家发展前景和问题，形成热爱社会主义祖国、努力成长为社会主义事业接班人的高尚情操和人生观。培养集体主义和勇于担当的精神，有意识有能力取得解决现实问题、为社会发展作贡献的研学成果，并从中提升自身全面发展的素养。增强公民意识，履行公民义务，树立可持续发展观念，形成积极参加社会建设和生态建设的社会责任感

任务实施

实施形式

分组完成野外生存实践课程探究。

实施内容

1. 方向辨识实践科学探究

方向辨别的方法有很多，有些可以借助仪器，有些则集合了人类观察大自然的智慧。

(1) 利用指南针。

(2) 利用太阳。

(3) 利用北极星。

(4) 利用月亮。

(5) 利用植物生长特征。

(6) 观察蚂蚁洞的洞口方向，洞口大的朝向一般是南方。

(7) 利用手表，用所处的时间除以 2，再把所得的商数对准太阳，那么表盘上 12 点钟方向就是北方。

2. 常见结绳技巧实践科学探究

对于从事野外活动的人来说，结绳是必备技巧。在野外，可以将一条绳子变成“魔法绳索”，用于晒衣、物品整理、包装及野营等。即便在日常生活中，结绳也发挥着重要的作用。

三种非常常见也很实用的结绳方法是：① 平结；② 单 8 字结；③ 称人结（单套结）；④伊恩结。

3. 水源净化

水是生命之源。当身处灾后的城市还是广阔的旷野，你所寻找到的水源绝大多数都不能直接饮用，因此对水源的净化处理是至关重要的。

净化水源的方法：①煮沸；②利用过滤器；③蒸馏；④利用净水器；⑤利用净水药片等。

备注：以上几种净化水源的方法，除了第一种直接煮沸和利用过滤器以及净水药片以外，所有的净化方法净化出的水，在可能的情况下都要尽量烧开饮用。

4. 帐篷搭建

人类搭建帐篷的历史可追溯到公元前 8000 年。随着人类科技的进步，各种类型、各种材料的帐篷逐渐出现。

1) 搭建帐篷地点的选择

出于安全考虑，搭建帐篷的营地选择很重要，可以遵循“十不要”原则：

(1) 不要在山顶、风口搭建帐篷。

(2) 不要在低洼处和干河道上搭建营地。

(3) 不要堵住野兽的通道扎营。

(4) 不要在水源太近的地方扎营。

(5) 不要在瀑布下面扎营。

(6) 不要在孤立的大树下扎营。

(7) 不要在断崖下方扎营。

(8) 不要在马蜂窝附近扎营。

(9) 不要在容易发生雪崩的山体处扎营。

(10) 不要在密林深处扎营。

2) 搭建帐篷的三种常见方法

(1) 内撑外披：用帐杆撑起内帐，然后将防水外帐披上，固定好。这种撑法比较便捷，市面上可见的多数三季帐篷都采用内撑外披的支撑方法。

(2) 外撑内挂：先撑起外帐，然后把内帐挂到外帐上。这种撑法更有利于防雨，因为内挂的内帐总是和外帐保持一定的距离，但第一次支撑时要费些时间。

(3) 单架支撑，再用地钉和拉绳固定。这种帐篷对支撑环境有要求，必须是能够扎地钉或系绳子的环境。在水泥地面和硬石地面上，这种帐篷不能自动站立。

5. 户外取火

火代表着生命与希望，在人类的发展历程中，火起到了举足轻重的作用。在人类传说中，远古时森林中居住的燧人氏经常捕食野兽，当击打野兽的石块与山石相碰时往往产生火花，燧人氏受到启发，就以石击石，用产生的火花引燃火绒，生出火来。人类从此学会了人工取火，用火烤制食物、照明、取暖、冶炼等，人类的生活进入了一个新的阶段。中国古人把燧人氏奉为“三皇之首”。

火不仅帮助人类获得温暖和安全，改变人类的饮食结构，更提升了生活、生产的质量，推进了人类文明的进步。户外取火，主要为解决基本生存需求，同时也要严格注意用火安全。取火地点应选择平坦开阔的场地，并尽量选择避风的操场、河边，避免发生火灾和危险。

户外取火方式：① 钻木取火；② 敲击法；③ 聚焦法。

任务二　研学旅行课程的结构

学习目标

【能力目标】

(1) 能应用研学旅行课程设计依据进行课程设计。

(2) 能根据研学旅行课程设计结构进行不同学段的课程设计。

【知识目标】

(1) 掌握研学旅行课程设计依据。

(2) 了解研学旅行课程设计机构。

【素质目标】

(1) 树立规范操作的意识，依据目标选择符合实际情况的操作方法。

(2) 培养严谨细致的工作态度，养成重计划、重分析的工作习惯。

(3) 树立岗位责任意识以及精益求精的意识。

任务描述

基于“立德树人，知行合一”的教育理念，“我们家和改革开放”研学课程采用 PBL 教学方法，倡导学生自主学习，合作探究；以提出问题、解决问题为导向，围绕改革开放这个主题，学习和理解什么是改革开放，为什么要改革开放，以及改革开放的意义；通过学习能够培养学生树立国家观念，增强国家认同感，强化公民意识，增强主人翁意识，勇担社会责任。通过学习研学旅行课程机构，完成该课程结构的分析讨论。

任务分析

本任务通过学习研学旅行课程结构，小组分析讨论“我们家和改革开放”研学课程，完成相应研学课程结构设计。

知识准备

一、课程设计依据

1. 学生发展核心素养的提升

切实将学生发展核心素养的培养贯穿到研学旅行课程的建设和实施中。研学旅行课程建设围绕“德、智、体、美、劳”全面发展的主线，体现德育为先、能力为重、认知为基础，强调社会责任感、创新精神和实践能力，注重研学活动的文化性、科技性、自主性和社会性，让学生通过研学旅行，在自然和社会的大课堂中提升终身发展所需的情商和智商，做全面发展的人。

2. 社会转型发展的需求

当前我国正处于社会转型发展关键阶段，经济增长方式和社会政治体制正发生着深刻变革，社会文化自信不断提升且文化日益多元化。时代背景对当前和未来的人才需求体现出重质量和多元化的趋势。研学旅行课程必须顺应社会发展，提供现实的、探究价值高的研学资源，满足学生深入探究和多元化学习的需求，帮助学生培养生活技能和集体观念，养成自理自立、文明礼貌、互勉互助、吃苦耐劳、艰苦朴素等优秀品质，拓宽人才培养渠道，为培养高素质人才奠定基础。

3. 学科融合综合教育的趋势

当前突显核心素养的课程改革关注学科融合，打破学生偏科局限。研学旅行的课程包括地理类、自然类、历史类、科技类、人文类、体验类等多种类型，这些不同类型的课程内容内涵丰富，涵盖中小学各个学科。学生在研学旅行过程中将面对自然和社会复杂情境中的真实问题，需要学生综合运用不同学科的知识和方法。因此，研学旅行是我国当前以学科教育为主的情景下试行综合教育的重要途径。

二、课程结构

研学旅行课程需要在小学四到六年级、初中一到二年级、高中一到二年级三个学段七个年级实施，原则上要逐步建立和完善小学阶段以乡土乡情为主、初中阶段以县情市情为主、高中阶段以省情国情为主的研学旅行活动课程体系。在完成要求的研学旅行课程后，结合本地本校的实际情况，各学段的研学旅行范围可以在要求的基础上适当拓展，比如小学阶段也可开展国内的研学旅行，甚至到境外进行研学。

研学旅行课程可分为地理类、自然类、历史类、科技类、人文类、体验类等类别。每次研学旅行活动可以以某一类别的课程内容为主，鼓励多种类别课程内容的融合。

小学阶段的研学旅行课程设计应以游览、观光、体验为主，重视游戏性、艺术性内容，减少讲授，以满足这一年龄段学生好玩、喜动的天性。初中阶段的研学旅行课程应设计更多理解性内容，适当增加竞赛、参与、探索性内容，以满足这一阶段学生强烈的求知欲、好奇心。高中阶段的研学旅行课程内容要以知识的拓展、理论的应用、综合性体验、研究性学习为主，辅之以观光、考察、游历等活动。

研学旅行的课程结构设计如表 4–2 所示。

表 4–2　研学旅行的课程结构设计

学段	年级	研学旅行课程设计	研学旅行课程内容
小学	四至六年级	乡土乡情基础上的拓展	地理类、自然类 历史类、科技类 人文类、体验类
初中	初一、初二	县情市情基础上的拓展	
高中	高一、高二	省情国情基础上的拓展	

三、学分与课时建议

研学旅行课程必须纳入中小学教育教学计划。中小学综合实践活动是必修课程，研学旅行是综合实践活动的重要组成部分。中小学研学旅行有课时保障，高中阶段的研学旅行有相应的学分。高中学生的研学旅行学业水平和表现是高校招生录取的重要依据。

中小学不同学段研学旅行的时间和学分建议如表 4–3 所示。

表 4–3　中小学不同学段研学旅行的时间和学分建议

学段	年级	每学年累计研学时间	学分建议
小学	四至六年级	3 ～ 5 天	—
初中	初一、初二	6 ～ 7 天	—
高中	高一、高二	8 ～ 10 天	4 学分

原则上，研学旅行要求集中食宿，即每次研学旅行至少要在外留宿 1 夜。因研学旅行课程条件、内容与形式多样，难以统一要求研学旅行时间，可根据实际情况，灵活调整每学年累计研学旅行时间和每次研学旅行时间，尽量错开旅游高峰期，但是必须保证三个学段研学旅行的有效实施。

任务实施

实施形式

小组讨论分析《我们家和改革开放》研学课程，并说明完整的研学课程结构是怎样的。

实施内容

1. 课程背景

少年强则中国强，少年肩负着国富民强的使命。

这一代的学生们作为社会主义事业的接班人，应该深入学习理解改革开放的意义，有自己的见解，能拓宽视野，提高自身素质和核心素养，做勇于创新的新时代少年。

2. 课程基本情况

使用对象：初一、初二学生。

研学地点：广东改革开放40周年展览馆(深圳)。

研学时长：4课时。

课程类别：国情教育。

研发单位：深圳市智游国际旅游有限公司。

3. 注意事项

1) 轻装出发

(1) 着装：衣着以轻便、舒适为主，尽量穿运动鞋，方便行走。如学校有统一校服，则统一穿校服。

(2) 日用：准备好出行装备，学习用品如研学手册、笔记本、笔；个人用品如证件、学生证、雨伞、太阳帽、防晒霜、水杯、纸巾等，并罗列清单。

(3) 食物：如学生个人对某些食物、食品有过敏情况，请提前告知导师。

2) 听从指挥

(1) 听从带队老师安排，牢记老师所强调的安全、纪律等事项。

(2) 在行进与乘车时，保持队形，不与同学打闹、起哄、追逐等。

(3) 保管好自己的行李物品，防止有遗失等事情发生。

(4) 当发现其他同学出现异常状况时，及时报告导师，并在自己有能力情况下积极协助导师进行处理。

(5) 一切行动听从带队老师、研学指导老师的指挥，如遇特殊事情需要离队，一定要先报告老师同意后方可离队，不可擅自离队。

3) 活动安全

(1) 活动期间，听从指导老师的安排，牢记各项具体活动安排的注意事项，活动结束严格按照规定的集合时间到指定地点集合。

(2) 活动期间原则上不允许独立行动。如遇特殊情况及时向指导老师汇报以便及时有效处理。

(3) 遵守场馆内参观规则，爱护场馆内的公共设施，不随意刻画、损坏公物。活动期间，禁止在场馆内喧哗、打闹、追逐。

4) 财物安全

(1) 随身携带少量现金或在手机里存适量钱款，注意保管以防丢失。

(2) 妥善保管个人贵重物品，一旦遗失，及时向老师报告。

4. 课程目标

通过自主学习、多元识读、自信共情、团队合作探究，达到提升价值观目标、能力目标、知识目标等核心素养。

(1) 价值观目标。了解中国改革开放的历程，坚定继续走改革开放道路的信念；增强国家认同感，勇于担当社会责任。

(2) 能力目标。从多个角度通过合作探究，能够举例说明中国改革开放以来取得的辉煌成就，并在此基础上评价改革开放的正确性。

(3) 知识目标。了解我国从站起来、富起来到强起来的历史进程；从多方面扩展知识，理解改革开放推动了经济社会发展，是历史的创造者。

5. 课程内容

(1) 通过导学的课前调研，收集与课程相关资料及信息，让学生能够自主学习、多元识读，激发学生探究的兴趣，达到提高知识能力的目标。

(2) 带着课程研学问题进行参观学习，了解改革开放的历程，驱动学生先深入思考问题，再通过小组合作进行课题研讨，完成总结汇报任务，培养学生高阶思维能力及团队合作探究能力，达到提升能力的目标。

(3) 通过分享、创作，在综合国力增强、人民生活水平提高的今天，学生思考自己应该怎么做，培养自信共情，增加国家认同感与自豪感，以达到提升价值观的目标。

课程内容以知识是学生自己习得的为主要展现方式，突出学生学习的主体性。

6. 课程安排

(1) 导师带领及讲解，按照三个时间轴进行参观学习，了解40年间每个时期在工业、商业、制造业、科技、生活等几方面不同的改变。

第一时间轴 (1978 — 1992 年)“敢为人先，勇立潮头”，学习了解广东如何把握率先创办特区历史机遇的故事。

第二时间轴 (1992 — 2012 年)“增创优势，砥砺前行”，学习了解广东改革开放如何率先转入科学发展轨道。

第三时间轴 (2012−2018 年)“走在前列，当好窗口”，学习了解广东更具科技性，走在领域前端的智能产业。

(2) 从工业、商业、制造业、科技、生活或其他感兴趣的方面着手，选定其中一个作为研究主题，根据展厅里的内容记录其在 40 年间不同时期的状况。

(3) 根据参观记录，对比研究主题在不同时期的状况，了解广东省改革开放四十年的变化。

(4) 完成小组讨论任务并汇报讨论结果。

(5) 根据课程所学知识，每组完成一份与改革开放相关的手抄报。

7. 课程实施

1) 课程实施前一周

(1) 观看纪录片《我们一起走过——致敬改革开放 40 周年》。

(2) 课前调研：从三个年代的生活场景进行调研，在研学手册上记录下来。

2) 我们家的故事

我是一个小记者。

采访爷爷奶奶。70 年代末 80 年代初，爷爷奶奶的学习、工作、生活状况是什么样的呢？

采访爸爸妈妈。90 年代末 00 年代初，爸爸妈妈的学习、工作、生活状况又是什么样的呢？

关于我自己。现在的学习、生活是什么样的？将来的工作会是什么样的？

3) 我的问题

为什么会有这些变化发生呢？

4) 走进展览馆

导师带领并讲解，根据以下三个时间轴进行参观学习并完成相关任务。

第一时间轴 (1978 — 1992 年) 敢为人先，勇立潮头。

第二时间轴 (1992 — 2012 年) 增创优势，砥砺前行。

第三时间轴 (2012 — 2018 年) 走在前列，当好窗口。

5) 我的学习

从工业、商业、制造业、科技、生活等五个方面着手，选定其中一个方面作为研究主题，根据展厅里的内容记录研究该主题在 40 年间不同时期的状况。

根据参观记录，对比研究主题在不同时期的状况，关注广东省改革开放四十年的变化。记录探究成果。

6) 我的思考

(1) 和小组同学一起分享：伴随着四十多年的改革开放，各自家庭生活的变化。

(2) 和小组同学一起探讨：改革开放给广东省带来的变化。

就自己选定的研究主题及研究成果与小组成员展开讨论，把讨论结果记录在研学手册上。

7) 我的作品

分小组，每组共同完成一份手抄报进行展示，内容与改革开放相关。可参考以下几个话题，也可自行发挥。

(先组内讨论主题内容和设计方案，回校后一周内完成创作，在班级黑板报里展示)

参考话题：厉害了，我的国；腾飞中国梦；蜕变。

8. 课程评价

(1) 完成“学习观察记录表”。

(2) 自评 + 师评“学习评价表”。

(3) 互评“小组成员互评表”。

任务三　研学旅行课程的内容

学习目标

【能力目标】

(1) 能运用方法进行课程内容选择。

(2) 能运用方法调整课程内容设计思路。

【知识目标】

(1) 掌握研学课程内容选择原则。

(2) 掌握研学课程内容选择方法。

【素质目标】

(1) 树立育人为先的课程设计意识，明确课程设计的重要性。

(2) 培养勤奋、好学的工作态度，养成善观察、勤积累的学习习惯。

(3) 养成积极探究的教研工作习惯，培养脚踏实地的钻研精神和精益求精的工匠精神。

任务描述

研学课程内容选择，即依据课程标准及研学旅行指导师岗位职业能力要求对教学内容进行整合优化。研学课程内容选择需遵守基本设计原则，内容选择原则教育性位列第一，从教育角度必须保证全员参与、教育公平；内容选择方法包括学科类别设计、研学旅行资源特征设计以及教材(国家课程、地方课程、校本课程)设计。遵循基本设计原则是研学指导师开展课程设计的前提，课程内容依据原则进行创设，为后续课程任务设计与评价设计打下基础。

任务分析

本任务通过学习六个方面的研学课程内容标准及活动建议，完成相应研学课程设计。

知识准备

依据《意见》，研学旅行课程内容划分为地理类、自然类、历史类、科技类、人文类、体验类等六个方面。本部分不进行学段的细分，各学段开展研学旅行时可根据需要选择适宜的课程内容进行。

一、地理类

地理类研学旅行内容包括地理位置与地名、地理要素与景观、地理环境、地理标志、人地协调观与地理审美等方面，主要体现地理、科学、艺术等学科在研学旅行中的作用，借助地图、地理信息技术等工具，依托自然和人文地理环境，通过自然考察、实验、社会调查等形式，探究地质地貌、气象水文、土壤植被等自然要素，人口、聚落、经济、文化、社会等人文地理现象，进而发现该区域存在的人地关系问题，并提出相应的解决方案。通过地理类研学旅行课程使学生认识到理论与实践相结合的重要意义，培育学生的综合思维、人地协调观、地理实践力等核心素养。

地理类研学旅行的内容标准和活动建议如表 4–4 所示。

表 4-4 地理类研学旅行的内容标准和活动建议

内容标准	活动建议
1. 地理位置与地名 • 实地确定地理位置与地名，认知和评价区域地理位置特征，了解当地地名与行政区划沿革的关系。 • 实地确定旅行线路、区域范围，制作简易地图。 2. 地理要素与景观 • 实地认知地理要素与景观，了解其区域特征及成因。 • 了解地理要素与景观对区域发展的影响。 3. 地理环境 • 实地认知地理环境的整体性与差异性。 • 评价当地地理环境与区域发展的相互关系，对区域决策提出初步意见与建议。 4. 地理标志 • 实地认知和应用区域地理标志。 • 实地了解和推广地理标志产品。 5. 人地协调观与地理审美 • 践行人地协调观，检验和提升核心发展素养。 • 认知和实行地理审美	• 遵循野外作业规范，使用地图、定位仪器及测绘、观察、观测等装备，获取第一手自然地理信息。 • 遵循社会调研规范，使用调查量表、统计工具等，获得身临其境的社会地理信息。 • 遵循取样、实验规范，使用取样、实验装备，采集岩矿、空气、水、土壤、生物、资源、物产等实物样品，进行地理实验。 • 遵循图文收集规范，收集自然、人文、区域的地理资料、文件、文献等的纸质、电子版本。 • 走访社区、部门、机构、行业、企业等，开展观察、体验和访谈。 • 遵循有关规范，对实践活动进行文字记录、填图、简易地图和统计图表绘制、声像摄取录制等，使用地理信息技术等建设地理信息库。 • 参与生态、经济、文化、社会、政治等的建设实务。 • 遵循安全规章，使用安全防护、救护装备，保障研学旅行安全有序。 • 采取小组合作与个人分工独立作业相结合的方式，全面开展考察、调查、实验、体验、旅游，探究、讨论、辩论、分析、评价、鉴赏、发现、创作、交流、展示等活动。 • 提交考察、调研、实验、评价、建言等报告和绘制的地图、创作的作品等，展示、交流研学旅行实践成果

二、自然类

自然类研学旅行内容包括了解自然现象与景观、自然资源与灾害、自然生态、自然规律等方面，主要体现地理、生物、科学、艺术等学科在研学旅行中的作用，借助生态、林草、地质、水利等学科的科学研究方法，依托自然保护区、风景名胜区、地质公园、矿山公园、森林公园、湿地公园、水利风景区、生态旅游区等自然保护地，深入了解自然环境与人类发展的关系，协调人地关系机制，进而宣传保护环境的理念，参与和体验环境保护志愿者工作，培育科学精神、社会参与等学生发展素养。自然类研学旅行的内容标准和活动建议如表 4–5 所示。

表 4–5　自然类研学旅行的内容标准和活动建议

内容标准	活动建议
1. 自然现象与景观 • 现场识别自然现象与景观，认知其成因。 • 发现、欣赏当地自然现象与景观的美学特色。 2. 自然资源与灾害 • 现场认知自然资源与灾害的价值与危害，了解其成因。 • 认知当地自然资源与灾害的区域特征、提出对当地对策措施的初步评价和改进建议。 3. 自然生态 • 实地感受自然生态状况，了解区域自然生态特征及成因。 • 提出对当地生态建设的意见、建议。 4. 自然规律 • 实地印证所学自然规律，分析综合性案例。 • 应用自然规律，发现、分析、解决具有当地特殊性的自然科学问题	• 遵循野外安全防护规范，通过考察、采样、实验等方法，开展合作学习，深入探究当地自然现象与景观。 • 借助电子数码设备，摄录自然现象与景观声像，经后期制作，加以展示。 • 走访政府发展改革、自然资源等部门，调查代表性企业，访问相关网站，收集当地文献资料、统计年鉴等，考察资源赋存地，召开模拟意见咨询座谈会，评估当地自然资源开发利用和保护现状，提出整改意见。 • 走访政府应急管理等部门，调查地质、地震、气象、海关检疫、图书、档案等相关机构，访问相关网站，收集当地文献资料、灾害及救灾记录，考察灾害遗迹，访谈相关居民，举办模拟论坛，探讨当地自然灾害的成因，提出防灾、减灾建议。 • 走访政府生态环境保护等部门，实地调查生态环境破坏与修复问题，运用相关测量和实验设备，实测和分析空气、水、土壤、植被等的理化性状，访问相关网站，收集当地文献资料，作为志愿者参与生态环境保护工作。

续表

内容标准	活动建议
	• 以“负氧离子浓度变化”“植物精气与人类健康”“生物入侵及防治”“蔬菜生产安全”等为主题，举行专题模拟听证会，提交会议备忘录。 • 开展“跟着物理（化学、生物、地理、语文）课本去旅行”活动，通过考察、调查，比较课本上与真实情境中的自然规律及其表现，应用自然规律，发现、分析、解决实际问题。 • 提交、展示、交流及相互评价研学实践成果

三、历史类

历史类研学旅行内容主要包括历史遗迹、文物与非物质文化遗产、历史聚落、纪念场所、历史题材艺术、家国情怀等方面，主要体现历史、思想政治、社会、语文、地理等学科在研学旅行中的作用，借助历史考证、社会调研、人文探究、文艺鉴赏等方法，依托历史遗迹、革命遗址、博物馆、纪念馆、文艺展馆等人文遗产，欣赏、体会中华优秀传统文化、哲学智慧、道德伦理、文学艺术特色、传统科技工艺创造、历史名人名事等，引导学生坚定文化自信，传承和弘扬革命传统。

历史类研学旅行的内容标准和活动建议如表 4–6 所示。

表 4–6　历史类研学旅行的内容标准和活动建议

内容标准	活动建议
1. 历史遗迹 • 现场识别历史遗迹，认知其年代。 • 还原遗迹的历史环境，了解名人名事。 2. 文物与非物质文化遗产 • 现场识别、认知文物与非物质文化遗产。 • 感受、体验文物、非物质文化遗产的历史背景与文化传统。	• 参观古聚落、古遗址，访谈当地居民，走访政府住房和城乡建设、侨务、民族、宗教、文化与旅游等管理部门及图书、方志、档案、谱牒、文史、建筑设计、文化创意、艺术创作和演艺等相关机构，访问相关网站，收集当地文献资料，实地拍摄、测量，复原历史，举办专题研讨会、模拟考古发现发布会等活动。担任志愿者，参与寻根恳亲、乡愁体验等活动。

续表

内容标准	活动建议
3. 历史聚落 • 了解历史聚落的文脉与文化价值。 • 体验历史聚落的文化传承与现代生活。 4. 纪念场所 • 了解纪念场所的历史观念。 • 评价、弘扬纪念场所的精神和价值观。 5. 历史题材艺术 • 感受、欣赏历史题材艺术。 • 初步学会历史题材艺术创作。 6. 家国情怀 • 践行、提升家国情怀素养。 • 传承优良传统，树立文化自信	• 参观革命根据地、革命活动和战争遗址、红色名人名事纪念场所，访谈当事人和相关人员，走访宣传、党史、民政、文博等部门及图书、方志、档案、文史、文艺术创作和演艺等相关机构，访问相关网站，收集当地文献资料，实地体验环境与生活，担任志愿者，参与革命文化整理、革命文物保护、革命根据地乡村振兴等工作，举办革命节庆或纪念活动、革命传统传承培训营、红色故事会、红色文艺创作班、红色文化采风展等丰富多彩、喜闻乐见的活动。 • 观摩非物质文化遗产和历史题材艺术展示和演艺，参与抢救、整理民间语言文学、故事传说，学习和实践工艺、演艺，举办文化遗产传习拜师，传统工艺、演艺宣传展示和传承学习汇报演示活动。 • 提交、展示、交流及相互评价研学实践成果，召开学校、学生和家长参与的总结、交流汇报会。 • 召开学校、学生和家长参与的恳谈会，以汇报、交流、展览等形式展示研学成果

四、科技类

科技类研学旅行内容主要包括科技发展、科技研发、科技建设、科技伦理等方面，主要体现数学、科学、物理、化学、生物、信息技术等学科在研学旅行中的作用，借助现代人工智能、VR、AR、3D 打印等技术、科学探究和实验方法，依托科技馆、科技活动、科研机构、高等院校、国家重大工程、现代产业园区等场所，通过参观、培训、实验等形式，培育学生科学伦理、创新意识、劳动观念等素养。科技类研学旅行的内容标准和活动建议如表 4–7 所示。

表 4-7 科技类研学旅行的内容标准和活动建议

内容标准	活动建议
1. 科技发展 • 实地认知科技发展过程及区域特征。 • 评价科技发展成果对当地社会发展的贡献。 2. 科技研发 • 初步学会科技研发程序、方法。 • 参与、实践科技创新 3. 科技建设 • 现场体验重大建设项目中的科技应用。 • 参与科技建设,对当地科技建设提出意见建议。 4. 科技伦理 • 评价现实科技项目中的科技伦理，在实践中提升科技伦理素养。 • 感受、创造科学美	• 参观科技场馆，体验科技实验、游艺设施，听取解说，参与互动，走访政府科技等管理部门及图书、科技情报、档案、方志等相关机构，访问相关网站，收集当地文献资料，调查科技重大项目的当地受众，撰写科技发展调查报告，科技实验报告，举办科技伦理讨论、辩论会，举办模拟科技立项论证会，结合校内设施开展小发明、小创新活动及举办成果展示汇报会。 • 参观高新技术开发区、高科技企业、高新农业园区、重大工程建设项目、科研机构和台站，体验实验、生产设施，听取解说，开展调查，走访政府科技工业与信息化、农业与农村、交通运输、生态环境保护、国防、教育等管理部门及图书、科技情报等相关机构，访问相关网站 • 收集当地文献资料,调查科技成果的当地受众,撰写科技应用调查报告，举办以“科技与生活”“科技与社会”“科技与城乡”“科技与环境”“科技与海洋”“科技与军事”“科技与艺术”“科技与人生规划”等为主题的讨论、辩论会，举办模拟科技立项论证会，结合校内设施开展与科研机构和高科技企业合作的科技活动，定期举办成果展示汇报会。 • 参加学校与社会合作举办的物种培育、农产品二维码追溯、无人机、3D 打印、机器人、绿色用品、互联网营销、艺术科技等专题科技竞赛。 • 参加国际、国家和地方科技社团、机构举办的各种专题科技考察、团队、课题、竞赛等活动

五、人文类

人文类研学旅行内容主要包括人文特色、社会发展、人居环境、文化建设等方面，主要体现思想政治、历史、社会、地理等学科在研学旅行中的作用。借助社会科学调查、研究、评价、决策等方法，依托爱国主义教育基地、社会发展展馆、城乡聚落、战略发展项目、社会科学研究机构、高等院校、民族聚居地等社会研学基地，重点感知新中国成立以来，尤其是改革开放以来我国社会发展所取得的成就、国际地位的提升、人民生活水平的提高，探究当前我国转型发展的重大问题与发展战略，培育学生的家国情怀、世界眼光、社会责任感等素养。

人文类研学旅行的内容标准和活动建议如表 4–8 所示。

表 4–8　人文类研学旅行的内容标准和活动建议

内容标准	活动建议
1. 人文特色 • 实地感知、欣赏人文特色，了解其成因。 • 初步评价区域人文特征及其发展前景。 2. 社会发展 • 了解当地经济社会发展过程和现状。 • 初步评价区域社会发展质量，发现其问题，提出意见和建议。 3. 人居环境 • 体验当地生活条件及其与城乡建设的关系。 • 评价区域人居环境质量，提出改进意见。 4. 文化建设 • 感受当地文化建设成果，欣赏文化艺术特色。 • 评价区域文化融合传承与发展创新及其与社会发展的相互影响	• 参观博物馆、文化馆、艺术场馆，开放的民族、宗教文化场所，访谈当地社区居民，走访政府文化与旅游、侨务、民族、宗教、台港澳事务等管理部门及图书、方志、档案、文史、建筑设计、文化创意、艺术创作和演艺等相关机构，访问相关网站，收集当地文献资料和艺术作品，实地摄录当地代表性人文景观与活动，参与民俗节庆、文化艺术活动，旅居当地民宿体验生活，参与中外、祖国大陆与台港澳的文化交流活动并担任志愿者，举办文化交流会、文化专题研讨会、文化旅游展示会等活动。

续表

内容标准	活动建议
	•游览市容乡景，参观城乡社区、城乡规划场馆、商业娱乐场所、休闲健身场所、地方特色服务餐饮场所、教育培训机构、医疗养生机构、体育运动场所、温泉服务设施等，走访政府发展与改革、规划、园林、水利、住房和城乡建设、生态环境保护、文化与旅游、卫生与健康、民政、人力资源与社会保障等部门，访谈当地社区居民，到图书、档案、建筑设计、文化创意等相关机构，访问相关网站，收集当地文献资料，参与当地社会活动、社区活动，举办社会、城乡、生态等建设的展示会、研讨会、辩论会，为当地社会发展作出评价，出谋划策。 •观摩文化创意、工艺、演艺、竞技，收集文化艺术作品，学习和实践工艺、演艺、运动，举办艺术推介展示和学习成果汇报演示等活动。 •参观各行各业的企业、专业市场、物流场站，乘坐各种交通工具，观摩各种业态的商务活动，走访政府发展与改革、工业与信息化、商务、农业与农村、财政、交通运输、水利等管理部门及图书、档案、生产性服务业、各行业协会等相关机构，访问相关网站，收集相关文献资料，实地摄录经济、商务活动，参与各行各业专业研讨、营销、交易等活动，参与体验开放的生产、服务工作，举办经济发展专题研讨会、模拟商务营销会、模拟投资洽谈会等活动

六、体验类

体验类研学旅行内容主要包括体育与拓展运动、劳动与创业、集体生活等方面，主要体现劳动技术、信息技术、体育、艺术等学科在研学旅行中的作用，借助现代生产方法和技术、身心发展理论和方法，依托综合实践活动基地、劳动教育基地、团队拓展基地、国防教育基地、军营、体育训练基地、现代生产企业等场所，通过参与生产劳动、军事训练、团队拓展、职业体验、体育培训等形式，达到身心体验、精神提升和团队协同等目的，培育自我发展、健康生活、勇于拼搏、团队合作等素养。

体验类研学旅行的内容标准和活动建议如表 4–9 所示。

表 4–9　体验类研学旅行的内容标准和活动建议

内容标准	活动建议
1. 体育与拓展运动 • 参与、体验社会体育运动，学会减压放松，养成健康生活习惯。 • 参与、体验竞技体育、军事训练与拓展运动，提升刻苦拼搏意志、团队合作竞争意识以及相应能力。 2. 劳动与创业 • 参与、体验劳动与职业训练，培育劳动与职业素养和技能。 • 参与、体验创业训练，激发潜力，培育创新意识和能力。 3. 集体生活 • 体验、感受集体旅行、生活和研学活动	• 走进体育场馆，观摩体验赛事和运动训练，参与体验运动，接受运动培训，组织团队进行集体竞赛。听取、体验、宣传健康生活和运动养生培训。 • 走进野外训练基地、营地，观摩、参加力所能及的野外拓展训练、军事训练、野外生存训练、山地运动、野外探险、定向行军、骑行驾驶等具有挑战性的活动，组织团队，集体竞赛。 • 走进劳动实践基地、营地，厂矿、乡村，亲身践行劳动过程，体验创业、工匠、团队等精神。 • 走进创意工作室、创业孵化基地等场所，观摩创业、创意工作，体验个性化创意、集体创新的过程。 • 集体参加志愿者活动，服务社会、社区、弱势群体。 • 应用体育、通用技术、信息技术等课程学习成果，学习、践行安全防范规则和措施。 • 举办体验活动实践成果汇报、展示会

任务实施

实施形式：

各小组派代表分别从地理类、自然类、历史类、科技类、人文类、体验类六个课程类别中任意抽取其中一个。

实施内容：

完成课程研究性内容设计，填写研学课程研究性内容设计表，如表 4-10 所示。

表 4-40　单一学习项目设计表——研学课程研究性内容设计

<table>
<tr><td>学习工作目标</td><td></td><td>研学课程内容设计</td><td></td><td>建议工作时间</td><td></td><td>责任教师</td><td></td></tr>
<tr><td>班级</td><td></td><td colspan="2">小组编号</td><td></td><td>成员名单</td><td></td><td></td></tr>
<tr><td colspan="2">工作任务</td><td colspan="6">研学课程研究性内容设计</td></tr>
<tr><td colspan="2">安全事项</td><td colspan="6"></td></tr>
<tr><td colspan="2">提交的文件或作品</td><td colspan="6">研学课程研究性内容设计方案</td></tr>
<tr><td rowspan="4">工作过程</td><td colspan="7">资讯获取及分析：</td></tr>
<tr><td colspan="7">方案设计及规划：</td></tr>
<tr><td colspan="7">操作实施：</td></tr>
<tr><td colspan="7">质量评价：</td></tr>
<tr><td rowspan="3">工作总结</td><td colspan="7">工作过程的得失分析：</td></tr>
<tr><td colspan="7">学习工作体会：</td></tr>
<tr><td colspan="7">遗留的问题及改进的方案：</td></tr>
<tr><td colspan="2">工作时段的记录</td><td colspan="6"></td></tr>
<tr><td>工作评价</td><td>教师评价</td><td colspan="2"></td><td>学生评价</td><td colspan="3"></td></tr>
<tr><td colspan="2">完成时间及签名：</td><td colspan="6"></td></tr>
</table>

任务四　研学旅行课程的实施

学习目标

【能力目标】

(1) 能应用研学旅行课程实施步骤指导课程实施。

(2) 能运用学生研学步骤指导研学课程实施。

【知识目标】

(1) 掌握研学旅行课程实施过程中指导教师的职责。

(2) 掌握研学旅行课程实施过程中学生的学习过程。

【素质目标】

(1) 培养严谨细致的工作态度，养成重计划的工作习惯。

(2) 树立岗位责任意识以及精益求精的服务意识。

(3) 培养创新意识，重视创新教育方法的运用，重视持续学习。

任务描述

根据行业要求与评价组织设置，研学旅行策划与管理职业技能等级要求 (初级) 划分为安全落实、实施引导、服务管理三个不同的领域，设定专业化的考核题目，模拟真实研学旅行活动场景，使考核内容与该行业需求紧密接轨，完成对于基本素养、专业度与综合能力的考察。通过对研学旅行课程实施的学习，按照研学旅行策划与管理职业技能等级证书考试标准，完成模拟考核。

任务分析

进一步深化职业教育改革，提高人才培养质量，拓展就业本领。通过研学旅行策划与管理职业技能等级要求 (初级) 考核，主要考查学生在本专业方向上运用标准内容进行基础课程的实施能力，能够完整地完成规定难度的课程展示任务，能够专业地应对突发事件，能够运用研学评价方法进行研学课程评价，以达到“知行合一”的根本目的。

知识准备

一、教师指导

教师指导对于研学旅行的作用很重要，不可或缺，指导教师不可由一般导游等人员替代，需要有专业的研学旅行指导教师。

1. 指导教师资质

研学旅行指导教师的资质由人力资源管理部门和教育部门认定，指导教师必须持证上岗。高校不同层次的教师教育专业应当设置研学旅行指导的人才培养目标、规格和学位，尤其是依托地理、旅游等专业，规范培养研学旅行指导教师。学校教师，尤其是有地理、旅游等专业背景的教师，以及各行各业专业人员、旅游行业导游、会展行业解说员等必须经过教育部门系统培训，通过考核取得资质。必须杜绝研学旅行市场指导教师滥竽充数的乱象。

2. 指导教师职责

(1) 在研学旅行活动中，落实教育立德树人根本任务，达到综合培育学生发展核心素养的综合实践活动目标。

(2) 贯彻综合实践活动课程和研学旅行活动课程标准，开发研学旅行活动课程教材。

(3) 参与建设研学旅行活动基地 (营地)。设计研学旅行线路及其实践点的活动任务。

(4) 组织带领学生参加研学旅行活动全过程，在野外或社会现场指导研学活动的开展，在室内进行必要的讲课、个别辅导。

(5) 评阅学生研学旅行作业，公正、客观、科学地撰写学业评语。

(6) 管理学生的集体旅行、集体食宿、集体研学。

(7) 做好学校、社会、家庭之间的沟通协调，共同完成研学旅行教学任务。

(8) 开展研学旅行教学研究，参与基于研学旅行的学校教育课程和升学考试的改革。

(9) 教育、监督学生遵纪守法、注意安全。

3. 教学设计

教学设计成功与否是研学旅行是否有效的关键。教学设计要达到下列要求：

(1) 明确研学旅行在学段课程方案中的地位和作用，科学制定研学旅行活动目标。

(2) 明确研学旅行活动的重点、难点和风险，制定突出重点、突破难点、规避风险的预案。

(3) 突出学生的主体地位，组织有效的师生互动、学生小组合作学习。

(4) 综合运用多学科基础知识、基本理论，综合培育多学科核心素养，提升学生发展核心素养。

(5) 综合运用多学科考察、调查、实验等研学方法，切实引领学生从真实情景中发现问题、提出问题、分析问题进而解决现实问题。

(6) 注重研学旅行成果的实践生成，留出适时修改和调整教学设计的空间。

二、学生研学

学生研学是研学旅行活动的主体，学生研学的要求如下。

1. 预备学习

(1) 了解研学旅行活动的背景、意义、地位。

(2) 研习研学旅行教材，收集相关资料。

(3) 初步了解研学旅行基地 (营地) 及其线路。

(4) 准备研学旅行装备、生活用品。

(5) 了解研学旅行目的地、自然环境、社会习俗，做好吃苦耐劳、规避风险的身心准备。

2. 实践探究

(1) 按照研学旅行教材、学案，服从组织安排，遵循计划，规范参与研学旅行活动，遵守研学旅行纪律。

(2) 主动、积极体验研学旅行活动过程，把握好独立思考、自主操作与小组合作、师生互动之间的关系。

(3) 认真观察、调查，主动发现问题，积极提出问题，参与问题的分析与解决。

(4) 积极参与实践操作，在实践活动中争取发现问题，在分析问题中思考设计解决问题的可行性实践。

(5) 面对真实情景，积极整合多学科知识，综合运用多学科方法，抓住独立思考、自主提出解决现实问题意见的机会。

(6) 认真倾听他人的意见，积极表达自己的意见，参与集体讨论和辩论。

(7) 安排好生活与学习，形成适应集体旅行、集体研学的节奏，关心同学，关心集体，养成团结互助的品格。

(8) 遵纪守法、履行安全规范。

三、活动管理

活动管理是研学旅行顺利开展的前提和保障，对不同行政和教育管理部门的活动管理建议如下。

1. 学校管理

(1) 建立研学旅行管理体制，将研学旅行纳入学校课程教学计划，组织开发或选用研学旅行课程，设计或选用研学旅行线路，制定详细的研学旅行课程实施方案。

(2) 因校制宜或跨学科合作、自行开展或委托开展研学旅行活动的计划，按管理权限报教育行政部门备案。

(3) 对研学旅行方案做安全性审核，做好应急预案，组织研学旅行指导师、教师先行实地考察，制定安全注意事项，做好行前安全教育工作，确认出行师生购买意外险，投保校方责任险，与委托方、家长签订安全责任书。

(4) 以地理教师为主，组织研学旅行指导师队伍，开展导师培训，出台政策、建立制度，调动教师参与研学旅行工作积极性、主动性和创造性。

(5) 组织对研学旅行的考核评估，将其纳入学生学分管理体系和学生综合素质评价体系。

(6) 建立学校与社会合作开展的研学旅行机制，组织利用各种社会资源，建设研学旅行支持平台。

(7) 负责与学生监护人沟通，及早告知监护人研学活动的意义、时间安排、出行线路、费用收支、注意事项等相关事宜。

2. 教育部门管理

(1) 制定辖区研学旅行课程方案和实施规划，组织制定辖区研学旅行课程标准，编制辖区研学旅行课程教材；接受学校制定校本研学旅行课程方案和课程标准的报备。

(2) 组织制定研学旅行基地 (营地) 及其线路的准入标准、评价体系和退出机制，接受企事业单位建设辖区研学旅行基地(营地)及其线路的申报，审定批准辖区研学旅行基地(营地) 及其线路的设置。

(3) 牵头建立辖区相关部门协同实施研学旅行课程方案的体制机制，召集各部门有关负责人举行联席会议，研究、解决研学旅行相关问题，保障研学旅行顺利开展。

(4) 建立和监督实施学校或委托单位开展研学旅行活动责任制，监督做到“活动有方案，行前有备案，应急有预案”。

(5) 接受学校各次研学旅行活动计划、研学旅行基地 (营地) 及其线路选用及安全保障措施的报备。

(6) 建设辖区研学旅行网站，推进辖区研学旅行智慧化，对外宣传辖区研学旅行基地(营地) 及其线路，吸引辖区外学校来本区进行研学旅行。

(7) 建立针对学校开展的研学旅行工作的检查评估机制，并组织实施。

(8) 组织辖区研学旅行师资和研学旅行基地 (营地) 及其线路的管理和工作人员的培训和考核、准入和淘汰。

(9) 组织辖区研学旅行教学研究。

3. 相关部门协调

(1) 政府各相关部门建立各自协助支持教育部门开展研学旅行的管理体制和工作机制，保障研学旅行顺利实施。

(2) 部门负责人参加辖区各部门研学旅行工作联席会议，及时解决本部门负责处理的问题，落实本部门的分工。

(3) 制定和落实本部门支持研学旅行的优惠政策，监督学校实施政策，评价政策实施的效果。

(4) 协同开展研学旅行的宣传和智慧化工作。

四、学业评价

学业评价的目的是促进研学旅行课程的建设和优化，促进学生的全面发展，评定研学旅行的学业水平。

1. 评价原则

(1) 全面性原则：要从学生发现问题、探究问题和解决问题，自我规划、自我管理和自我发展，合作探究和交流，科学精神、态度和价值观，创新意识和能力，公民意识和社会责任感等方面进行全面评价。

(2) 表现性原则：必须依据学生在真实情境中完成任务时所表现出来的理念、态度、能力、知识等，加以综合评定，即评价学生发展的核心素养。包括学生的个性化表现和学生团队的集体表现。

(3) 开放性原则：依据研学内容的广泛性和现实问题情景的开放性，不能设置唯一正确的答案，要兼顾学生达成研学目标的一般情况和在某一方面的特别表现，顾及学生的个别差异进行评价，注重对发散性思维和创新思维的评价。

(4) 激励性原则：除了评选出最佳团队及个人外，还要让学生通过评价认知自己的强项和潜能，激发学生学习的自信心和进取心，促进学生反思和持续发展。

2. 成果形式

学生的学习成果可以有多种形式，可以是一篇研究论文、一份调查报告、一件模型、一块展板、一场主题演讲、一次口头报告、一本研究笔记，也可以是一项活动设计的方案。不同学段、不同学校、不同学生可以根据实际情况采用最适合自己的方式提供研学成果。

(1) 成果表达形式：图画、照片、模型、实物、录音、录像、光盘、网页、诗歌、节目、口头报告、书面报告和论文等。

(2) 成果交流方式：班报、刊物、展览会、演讲会、答辩会、研讨会、节目表演、展板、墙报等。

3. 评价标准

评价标准可以按等级、分数、学分、评语等形式制定，也可以根据实际情况选择适当的方式。

(1) 高中阶段实行学分管理，评价标准按学分制定。其他学段可以采用其他方法制定评价标准。

(2) 不同评价主体的评价，如自我评价、小组评价、教师评价和社会评价等，可以采用不同的方法制定评价标准。

(3) 研学过程各个阶段可以采用不同的方法制定过程性评价标准。

(4) 研学旅行整体评价的构成比例可参照如下：目标检测 40%，过程管理 30%, 成果评价 20%，社会评估 10%。

4. 评语编写

评语反映学生在研学过程中客观、真实的表现，主要涉及以下内容：

(1) 导师评价要有真情，描述学生的真实表现。

(2) 评语要充分肯定学生的优点，恰如其分地指出学生的不足，并提出中肯的建议。

(3) 评语针对学生的特长和独特的优点，作个性化的描述。

(4) 评语编写原则如下：以客观公正为标尺，勾画出学生真实的人格；以鼓励表扬为引线，点燃学生希望的火花；以细腻具体为刻刀，雕镂出学生生动的个性；以亲切生动为雨露，滋润学生干渴的心田；以含蓄委婉为清泉，冲淡学生心头的阴影；以精练优美为画笔，描绘学生五彩的生活。

5. 建立研学记录袋

研学记录袋记载学生研学过程、学习成就、持续进步等全部表现，包括活动记录、研学成果、评价结果和其他相关资料，具体如下。

(1) 记录袋装有学生自主收集课题的研究方案，活动记录 (如观察日志、调查表、访谈记录、实验记录、导学卡等)，研究成果 (如研究报告、小论文、作品等)，学生的自我评价、反思和体会，教师、同学和家长的评价等信息资料。

(2) 记录袋档案详细记录学生能力培养和素养形成的路径轨迹，记录的资料要求全面、完整和真实。

(3) 记录袋的形成也要发挥学生的作用，让学生参与设计制定评价量表和档案袋内容及形式。

(4) 记录袋要有学生在研学实践中所获得的体验，如学生的自我陈述以及小组讨论记录、活动开展过程的记录等。

(5) 记录袋要有学生学习和研究的方法和技能的掌握情况，如在研学旅行各个环节查阅和筛选资料，对资料归类和统计分析，使用的新技术，对研究结果的表达与交流等。

(6) 记录袋要反映学生创新精神和实践能力的发展，记录学生从发现和提出问题、分析问题到解决问题的全过程中所展示的探究精神和能力，通过活动前后的比较和几次活动的比较来反映发展过程。

(7) 记录袋装有学生的学习成果，如一篇研究论文、一份调查报告、一件模型、一块展板、一场主题演讲、一次口头报告、一本研究笔记、一项活动设计的方案等。

(8) 记录袋有对学生研学实践的态度的评价，如是否认真参加每个活动，是否努力完成所承担的任务，是否做好资料积累和分析处理，是否主动提出研究和工作设想、建议，能否与他人合作、采纳他人意见等。

任务实施

实施形式：

各小组派代表对六类研学课程进行抽签。

实施内容：

参照表 4-11，各小组按照所抽签主题完成相关研学课程实施。

表 4-11　1+× 研学 EEPM 职业技能等级证书（初级）认证考试课程展示评分表

考生姓名		考评员签名		总分		
研学活动开展省份		指定南方 / 北方的一个省				
研学活动开展地点		选择一个地点				
研学活动开展季节		选择春 / 夏 / 秋 / 冬之一				
研学活动面向受众		选择小学 / 初中 / 高中之一				
展示课程主题		□自然（熊猫）□地理（沙漠）□科技（无人机）□历史（井冈山）				
领域	任务	扣分项	扣分	最高分	扣分	得分
基本素养（满分 15）	师德为先	无任何问候	-2	3		
		问候不热情	-1			
		不喜欢与中小学生交流 / 缺乏亲和力 / 对中小学生不耐烦	-2	2		
	以身作则	不文明行为出现	-4	4		
		情绪失控 / 自我调整能力差	-3	3		
	语言表达	口齿不清 / 词不达意 / 晦涩难懂 / 语音语调错误多 / 条理不清晰 / 有气无力	-2	3		
安全落实（满分 10）	安全预警	没提到该主题活动核心安全隐患点	-4	10		
		未讲解安全须知或未进行安全教育	-4			

续表

	自我体验	没有调动 5 感体验环节	-6	12		
实施引导（满分 50）	开放探究	无故事	-10	32		
		展示课程目标模糊	-4			
		展示课程内容形式单一	-2			
		展示内容不符合省份 / 地点 / 季节特点	-2			
		展示内容不符合学生年龄、认知特点	-2			
		未展示出教具核心教育价值	-3			
		未展示出课程核心内容	-2			
		讲解枯燥无味，无法调动受众兴趣	-2			
	评价激励	有负面消极性语言	-3	6		
		评价语言不恰当	-2			
服务管理（满分 5）	实施准备	违背相关法规	-5	5		
		活动流程混乱	-3			
展示时间不超过 8 分钟，超时 1 分钟扣 1 分，不足 1 分钟按 1 分钟计算				80	-	
总计						

任务五　研学旅行课程的评价

学习目标

【能力目标】

(1) 能应用研学旅行课程评价原则进行课程评价。

(2) 能应用研学旅行课程评价内容指导课程评价。

【知识目标】

(1) 掌握研学旅行课程评价原则。

(2) 掌握研学旅行课程评价内容。

【素质目标】

(1) 增强学生的职业素养和爱岗敬业、精益求精的“工匠精神”。

(2) 增强学生的团队精神和创新意识。

(3) 坚定学生的理想信念。

任务描述

研学课程评价是研学课程设计“四环节”中的最后一环节。依据相关教学标准和“1+X”研学旅行策划与管理(EEPM)职业技能等级标准，紧密对接研学旅行指导教师岗位，立足本省旅游资源，通过学习研学旅行课程评价，完成“绿色生态教育”“古色文化教育(地域文化)”“爱国主义教育(红色文化)”相关课程评价。

任务分析

研学旅行课程评价指标体系构建是对研学旅行课程实施进行科学评价的前提。合理的指标体系不仅能够评价研学旅行课程的实施效果，也可作为学校与旅行部门选择、使用、评价研学旅行项目的重要依据，为研学指导师培养等现实中亟须解决的问题提供理论指导。在纲领性政策文件指引下，形成一个成熟的、系统的框架去评价研学旅行课程的实施效果，是提升研学旅行课程实施效果的关键环节。

知识准备

课程评价是指检查课程的目标、编订和实施是否实现了教育目的、实现的程度如何，以判定课程设计的效果，并据此作出改进课程的决策。

一、评价原则

1. 全方位评价原则

研学旅行作为综合实践活动课程，对其评价必须全方位进行。不仅要静态评价课程标准、课程建设档案、课程教材、学生研学成果等书面形式为主的材料，还必须实地动态评价研学旅行基地(营地)及其线路等项目，调查访谈研学旅行相关方的人员，包括学生、指导教师、家长、学校管理人员、基地（营地）工作人员、相关部门的涉事人员等。还可以采取暗访的形式，实时观察研学旅行过程。全方位评价包括支持研学旅行的部门对研学旅行课程建设的评价。研学旅行如有采取服务外包的方式，则要对服务承担方也进行评价。

2. 多主体评价原则

研学旅行涉及面广，相关方多，需要多主体参与对课程的评价。在教育主管部门主持组织下，学生、家长、指导教师等都可以作为评价主体，从各自的角度对研学旅行课程的开发建设、课程的实施、课程的条件、学生的研学业绩等进行评价。根据短板原理，只要有某一方评价不合格，则整体评价就不合格。

3. 重实效评价原则

研学旅行作为综合实践活动课程，特别注重研学实效。实效就是学生通过研学旅行所取得的综合素养的提升。所以评价不能简单地依据研学课题的完成情况，不能简单地定量评价，而是要采取观察、体验、访谈等方式，定性评价学生发展素养是否通过研学旅行得到了提升。

4. 顾全面评价原则

研学旅行要特别注意防止“只旅不研”、“只研不行”的两种偏向。必须兼顾对研学、旅行二者的评价。一方面，要看旅行线路的设计是否有利于研学目标的达成，要看旅行的性价比，是否以较低成本的旅行保证研学任务的完成，或者在条件许可的情况下，以较高成本的旅行支持研学成果的创新和突破。另一方面，要看研学任务是否需要异地旅行的支持，要看研学活动是否充分利用了旅行所提供的研学机会。

二、评价内容

研学旅行课程的评价目的不只是为了说明课程的现状，更是为了课程的改进。研学旅行课程的评价方式多样，建议使用CIPP课程评价模式，从背景评价、投入、过程、影响、成效、可持续性和可推广性评价等方面进行系统评价，提供有效信息。

1. 背景评价

背景评价指评价研学旅行课程背景，主要从需求、问题、有利条件和机会、教学目标和考核等维度进行评价，即回答下列问题：学生、教师、社会、学科对研学旅行有何需求？研学旅行活动的开展遇到哪些问题？专门知识和专家服务、指导教师、物质资源、经费等条件是否有利？研学旅行课程实施的时机能否满足需求和解决相关问题？研学旅行课程教学目标及其他配套服务目标是否明确？学校对研学旅行课程的师生考核方式和评价标准是否合理？

2. 投入评估

投入评估指在背景评价的基础上，进一步评价研学旅行课程及其服务的策略、课程实施所需预算、课程实施的可行性和效用性。要评价达成研学旅行目标所需条件、资源，各种课程的目标、内容、方法、学业评价设计是否科学合理，哪一课程最佳，投入的人力、物力、财力是否足够等。

3. 过程评估

过程评估指对课程实施过程进行监督、记录、反馈，以不断调整和改进实施过程。评价学校是否完成研学旅行课程建议课时和学分，是否全体学生参与了研学旅行，课程实施状况以及实施过程中的事件、问题、费用是否得到合理解决，教师指导是否适时、适度、适当，评价过程中的反馈信息如何，课程实施过程是否需要调整和改进等。

4. 影响评价

影响评价指评价研学旅行课程对目标受众的影响程度、课程实际服务对象与计划受益者吻合的程度，包括评价课程对学生的影响以及学生对影响的感知、师生教学实践总结和成果的质量、课程对学校和教师的影响、课程服务非预期受益者的程度等。

5. 成效评价

成效评价指评价研学旅行课程实施成果的效用性。与影响评价相比较，成效评价侧重评价对受益者长久利益的影响，即评价学生、教师或学校发展所发生的质变。主要测评学生发展核心素养和学科核心素相应的提升、师生对课程的优缺点的分析、课程影响的深广度、课程目标达成的程度、与其他课程相比的成效等。

6. 可持续性评价

可持续性评价指评价研学旅行课程能否制度化循环使用，包括评价学生、教师和其他利益方对课程可持续实施的看法、制约课程可持续实施的问题、课程可持续实施的概率等。如果课程可持续实施，即可着手建设研学旅行的资源包或教材。

7. 可推广性评价

可推广性评价指评价可持续实施的研学旅行课程在何种程度上可以推广。评价其他地域、领域、学校、研学旅行目的地对该课程的态度、其他地区学生对该课程的态度，以及该课程对学生发展核心素养、各学科核心素养、各学段学业水平要求等的适宜程度。

任务实施

实施形式：

小组抽签获取相应研学课程。

实施内容：

完成研学课程评价表，如表 4-12 所示。

表 4-12　研学课程评价表

序号	项 目 标 准	等级评定				实际得分
		优	良	中	差	
1	总体评价（15 分）					
1.1	思政性：符合思想政治教育要求，契合国家发展形势	3	1.5	0.5	0	
1.2	知识性：基于学段课程标准，能够实现良好的多学科融合教学效果	3	1.5	0.5	0	
1.3	创新性：能够引发学生的探究和思考，塑造创新思维	3	1.5	0.5	0	
1.4	价值性：符合时代发展需要，具有产生实践探究学习价值	3	1.5	0.5	0	
1.5	体验性：能够产生良好的身心体验，寓学于乐	3	1.5	0.5	0	
2	研学课程评价（30 分）					
2.1	研学目标：目标定位明确，围绕落实立德树人根本任务，聚焦发展核心素养	3	1.5	0.5	0	
2.2	研学主题：主题特色鲜明，主题设计挖掘深入、精练	3	1.5	0.5	0	
2.3	研学内容：学段划分清晰，教学设计科学合理，编制研学旅行解说教育大纲	3	1.5	0.5	0	
2.4	研学方法：凸显课程资源与文化特色，符合不同青少年群体特征	3	1.5	0.5	0	
2.5	师资团队：身心健康，以身作则，诲人不倦，语言规范，举止文明	3	1.5	0.5	0	
2.6	研学场地：具有研学基地资质，布局科学合理，教学设施完备，功能齐全，具有科学和生动的研学解说系统	3	1.5	0.5	0	
2.7	研学教具：设计科学合理，材质环保安全，能够有效辅助研学课程实施	3	1.5	0.5	0	

续表一

序号	项 目 标 准	等级评定				实际得分
		优	良	中	差	
2.8	研学手册：编制科学合理，美观实用，兼具开放性与指导性	3	1.5	0.5	0	
2.9	研学成果：紧扣教学目标，设定科学合理，呈现形式丰富多样	3	1.5	0.5	0	
2.10	后期跟进：后期保持跟进，不断强化研学成效	3	1.5	0.5	0	
3	旅行服务质量（10 分）					
3.1	行程安排：与研学课程结合，主题鲜明，时间合理，建立与学校、家长的沟通平台，及时跟进	2	1	0.5	0	
3.2	旅游票务：订购渠道多样、畅通，能在特殊情况下保证供应，实名制管理，价格合理	2	1	0.5	0	
3.3	交通工具：交通方案详细明确，有多个备选方案，合理灵活，安全适宜，组织绿色通道或专门候乘区	2	1	0.5	0	
3.4	指引向导：人员配置完善，分工合理细致，定时清点人数，对于低龄学生重点关注	2	1	0.5	0	
3.5	途中服务：人员配备合理，准备充足，适时适当，细致周到	2	1	0.5	0	
4	生活服务质量（20 分）					
4.1	健康饮食：用餐时间合理，饮食搭配绿色健康，营养丰富，干净卫生	2	1	0.5	0	
4.2	餐饮服务：工作人员热情周到，饮食变动灵活，丰富可口，能根据研学主体特点合理调整	2	1	0.5	0	
4.3	就餐环境：环境整洁，干净卫生，设施设备完善，进餐有序	2	1	0.5	0	
4.4	住宿环境：交通便利，环境整洁，空气清新，温度适宜，无噪音、无蚊蝇、无异味	2	1	0.5	0	
4.5	住宿设施：生活设施设备完善齐备，使用安全方便，维护保养到位	2	1	0.5	0	
4.6	住宿服务：房间人数安排合理，服务细致周到，按时作息	2	1	0.5	0	
4.7	摄影摄像：形式多样，创意丰富，体现研学价值，主题鲜明	2	1	0.5	0	
4.8	衣物洗涤：洗涤设施完善，空间布局合理，方便快捷	2	1	0.5	0	

续表二

序号	项 目 标 准	等级评定				实际得分
		优	良	中	差	
4.9	委托代办：能够根据需求完成特殊委托代办事项	2	1	0.5	0	
4.10	信息咨询：能提供行程内当地风土人文信息	2	1	0.5	0	
5	安全保障质量（15 分）					
5.1	安全教育：制定安全教育读本，按期按时，形式多样，灵活适用	3	1.5	0.5	0	
5.2	安全提醒：公共信息导向标识健全，消防检验合格，特殊场景及时提醒，细致周到	3	1.5	0.5	0	
5.3	安全保护：设置安全管理小组，职责详细到位，人员配备合理，执行严格，灵活变通，定期培训演练，与相关部门定期互动联系，建立重大事项报告制度	3	1.5	0.5	0	
5.4	基本医疗救助：预案详细清楚，处理机动灵活，有专业医疗人员随团，合理购买保险	3	1.5	0.5	0	
5.5	突发事件应急处理：应急处理预案详细完备，定期演练，分工明确，严格执行，及时到位	3	1.5	0.5	0	
6	反馈评估（10 分）					
6.1	教师满意度：教师满意度评价表均值，收集及时，方式合理，分析缜密，整改及时	5	3	1	0	
6.2	学生满意度：学生满意度评价表均值，收集及时，方式合理，分析缜密，整改及时	5	3	1	0	
合计	100 分					

项目小结

本章详细介绍了研学旅行课程的性质与定位，分析了研学旅行课程基本理念、课程总目标及学段目标，梳理了研学旅行课程结构和课程内容，进一步规范了课程建设标准，完善了课程评价的方式方法。

基础检测

一、名词解释

研学旅行活动课程目标　核心素养　项目式学习　过程性评价

二、不定项选择题

1. 研学旅行可以实现（　）目标的培养。

A. 价值体认　B. 责任担当　C. 问题解决　D. 创新意识

2. 研学旅行活动课程目标制定要依据（　），结合学校实情。

A. 主题特点　B. 学生年龄特点　C. 资源特点　D. 相关政策

3. 课程内容具体的表现形式有（　）。

A. 课程计划　B. 学科课程标准　C. 教材　D. 教学参考书

4. 研学旅行课程内容包括（　）。

A. 专题学习内容　B. 体验性学习内容　C. 学科性知识内容

5. 研学旅行评价主体包括（　）三个方面。

A. 学生　B. 学校　C. 教师　D. 公司

三、实训题

学生以小组为合作单位，设计一条以红色文化为主题的研学旅行线路。

项目五

研学旅行实施主体

思政素材

中小学生研学旅行是教育部门和学校有计划地组织安排，通过集体旅行、集中食宿方式开展的研究性学习和旅行体验相结合的校外教育活动，是学校教育和校外教育衔接的创新形式，是教育教学的重要内容，是综合实践育人的有效途径。组织研学旅行要坚持落实立德树人根本任务，把培育和践行社会主义核心价值观贯穿研学旅行始终，将书本知识和生活经验深度融合，将学校教育与社会教育有机整合，通过研学旅行开阔学生视野、促进实践体验，让学生亲身感受我国改革开放取得的伟大成就，激发学生对党、对祖国、对人民、对社会主义的热爱之情，引导学生主动适应社会，从小培养文明旅行意识，养成文明旅行的行为习惯。

任务一　研学旅行中学校的工作任务

学习目标

【能力目标】

(1) 能够根据中小学课程内容制定研学活动方案。

(2) 能够根据教育行政部门的要求准备及提交备案材料。

(3) 能够根据活动方案制定各种详细的应急预案。

(4) 能够根据活动方案做好研学旅行准备工作。

(5) 能够选择购买合理的保险。

【知识目标】

(1) 理解活动方案的含义及基本要素。

(2) 掌握向教育行政部门报批备案的要求。

(3) 掌握应急预案的要求及内容。

(4) 掌握研学旅行准备工作的内容。

(5) 掌握境外研学旅行文明礼貌的要求。

【素质目标】

培养学生合作学习的精神，激励学生学会合作、学会交流、并在合作与交流中体会人与人之间的情感交流，从而使自己成长，使团队进步。

任务描述

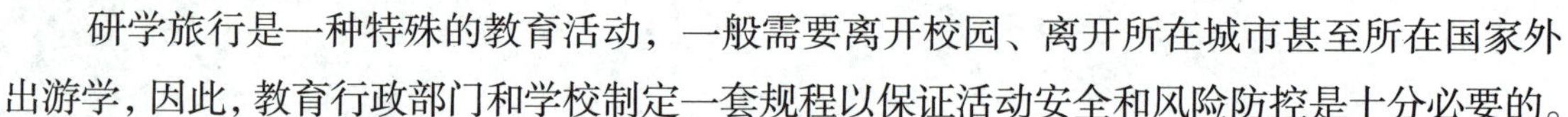

研学旅行是一种特殊的教育活动，一般需要离开校园、离开所在城市甚至所在国家外出游学，因此，教育行政部门和学校制定一套规程以保证活动安全和风险防控是十分必要的。

任务分析

《意见》提出，需要规范研学旅行组织管理。要求各地教育行政部门和中小学探索制定中小学生研学旅行工作规程，做到“活动有方案，行前有备案，应急有预案”，可以说。这“三案”的要求是最粗略的规程，每一项下面，又要细化为若干可落实的标准和流程。

知识准备

《意见》规定，学校组织开展研学旅行的基本规程包括以下几个方面：

(1) 提前拟定活动方案，并按管理权限报教育行政部门备案。

(2) 通过家长委员会、致家长的一封信或召开家长会等形式，告知家长活动意义、时间安排、出行线路、费用收支、注意事项等信息。

(3) 根据需要配备一定比例的学校领导、教师和安全员，也可吸收少数家长作为志愿者，负责学生活动管理和安全保障。

(4) 对学生和教师进行研学旅行事前培训。

(5) 与家长签订协议书，明确学校、家长、学生的责任权利。学校委托开展研学旅行，要与有资质、信誉好的委托企业或机构签订协议书，明确委托企业或机构承担学生研学旅行的安全责任。

(6) 对学生和教师进行研学旅行事后考核。

一、制订活动方案

活动方案是指为某一次活动所制订的书面计划，包括具体实施步骤、办法、细则等。活动方案中应对各个环节和具体流程进行规定，以保证活动的顺利进行。根据活动面向的对象和活动内容不同，活动方案的详细程度和具体内容要求也有所不同。但一般的活动方案通常都包括时间、地点、目的、内容、形式、参加人数、活动组织、活动反馈等。

（一）活动方案基本要素

研学旅行涉及组织未成年人参与，安全和保护任务需要完善到位，因此制定这类学生活动方案时，在安全措施方面的要求也需要格外细致。研学旅行活动方案一般包括的内容有：①活动主题；②活动对象；③活动的目的及意义；④活动时间、地点；⑤活动形式；⑥活动内容概述；⑦行程安排(行程、餐饮、交通)；⑧组织机构和职责分工；⑨安全教育措施；⑩安全负责人姓名及联系方式。

（二）活动方案参考样例

研学旅行活动方案可繁可简，字数可多可少，但要保证基本要素齐全。应根据出行距离、天数、人数等不同的活动规模，分别对每个方面进行周密安排，并落实在文本上。共性的活动方案要包括基本要素，个性化活动方案可以添加特殊活动内容。

××学校研学旅行活动方案

根据《意见》要求，结合我校实际情况，经校委会研究同意，利用××时间开展研学旅行活动。

一、研学目的

结合本次研学活动主题展开阐述。

二、活动对象（参加人数）

×× 年级（学生 ×× 人）

三、活动时间

×××× 年 ×× 月 ×× 日至 ×××× 年 ×× 月 ×× 日

四、活动形式

1. 教师带领下的校外综合实践教育活动。

2. 家长同意下自愿参加。

3. 学生集体出行、统一食宿，以合作探究、项目学习等方式开展活动。

4. 综合评价，价值引导。

5. 团队分享，主题学习，专题研究。

五、活动内容

可以根据资源教育价值分类阐述活动内容，如传统文化体验活动、科技创新观摩活动、非遗动手制作活动、生态环保考察活动、民俗体验研究活动等。

六、行程安排（餐饮安排、交通方式、住宿安排等）

时间/天	活动内容	活动目标	活动评价	餐饮安排	交通方式	住宿安排

七、学生安全教育措施

校内出发前安全教育、途中安全教育、研学基地安全教育等。

八、职责分工

（一）领导机构

组长：×××

副组长：×××

执行成员：××× ××× ××× ××× ×××

（二）具体职责

1. 安全责任人：方案确定以及整体活动全程监控（可展开）。

2. 年级责任人：年级统筹安排（教师职责分工、安全教育、行程建议、学生动员等）。

3. 班级责任人：班级管理、学生分工、安全教育、家校联系等。

4. 学校相关部门和老师：对外联系、研学宣传、活动组织、医疗保障、方案申报等。

九、未尽事宜另行安排

×× 学校

×××× 年 ×× 月 ×× 日

二、向教育行政部门报批备案

学生研学旅行活动一般由区县级教育行政部门审批。区县教委(教育局)对学生集体外出活动会有统一的备案要求，一般是要求提前10～15天备案。会提供标准格式的备案表，要求学校填写学生外出时间、外出人数、活动地点、外出活动名称、交通方式、车(船)数量、车(船)租赁公司名称、委托第三方公司名称等。

(一)备案制度要求

为了规范教育系统学生集体外出活动管理工作，保障师生安全，区县教委(教育局)会制定《学生集体外出活动备案管理办法(试行)》等制度文件，对所辖区域的教育系统(各中小学、职业学校、学生活动中心等)组织学生集体外出活动提出统一要求，要求各校根据学生外出目的和学习任务，在集体外出活动前，到教委相关部门办理备案手续。如果涉及体育、科技、艺术等活动应该报体育健康科、美育校外科备案，涉及德育主题教育、军训等活动应报德育科备案，中小学一般性集体外出应该分别到中教科和小教科备案。学校在各相关科室备案后，还要到食品安全科和安全保卫科等相关科室备案。

(二)备案内容要求

一般情况下，教育行政部门对于外出研学备案审查的内容有：①家长通知：收费的要明确收费总额和明细；不收费的要明确费用学校负责。研学旅行是学校的规定课程，本着自愿原则，不参加的同学按时到学校上课。②踩点说明：说明有无危险，如有危险，该怎样处置。③食品安全预案：考察服务餐饮饭店是否有食品经营许可证、有无餐饮服务许可证、卫生许可证(餐饮)或三证合一。④住宿宾馆的营业执照。⑤交通安全预案。⑥集体外出申报表。⑦实践方案，包括年级的安全预案。⑧外出活动安全工作应急预案。

(三)备案材料准备

教育行政部门一般要求组织研学旅行的学校提交的备案材料有：学生集体外出活动备案表、汽车租赁合同、学生外出活动安全责任书、学校研学踩点说明、学校主题研学活动安全工作预案、学校研学活动交通应急预案、研学活动住宿安全应急预案等。

三、制定应急预案

应急预案指面对突发事件如自然灾害、重大事故、环境公害及人为破坏的应急管理、指挥、救援计划等。研学旅行中的应急预案是指应急管理预案，主要是针对交通安全、住宿安全、食品安全、特殊天气等方面的情况预先拟定出应对方案。目的是强化活动的安全管理，增强指导教师和参与活动学生的安全意识，有效应对各种突发情况，确保师生的人身安全和活动的顺利进行。这类应急预案详细描述事故前、事故中和事故后何人做何事、什么时候做以及如何做。这类预案要明确制定每一项职责的具体实施程序。一旦发生相关的事故，按照预案中的程序和方法处置，以保证临危不乱。

（一）应急预案要求

在活动过程中，研学旅行应急预案中提出的应急措施必须落到实处，以利于及时应变。应急预案必须设定应急小组并明确职责分工，组长为处理突发事件总指挥，其他成员各司其职，发挥作用。突发事件处理原则为：① 保持镇静、沉着应对；② 学生优先；③ 就地抢救；④ 报警、求援；⑤ 维持秩序、迅速疏散。

交通是研学旅行中最有可能出现问题的。学生研学人数多，在远离所在城市发生意外情况时，要启动领导小组、随队教师等不同分工的联动响应机制。发生交通问题时，车辆故障处理、交通事故处理、报警及信息联络等环节，按照预设的处理流程和措施执行。需要将领队和随团教师的电话全部公开给随团学生和家长。

住宿应急预案主要是针对在酒店遇到火灾、地震等事故需要紧急逃生和综合应对，以及针对踩踏、失盗等事故制定相应的处置流程和措施，全方位做好事故防范工作。

（二）应急预案内容

预案应设定题目，如《××学校×年级研学活动交通应急预案》，也可以是住宿预案或其他预案。预案中应明确研学活动的基本信息，包括时间、地点、活动范围和参加人数等。最重要的是应急小组及职责分工情况，需设立领导小组。对于发生意外事件的各种应对措施和流程，应该尽可能详尽和科学合理。一旦发生事故，领导小组需维持现场秩序，指挥学生撤至安全地带；保护好事发现场，协助公安做好现场的勘察；负责家长、公安、医疗、保险等各方接洽，妥善处理善后事宜；最后还要写出书面报告，总结经验教训。随队指导教师工作要听从组长指挥，配合组织学生迅速撤至安全地带；要维持现场秩序，做好学生的情绪稳定工作；要组织护送受伤学生到医院检查、诊治；还要保护好事发现场，协助公安做好调查取证工作等。

应急预案的主体是如何应对交通、住宿、踩踏、恶劣天气等各种事故的发生，假设事故发生，将会采取哪些措施，都要制定出一定的流程和工作标准。这部分内容可以参见下面的案例。

除了一些人为原因或管理不善导致的事故，自然灾害也是安全防范的重点之一。学校组织学生研学旅行应少去自然灾害易发的地区，如近年地震活跃地区，海啸可能波及的地区；也最好不要组织冒险性的观赏活动，如观潮等；避免去热点风景名胜区，以防止游客过多发生踩踏事件威胁学生安全。但是，有一个很难防控的自然因素就是气象灾害。虽然现在可以查阅到较长时间的天气预报，但是时间跨度越大，天气预报越不准确。而长距离的研学旅行一般是在学期初就纳入教育教学计划了，所有的准备工作都要提前两三个月甚至更长时间。因此，无法轻易改变时间。这就使得防止恶劣天气成为必要的安全考虑要素。虽说活动前几天可以了解到活动期间当地的天气预报，可以根据天气情况让学生做好相应准备活动，但是预报毕竟是对概率的预测，灾害天气的发生常常让人措手不及。因此，针对可能出现的恶劣天气的研学活动预案也是不可缺少的。

徽州研学恶劣天气预案

徽州地处皖南，潮湿多雨。研学行程中可能会遇雨天。作好行前准备，密切关注天气预报，根据实际情况及时调整，作预案如下。

一、行前准备

请所有师生带好雨具：雨伞一把，雨衣一件。并带上一双防水防滑的备用鞋。必要的话，准备一双鞋套（尽量不用，因为穿上容易打滑，但是在茶园里面采茶尽量不挪动地方的时候使用，并请辅导员时刻提醒学生们注意防滑）。

二、行程中

雨中徽州烟雨蒙蒙，景色别致，只要不遇大暴雨，带好雨具，行程基本不会受影响。如雨量大、降雨急，可能会受到的影响是：茶园泥泞不便采摘，渔梁坝水位上涨淹没坝体不能参观，去宏村的路有可能会有塌方滚石。

1. 密切关注天气预报，根据实际情况调整行程顺序。

2. 如必须在下雨时进行活动（在可以克服的情况下），可以在茶园穿上雨衣并购买鞋套，尽量维持原行程；如雨实在太大无法采摘则取消采茶环节，以徽州糕饼博物馆或徽菜博物馆参观替代。

3. 如遇大雨淹没渔梁坝，在可能的情况下参观渔梁老街，在岸上观看徽商之源。若水流过急有安全隐患，则取消该景点参观。以徽州民歌教学来替换此项目（会有额外费用产生）。

4. 如遇下雨去宏村，派地勤车先行探路，确定路况无障碍安全再发车。如路面不能通行，就近以呈坎古村、唐模古村、徽商大宅院、棠樾牌坊群或鲍家花园调整替换。

5. 通知餐厅准备姜汤驱寒。

三、后勤保障

安排专人专车随团服务，做好各项应急处理。

祝此次研学一帆风顺，圆满成功！

四、做好研学旅行准备工作

组织一次外出研学活动需要精心策划，周密部署。研学旅行活动虽然出去一周左右甚至更短，但是准备阶段需要花费很长时间。从课程设计策划、实地考察踩点、活动方案制定，再到研学活动成行，各种安全预案的制定、报批，组织学生报名，与家长沟通，研学服务机构招标等，一系列繁琐的准备工作，一般要花几个月的时间。当然，研学旅行活动中的几天是最关键的环节，几个月的时间都是为这几天能有更好的安全保障和学习效果。研学旅行活动的安全准备工作，一般包括组织准备、活动安全准备、生活保障准备等。

（一）组织准备

一是学校召开专题会议。校长是研学旅行活动的第一责任人，校长要组织干部专门研究审核活动的各项方案、预案，确保责任到人，留存会议记录。

二是安排适当的教师配比。一般情况下，研学旅行的师生比例为中学 1∶15，小学 1∶10，幼儿园 1∶5，特殊学校 1∶5。当然这个比例不是绝对的，如初一的学生和高二的学生师生配比会有不同。另外，如果一所学校初次组织研学旅行，师生比例也可以大一些。师生配比应根据学生不同的年龄阶段做出合理的安排。

三是确定带队领导。出于安全重要性的考虑和组织学生群体责任重大，研学旅行活动应该由副校级及以上领导带队，有的小学组织研学旅行，是校长亲自带队，与学生一起出发，一起返校。

四是遴选合作单位。应该直接与政府定点采购资质的租赁公司签订租车（船舶）安全协议。如果委托第三方组织活动，要与其签订安全责任书（旅行社、接待方）。

（二）活动安全准备

一是制定活动安全方案、突发事件处置预案，包括交通、防恐、防伤害、防踩踏、食品安全等方面的预案，并存档备查。

二是在活动前对全体师生进行有针对性的安全教育，这是必须做的环节，要列出隐患重点，并安排人员采取预防措施。

三是按照相应的标准要求做好安全准备工作。安排专人（副校级及以上领导）做好考察踩点工作，做到对活动地的地形地貌、空间（面积）、逃生通道、天气状况、消防设施、就餐地点、疏散集合地点、就近的医疗机构位置及联系方式等心中有数。临时变更活动地点或活动路线的，需重新踩点。如遇恶劣天气应暂停外出活动。踩点人员必须全程参加活动。

（三）生活保障准备

一是对用餐的合理安排。集体用餐必须在有资质的餐厅用餐，并留存就餐地点的有效资质，如工商营业执照、餐饮单位的相关许可证明等。踩点考察时，最好能将各种预选菜品“试吃”一下，以使本地学生到外地能够更好地适应当地餐饮的口味。遇军训、集训、表演等情况，应签订供餐合同书，留存送餐公司有效资质证明等。

二是关于住宿的选择和安排。住宿必须选择有资质的宾馆，并留存有效资质证明等。宜选择安静的地区，不宜选在闹市中，但也不宜过于偏僻。

五、购买研学旅行保险

（一）购买保险的必要性

外出研学毕竟存在不可控因素，即使主观上做到万无一失，也要防范不可预测的小概率事件发生，构筑全方位的安全保障防线才是正确之道。《意见》和《中小学学生赴境外研学旅行活动指南（试行）》（以下简称《境外研学旅行活动指南》）等组织学生研学活动的相关文件中，都规定了要为学生购买保险。

（二）购买保险的种类

《意见》要求“建立安全责任体系”，指出各地要制订科学有效的中小学生研学旅行安全保障方案，探索建立行之有效的安全责任落实、事故处理、责任界定及纠纷处理机制。对学校提出了明确要求，学校负责确认出行师生购买意外险，必须投保校方责任险；要求保险监督管理机构负责指导保险行业提供并优化校方责任险、旅行社责任险等相关产品。《境外研学旅行活动指南》也提出，境外研学旅行的举办者要为学生全员和带队教师购买涵盖活动全程的医疗保险及意外伤害保险。

（三）购买保险的数额

如某公司承接的学生研学活动，接待了 300 名初一年级学生赴北京–天津–保定线路研学，公司为参与活动的师生购买了人身意外伤害保险，可以有两种选择，每人 3 元，保额 24 万；每人 10 元，保额为 50 万。公司在承接研学团队活动时，应与学校协商，选择合理的保险种类。

六、赴境外研学旅行要求

《意见》相关规定只适用于国内研学。针对赴境外研学的要求，教育部在 2014 年发布了《境外研学旅行活动指南》，共 20 条，规定了境外研学旅行的性质、范围、研学目的地选择、课程学习内容、学习时间、与第三方的合作规范、安全管理要求、文明礼仪教育、师资配比要求、活动组织程序和家校沟通要求等。中小学学生赴境外研学旅行活动（以下简称“境外研学旅行”）是指根据中小学学生的特点和教育教学需要，在学期中或者假期以集体旅行和集中住宿方式，组织中小学学生到境外学习语言和其他短期课程、开展文艺演出和交流比赛、访问友好学校、参加夏（冬）令营等开阔学生视野、有益学生成长的活动。

《境外研学旅行活动指南》规定，境外研学旅行一般应以小学四年级以上年级的学生为主体，组织三年级以下完全无民事行为能力的学生参加活动的，举办者应当依法特别明确相应的权利义务及责任。

（一）境外研学旅行学习内容

学生赴境外研学旅行，应有特定的目的，一般是在国内研学旅行无法实现这一目的的情况下才选择去境外研学。《境外研学旅行活动指南》第二条规定，境外研学旅行应当以加强国际理解教育，推动跨文化交流，增进学生对不同国家、不同文化的认识和理解为目的。考量境外研学旅行活动是否有必要，应遵循三个基本原则，即有利于促进中小学的对外交流与合作，丰富中小学的课程内容和社会实践，增进与国外中小学学生的交流和友谊。

因此，举办境外研学旅行要与本校的教育教学计划相契合，设置适当、周密的教学内容，把素质教育和体验学习贯穿始终。《境外研学旅行活动指南》第六条规定，境外研学旅行要注重活动特色，丰富教育内容，可以选择或者包含环保、科技、人文、自然、历史、文学、艺术、体育等主题的友好交流活动。选择境外研学旅行目的地，应在兼顾气候、交通、卫生、语言、食宿等的基础上，优先考虑环境安全、友好、文化内涵丰富、教育教学水平较高的国家和地区，注重体验多样性文化。

（二）境外研学旅行学习时限

赴境外学习相对国内游学，由于距离远或出入境等因素影响，往返路途中耗时较长，加上转机等其他因素影响，纯粹学习时长受到一定的局限。《境外研学旅行活动指南》第五条规定，境外研学旅行的教育教学内容和学习时长所占比例一般不少于在境外全部行程计划的 1/2。

我国学生如果赴欧洲、美洲、大洋洲等较远的国家研学旅行，路上时间较长，交通成本较高，去一次不大容易。因此，如果从经济效率考虑，出境一次多学些时日，可以使交通成本发挥更大效益，进行深入学习。但是，考虑中小学学生的身心特点和承受能力，《境外研学旅行活动指南》对不同年龄段学生学习时长和目的地国家、城市等也做出了具体规定。其中第十一条规定，一般小学生不宜超过 3 周，中学生不宜超过 6 周。每次活动安排不宜超过 2 个国家，每个国家的参访城市不宜超过 4 个。除非特别需要，不宜组织跨国多地的境外研学旅行活动。因此，境外研学旅行的活动时间和地点应事先进行合理规划和设计。

（三）境外研学旅行组织程序

境外研学旅行的举办者要关注政府部门发布的预警信息，规避战争、疾病、灾害等存在安全隐患的国家和地区。各学校组织学生赴境外研学旅行活动，申报、审批和办理过程比国内研学所花费的时间要多，程序也更为复杂。一般应由区县教育行政部门负责国际交流的单位办理，还要经过地市级和省级外事管理部门的审批。

《境外研学旅行活动指南》对家校沟通方式提出了明确要求，第十三条规定，境外研学旅行的举办者事先要以书面形式将活动内容、境外食宿安排、所需费用(含保险费用)、文明安全等事项告知学生和家长。学生家长要审慎选择境外研学旅行活动，并向举办者提供书面的署名同意书和学生健康证明。第十四条规定，境外研学旅行活动的举办者要与学生家长就监护权委托等事宜依法签订协议，并可就学生违反团队规则或者因离团发生意外的责任归属和处置办法等依法做出书面约定。第十五条规定，举办者要在行前组织行前培训，向家长介绍活动行程和注意事项，提醒家长保持活动期间联络方式畅通，做好学生行前准备工作。第十六条规定，在境外期间，举办者要通过适当方式向学生家长及时沟通活动进展情况。条件允许的，可以每天向学生家长通报情况。

由于语言障碍、文化差异、地址不熟等多种不利因素影响，安全教育对于境外研学旅行来说更为重要。《境外研学旅行活动指南》第十五条要求，举办者要做好学生、家长的行前培训和说明工作。包括加强学生的安全教育，以手册、讲座等多种形式指导学生熟悉必备的安全知识，注意保管好个人证件和随身物品，牢记带队教师和我国驻外使领馆以及当地报警电话，掌握当地交通、公共安全、饮食等基本常识，留意交通工具和住所的紧急逃生路径或出口，规避和远离危险区域和场所，知晓应对突发情况的自我保护措施和求助方式等。

第十六条也明确要求，举办者要建立安全责任机制，制定突发事件应急预案；要做好相关信息的备份工作，以备遇到突发情况能够及时提供。此外，为了加强安全问题防范和对学生的保护能力，举办者应在出行前培训带队教师掌握紧急救险和医学急救的知识。

（四）境外研学旅行教师配备

学生赴境外，离开了父母，离开了学校，带队领导和教师就成为孩子的临时监护人，必须对孩子的安全、学习、生活全权负责。关注孩子对境外气候、环境的适应情况，保证交通、饮食、住宿、学习交流的安全，并需要安抚学生的想家情绪，因此，随团教师的工作量要比国内研学大得多。师生配比也比国内研学大一些。

《境外研学旅行活动指南》第十七条规定，举办者要为赴境外研学旅行团组配备随团带队教师，并指定 1 名带队教师为领队。团组的带队教师与学生的比例一般不低于 1:10。学生年龄结构偏小的团组，需酌情增派带队教师。学校安排赴境外研学的带队教师，除了数量上可以多于国内研学，在选派的教师素质上还有特定的要求，比如，出境带队教师要熟悉目的地国家和地区的情况(含相关法律规定情况)，具备强烈的责任感和较强的执行力，拥有良好的语言沟通能力和组织协调能力。因为，在境外期间，领队和随队教师不但要协调落实计划中的教育教学活动，还有可能遇到一些意外情况，届时就要临时处置和排除交通及其他安全隐患，这就需要领队教师具备丰富的经验和预判决断能力，还要有良好的组织纪律性和临危不惧的心理品质。遇有危及学生人身安全或其他紧急、突发情形的，领队和带队教师要采取必要的处置措施，并在第一时间向我驻外使领馆和举办者报告。领队教师还要有较强的组织领导能力，为随队教师做好分工。包括安排很多具体性工作，如配备应急药物，关注学生的饮食卫生，并常备护照复印件等学生信息等。

（五）境外研学旅行文明礼貌要求

境外研学旅行是一项国际交流活动，要展示我国中小学生良好的文明礼仪和良好形象。

尤其对于文化差异和风俗习惯较大的国家，要对学生讲解相关国家的禁忌。《境外研学旅行活动指南》第十五条要求举办者要加强学生的文明出游教育。学校要以中国公民出国(境)旅游文明行为指南和“文明旅游十大提醒语”为重点，指导学生学习文明出游知识，掌握基本文明礼仪和目的地风俗禁忌等常识。强化团队精神和纪律意识，提升展示中国青少年良好风貌的自觉性和主动性。

中央文明办和国家旅游局联合发布的《中国公民出国(境)旅游文明行为指南》内容如下。应让学生逐条理解，并在实践中努力践行。

中国公民，出境旅游，注重礼仪，保持尊严。

讲究卫生，爱护环境；衣着得体，请勿喧哗。

尊老爱幼，助人为乐；女士优先，礼貌谦让。

出行办事，遵守时间；排队有序，不越黄线。

文明住宿，不损用品；安静用餐，请勿浪费。

健康娱乐，有益身心；赌博色情，坚决拒绝。

参观游览，遵守规定；习俗禁忌，请勿冒犯。

遇有疑难，咨询领馆；文明出行，一路平安。

另外，有的省市也对本地区的精神文明建设提出了要求，如江苏省就出台了《学生境外修学旅行文明素质公约》，内容包括：“爱护自然环境，保护文物古迹；遵守各国法规，维护公共秩序；待人礼貌谦逊，言行举止得体；倡导勤俭节约，杜绝奢侈浪费；包容多元文化，学会尊重欣赏；传播中华文明，争当文化使者。”

境外研学旅行的工作规程和标准有很多，有的是规定性的，如制定活动方案和安全预案，为学生购买保险，与家长书面沟通等；有的是禁止性的，如学校不能从组织境外研学活动中获益或盈利、不能推脱安全责任，出境研学不能改变行程计划等；有的是倡导性的，如文明出游、展示中国青少年良好风貌等。

任务二　研学旅行安全保障与管理

【能力目标】

(1) 能够根据研学旅行活动制定活动安全预案。

(2) 能够根据研学旅行活动制定研学旅行安全要求告知书。

【知识目标】

(1) 掌握研学旅行出行安全评估的内容。

(2) 掌握研学各类主体各自的安全责任。

(3) 掌握研学旅行工作领导小组的成员配备。

【素质目标】

(1) 通过学生之间多层次、多方位的合作，培养团结协作、互助互爱的精神。

(2) 培养安全意识，养成规则与法治意识、家国情怀，增强人文底蕴。

任务描述

安全问题是中小学管理的首要问题。保护生命安全是组织一切学习活动的前提和基础。有关专家认为，通过教育和预防，80% 的学生意外伤害事故是可以避免的。

各地要制订科学有效的中小学生研学旅行安全保障方案，探索建立行之有效的安全责任落实、事故处理、责任界定及纠纷处理机制，实施分级备案制度，做到层层落实，责任到人。

任务分析

安全教育不能只是依托社会、学校、家长对学生进行保护，还要教给学生自救知识，锻炼自护自救能力，使他们能够果断正当地进行自救自护，机智勇敢地处置遇到的各种异常情况或危险。研学旅行活动中加强安全教育和保护，使师生牢固树立“珍爱生命，安全第一”的意识，保障学生安全学习、健康成长。

知识准备

教育行政部门负责督促学校落实安全责任，审核学校报送的活动方案（含保单信息）和应急预案。学校要做好行前安全教育工作，负责确认出行师生购买意外险，必须投保校方责任险，与家长签订安全责任书，与委托开展研学旅行的企业或机构签订安全责任书，明确各方安全责任。旅游部门负责审核开展研学旅行的企业或机构的准入条件和服务标准。交通部门负责督促有关运输企业检查学生出行的车、船等交通工具。公安、食品药品监管等部门加强对研学旅行涉及的住宿、餐饮等公共经营场所的安全监督，依法查处运送学生车辆的交通违法行为。保险监督管理机构负责指导保险行业提供并优化校方责任险、旅行社责任险等相关产品。

一、建立研学旅行安全责任共担机制

《意见》明确指出，要“建立安全责任体系”，各地要制订科学有效的中小学生研学

旅行安全保障方案，探索建立行之有效的安全责任落实、事故处理、责任界定及纠纷处理机制，实施分级备案制度，做到层层落实，责任到人。教育行政部门负责督促学校落实安全责任，审核学校报送的活动方案（含保单信息）和应急预案。学校要做好行前安全教育工作，负责确认出行师生购买意外险，必须投保校方责任险，与家长签订安全责任书，与委托开展研学旅行的企业或机构签订安全责任书，明确各方安全责任。旅游部门负责审核开展研学旅行的企业或机构的准入条件和服务标准；交通部门负责督促有关运输企业检查学生出行的车、船等交通工具；公安、食品药品监管等部门负责加强对研学旅行涉及的住宿、餐饮等公共经营场所的安全监督，依法查处运送学生车辆的交通违法行为；保险监督管理机构负责指导保险行业提供并优化校方责任险、旅行社责任险等相关产品。因此，学校在落实各项安全和保障措施时，应考察交通、旅游、食品、保险等部门的资质，必要时与相关行业管理部门联系。

《意见》指出，学校组织研学旅行活动，可采取自行开展或委托开展的形式，学校委托开展研学旅行，要与有资质、信誉好的委托企业或机构签订协议书，明确委托企业或机构承担学生研学旅行安全责任。

（一）研学旅行出行安全性评估

学校在制订研学旅行活动实施计划时，应该对本次研学旅行的总体出行安全进行全面评估，首先是考察研学目的地学习资源情况，是否适合特定年龄段的孩子，目的地基础设施安全和便捷情况、景区内空间容纳人数情况，是否适合组织学生去研学等。参观时，景点难免会出现人多的情况，容易出现走失、摔倒甚至踩踏事件，需要配备足够的带队老师带领，以降低风险。其次是后备服务保障情况，主要从交通、饮食、住宿等方面考虑。交通方面汽车考虑租赁公司的资质，司机经验以及道路情况、天气情况等；火车考察高铁或普通列车的拥挤程度，是否人人有座位等。饮食方面，要认真核对餐厅是否具有食品安全证书等资质，做好对某种食品过敏等突发情况的应急处置计划，对餐厅附近的医院情况做到心中有数。住宿方面，要评估酒店的资质等级、火灾逃生路线等。

（二）制定研学旅行活动安全预案

《意见》要求，各地教育行政部门和中小学要探索制定中小学生研学旅行工作规程，做到“活动有方案，行前有备案，应急有预案”。学校在组织活动前，要制定周密详细的活动方案和安全预案，加强学生外出活动安全管理，明确安全事故处理的责任，确保学生人身安全不受伤害。

中小学生研学旅行的安全工作预案一般包括如下内容：

(1) 指导思想：以落实各项安全制度为要求，教育学生遵守各种安全法律法规，培养学生具备一定的自我保护能力，让活动既突出意义，又安全愉快。

(2) 工作目标：确保交通安全，确保食宿安全，确保活动质量，展示学校和学生的良好形象。

(3) 组织领导：要成立外出活动安全领导小组，公开带队领导及随队教师的手机号码，明确小组成员及带队老师的各自职责。

(4) 活动时间地点及参加人数：明确每一个活动的具体地点，每天活动的起止时间。

(5) 工作安排及分工：提前考察踩点、召开工作协调会、对学生进行安全教育、联系车辆、组织师生出发以及活动中的安全管理及协调等。

(6) 紧急事件处理办法：处理交通事故应急预案、处理饮食卫生应急预案、处理人身意外伤害及疾病应急预案、处理治安案件应急预案等。

(7) 紧急事件处理程序：事故发生后对伤者的保护及逐级报告、告知家长、送往医院、各方协调及事故处理等要求。

中国矿业大学（北京）附属中学高二年级 2018 年研学活动安全工作预案（甘肃线）

为加强本次活动安全管理，增强指导教师和学生的安全意识，在确保师生安全的情况下活动能够顺利，特制订本预案。

一、指导思想和工作目标

指导思想：以《学校安全工作条例》为遵循，认真落实各项安全措施，教育学生遵守各种安全法律法规，培养引导学生具备一定的自我保护能力，让活动既突出意义，又安全愉快。

工作目标：确保交通安全，确保食宿安全，确保活动质量，展示矿大附中学校的良好形象。

二、组织领导

1. 领导小组成员

为加强对学生活动的组织领导，学校成立了研学活动安全领导小组。

组长：×××　　　　电话：×××

本线路领导小组成员及联系电话如下表所示。

姓名	联系电话	职务
××	××	带队领导
××	××	带队领导
××	××	保卫干部
××	××	老师
××	××	老师

2. 领导小组成员及带队教师职责

(1) 在带队教师和领导小组会议中，明确任务、职责，要求所有人员精力充沛、自始至终参与活动的全过程。

(2) 带队教师应提前向学生做好各种教育，同时做好各方面组织工作。

(3) 组织带好学生，保证学生的安全，做到去、回、集合等时候清点（掌握）的人数相符。

(4) 提高认识，随时随地做好学生的安全教育，不能放松警惕。到目的地要视察周边环境，如施工场地、山坡、河道、水塘，凡是学生有可能发生危险的地方要分头站岗，并注意学生动态，不允许学生出入危险场地。

(5) 学生过马路要走人行道，并时时提醒注意交通安全，注意来往车辆，确保学生安全过马路。如遇突发事件不慌张，做到及时处理，及时上报。

(6) 自始至终，活动中不得请假，不得中途私自离开学生，保证本次活动顺利进行。

(7) 活动结束要及时总结，做好记录。

三、活动地点、时间、参加人数

1. 活动地点

甘肃省张掖（市）：丹霞地质公园。

甘肃省酒泉（市）：金塔沙漠胡杨林、酒泉卫星发射中心。

甘肃省嘉峪关（市）：嘉峪关长城、长城博物馆。

甘肃省敦煌（市）：莫高窟、鸣沙山月牙泉。

2. 活动时间

10 月 6 日（具体时间 10:35—24:00）

10 月 7 日（具体时间 04:35—18:30）

10 月 8 日（具体时间 05:30—19:00）

10 月 9 日（具体时间 07:00—19:30）

10 月 10 日（具体时间 07:00—21:30）

10 月 11 日（具体时间 07:00　20:30）

3. 活动人数

师生共 116 人。

四、工作安排及分工

(1) 按市区领导指示要求，组织学生集体外出活动前必须对行程路线、目的地安全情况进行踩点，并对踩点情况作出说明。

(2) 召开工作协调会。参加人员为领导小组的全体成员、校医和全体指导教师。由带队领导通知与会人员，主要明确活动的具体事宜。

(3) 对学生进行安全教育，重点讲清乘车安全注意事项、饮食安全并结合聚集中应注意的事项对学生进行教育，明确参加活动时所携带的物品。此项工作由线路负责人负责。

(4) 联系车辆。联系车辆由车长负责。

(5) 组织参加活动的师生登车出发。学生登车时由指导教师安排学生有序登车，确保学生的安全。

(6) 活动中的安全管理及协调。活动中由带队领导全权管理和总体协调。

(7) 住宿安全保证。由线路负责人安排宿舍值班教师，各值班教师和研学辅导员保障学生安全。

五、紧急事件处理程序

1. 处理交通事故应急预案

(1) 如遇发生事故，记住肇事车的车型、车牌、颜色，组织活动第一责任人拨打 110 报警电话，并及时向学校报告出事地点及详细情况；同时组织安全人员实施自救。

自救措施：

① 如有学生受伤，尽快由随车安全员（班主任）送往离出事点最近的医院进行抢救。

② 将车上其他学生带离出事点，安全员立刻将学生转移到安全地带。

③ 在高速路上，无论是车祸或车辆故障，一律由安全员马上把学生带离车辆，以免发生不测。

④ 如遇车辆自燃、翻车、撞车等情况，随车安全员立刻组织学生有序迅速撤离至安全地带。如撤离时车门无法畅通，安全员应立刻设法砸破车窗以便逃生。

⑤ 大中型校车必须配备手提灭火器和铁锤，并且放置车辆固定位置，安全员必须知道灭火器的操作使用及铁锤的位置。

(2) 学校立即组织力量以最快的速度赶到事发现场。

(3) 随行安全第一责任人指挥人员保护现场。

(4) 随行安全第一责任人查明事故原因和损害情况以书面材料上报领导。

2. 处理饮食卫生应急预案

(1) 各组建立严格信息报告制度，若发生类似食物中毒症状，要求随队安全员（班主任）立即上报安全第一责任人，并报告随队医生。

(2) 出现食物中毒症状时，随队老师做应急处理，首先让医生诊断，根据医生意见确定是否送医院紧急治疗或临时治疗，如需送医院治疗则由班主任护送前往。

(3) 立即组织其他班级安全员对所有学生进行调查，以免造成更多人发生中毒事故。

(4) 组织人员查明中毒原因，并对每项食物留样检查。

(5) 事发及时向学校领导汇报详细情况，事后以书面材料上报学校。

3. 处理人身意外伤害及疾病应急预案

(1) 如遇绑架抢劫事件，安全责任人首先要镇静，要机智应付，巧妙周旋，尽可以赢得时间，报告学校，学校有关领导要迅速查明情况，并根据需要拨打 110 报警。

(2) 发生突发事件，随队安全员应始终站在学生身前以避免学生受到任何人身攻击或其他伤害。

(3) 如遇溺水事件，立即组织有水性老师进行现场抢救直至抢救成功为止，抢救后及时送医院治疗观察。抢救同时第一时间上报学校并根据现场水域情况拨打 110 报警。

(4) 学生出现绊伤、扭伤、撞伤或疾病，安全员应立即报告随行医生进行治疗，如伤情较重应马上由安全员送医院治疗，并及时上报病由、病情。

(5) 学生出现危险，旧病复发或出现心脏病突发，随队医生立即做紧急处理，同时组织几名安全员随同医生护送前往就近医院抢救治疗。

4. 处理治安案件应急预案

(1) 如发生坏人对学生滋扰，现场老师必须挺身而出保护学生不受伤害，及时拨打110 报警电话报警。

(2) 如发生学生受伤，指导老师要及时通知受伤学生家长。

(3) 途中出现问题，由线路负责人迅速报告带队校领导，由保卫处主任负责向上级领导报告事故情况。

(4) 每辆车配有一名研学辅导员，每名研学辅导员须保障学生整个活动中的安全。随队配备一名医务工作人员及药箱。

除了每次活动总体性的安全活动预案，还要分别制定交通应急预案、食品安全工作预案、住宿安全预案。这些分项预案的重点内容是发生意外事件时的应对措施和处置办法。

附 1：应急预案

中国矿业大学（北京）附属中学在《交通应急预案》中，对于发生意外事件的应对措施提出了如下五个方面的预案。

（一）领导小组工作

(1) 维持现场秩序，指挥学生撤至安全地带；

(2) 保护好事发现场，协助公安做好现场的勘察；

(3) 负责家长、公安、医疗、保险等各方接洽，妥善处理善后事宜；

(4) 写出书面报告，总结经验教训。

（二）随队指导教师工作

(1) 组织学生迅速撤至安全地带；

(2) 维持现场秩序，做好学生的情绪稳定工作；

(3) 组织护送受伤学生到医院检查、诊治；

(4) 保护好事发现场，协助公安做好调查取证工作。

（三）报警及信息联络

(1) 指导教师负责拨打 122、120、999 等报警电话，立即报警；

(2) 指导教师及时通知受伤学生的家长；

(3) 线路负责人迅速报告带队校领导，由带队校领导负责向上级领导报告事故情况。

（四）如何应对交通事故

1. 车辆故障处理

(1) 活动前，要求承办方检查车辆车况，车况不良必须更换，否则不得发车。

(2) 中途车辆故障，指导教师及时把故障情况通知带队校领导和承办方。因故障影响行驶或影响安全时，一定要做出停驶的决定，向承办方提出紧急调车改乘的要求。

(3) 乘车时，指导教师维持好学生秩序，严禁下车随意走动，尤其应防止交通事故发生。

(4) 途中遇车辆失火时，应立即要求司机停车开门，同时指挥学生不要惊慌，如火势较小，前部学生从前门下，后部学生从后部应急门下；如火势较大，可视情况破窗逃生。下车后，及时组织学生疏散到安全地带，研学辅导员负责清点人数，指导教师负责及时向带队领导报告情况。如有学生受伤应立即组织抢救。

2. 交通事故的处理

(1) 有重伤情况，指导教师应立即拨打 122、120、999 等报警电话，并通知校医立即组织抢救。

(2) 线路负责人迅速报告带队校领导，调动应急车赶到事发现场。

(3) 保护好现场，由线路负责人指挥师生撤离至安全地点。

(4) 由线路负责人向上级领导报告事故情况。

(5) 线路负责人和指导教师应及时做好学生的情绪稳定工作，询问、检查学生受伤情况，由指导教师及时通知受伤学生的家长，组织护送受伤学生到医院检查、诊治。

(6) 立即成立事故处理小组，分别负责家长、公安、医疗、保险等各方接洽。妥善处理善后事宜。写出书面报告，总结经验教训。

3. 应急调查与救治

(1) 突发事件发生后，学校应急处理领导小组及有关部门，负责组织对突发事件进行调查处理，对危害程度做出评估。

(2) 突发事件发生后，在进行事件调查和现场处理的同时，学校应当立即将突发事件所致的伤亡病人送往就近医院，对无法判断的情况应及时报警求救。

(3) 突发事件发生后，突发事件应急处理领导小组应组织人员立即保护现场、采取疏散、隔离等措施，加强学生管理，并做好学生思想政治工作，确保学生心态和情绪稳定。

(4) 突发事件发生后，突发事件应急处理工作领导小组根据需要，可以采取中止活动、疏散人员等措施，并及时向上级部门汇报事件情况以及采取的应急措施。

(5) 突发事件发生后，根据事件性质，应及时与涉及事件的学生家长、教师家属联系，在适当条件下告知事件原因、处理结果，或者联系家长进行救治。

4. 出现恶劣天气调整活动安排

(1) 活动前要了解天气情况，根据天气情况让学生做好相应准备活动。

(2) 发车时如遇天气变化，要求果断采取措施，做出延时或变更外出时间的安排，做好学生教育引导工作。

（五）其他突发事件由总指挥组织领导小组成员现场处理

在《住宿安全预案》中，主要强调对住宿的相关规定、安全知识教育和安全事故处理方案。

附 2：住宿安全预案

中国矿业大学（北京）附属中学在《住宿安全预案》中，对于相关要求做了如下规定。

1. 对住宿的相关规定

(1) 凡研学活动期间需在外住宿的团队，由承办单位负责预订房间。

(2) 房间标准：承办单位预定的宾馆须是国家旅游局定点宾馆，准三星级以上标准，双人间，24 小时热水，宾馆服务设施完备。

(3) 承办单位须在团队入住前三日与酒店负责人联系并签订协议，介绍本团情况，并逐一落实各项要求及房间数量、类型（标准间、工作人员用房）。

(4) 确认学生用房的各种类型房间数及方向位置（分布的楼层及是否靠近电梯）。

(5) 承办单位后勤工作人员用房须与学生在同一楼层，并尽可能靠近通道位置。

(6) 学生抵达前 1 小时，须要求宾馆完成对房间清洁卫生工作，同时检查房间内设施是否能正常使用；提前获知所有房间号码，根据组织者提供的分房名单进行分房；学生抵达后20分钟内为所有学生办理入住手续，并领取房间钥匙，保证学生能快速进入房间休息。

(7) 承办单位人员负责将入住资料在学生入住后 1 小时内汇总登记，报送校方指导教师并存档。

2. 安全知识教育和预习演练

(1) 学生入住前向每人发放宾馆平面图，并明确告知学生宾馆紧急逃生出口以及相关自救知识。

(2) 在可能的条件下，入住前组织学生举行地震应急疏散演练和消防应急疏散演练，增强师生的安全意识，提高师生的紧急疏散能力，严防拥挤踩踏等事故的发生。

(3) 学生入住前要抽查住宿酒店房间的门窗、床铺、电器及电路是否符合安全要求。

(4) 晚上坚持查房制度，重点防范火灾、失盗等隐患。

3. 住宿安全事故处理方案

(1) 报告。一旦出现住宿安全事故，承办单位现场人员或教师在第一时间内，立即向学校安全工作领导小组正副组长或组员报告情况；组长根据情况决定向上级及有关部门报告。情况特殊的可越级上报。

(2) 每次研学活动入住前，须明确住宿负责人，并建立现场事故处理组。处理组人员由带队校领导、线路负责人、指导教师和承办单位服务人员共同组成。

(3) 工作分工。发生事故后，现场处理组应迅速处理现场情况。根据现场情况决定以下事宜：① 向学校报告情况；② 向医院要求，做好抢救准备；③ 安抚学生，维持正常研学活动。

学校建立研学课程学习活动留校安全工作处理组，收到发生住宿事故的报告后，须迅速了解情况、做好接应工作。具体准备工作包括：① 迅速查清发生事故的学生的人数、具体姓名、家庭地址、家长姓名；② 迅速通知应急组及其他有关人员集中；③ 根据现场处理组的要求，迅速落实医院、车辆及有关人员。

学校组建研学课程学习活动安全工作机动应急组，一旦研学课程学习活动过程中发生住宿事故，应迅速到校集中待命，做好随时准备接应的一切准备。

(4) 通信要求。研学活动期间，所有安全领导小组成员及承办单位相关人员必须保持通信畅通，应做到手机 24 小时开机。

4. 其他约定

(1) 参加研学课程学习活动的所有教师和承办单位现场工作人员均有权、有义务立即报告住宿安全事故的发生情况。

(2) 对因承办单位未能尽责而发生的责任事故，校方将视情节严重程度给予相应的经济处罚直至追究法律责任。

另外，还需要给师生提供本次研学中入住的宾馆和酒店附近的医院、派出所的地址和电话等信息。

（三）向教育行政部门报批备案

学生研学旅行活动一般由区县级教育行政部门审批。区县教育局对学生集体外出活动会有统一的备案要求，一般是要求提前 10 ～ 15 天备案。会提供标准格式的备案表，要求学校填写学生外出时间、外出人数、活动地点、外出活动名称，交通方式、车 (船) 数量、车 (船) 租赁公司名称、委托第三方公司名称等。

1. 家长通知书

家长通知书内容一般包括：收费的要写上收费总额和明细，不收费的写明费用学校负责；出现雾霾天气活动取消或延迟；告诉家长学校已对学生进行了安全教育，也请家长对自己的孩子进行安全教育；说明社会实践活动是学校的规定课程本着自愿原则，不参加的同学要按时到学校上课。

2. 踩点说明

写明有无危险，怎样处置，无危险的写明此次活动无危险区域，要求 2 人以上踩点人签字。

3. 食品安全预案

食品经营许可证、餐饮服务许可证、卫生许可证 (餐饮) 或三证合一，以上三种证件任何一个都可以，注明日期 , 经营范围必须有餐饮。

4. 营业执照

要求备案复印件，可以和食品卫生许可证放在一张纸上。主要是提供住宿的宾馆营业执照。

5. 交通安全预案

用车活动安全保证书、租车协议书、活动安全责任书 (与旅游公司签订), 都要备案原件。

6. 集体外出申报表

大巴车的车号、司机姓名、车辆检验是否合格的证明。写明出行方式火车或飞机等。要求学校法人签字。

7. 实践活动方案

年级拟订实践活动方案，要求每天的内容都要详细，体现出“研”和“学”，又体现出“旅”和“行”，还包括年级活动的整体安全预案，包括交通安全、食品安全、住宿安全等如何保障的说明。

8. 外出活动安全工作应急预案

包括交通安全应急预案、食品安全应急预案、住宿安全应急预案、防自然灾害应急预案等，这些专项工作预案需要写出更详细的灾害预计内容和应对措施。

（四）落实研学旅行安全责任

研学旅行活动属于旅行的一种类别，学校可以与校外旅游公司合作开展，在路线制定、交通行程、酒店住宿、餐厅使用等方面都能够借助旅行社的资源，使活动组织更为简洁、高效。在与旅行社合作时，需要签订研学旅行安全责任书，在责任书中明确学校与旅行社的双方安全责任。

学生安全保障是一个系统工程，应该分清旅行社、学校、宾馆、运输公司、教师、学生、家长等各类主体各自的安全责任。

1. 旅行社责任

旅行社应按规定为师生上好保险，确保保险手续齐全，做好保险的解释和后续工作。旅行社负责租用车辆，保障车辆状况，司机状况。提醒驾驶员按规定路线行驶，保持车队相对稳定。每到达一个地点，旅行社应提前告知师生该地点的风土人情、安全注意事项等。在组织学生进行攀爬、乘坐缆车、合作训练等活动时，提醒学生将手表、手机、钥匙等硬质物品装入背包，在景点内负责介绍、路线引导。

旅行社应检查住宿宾馆、就餐酒店的资质，确保手续齐全、资质良好。旅行社负责监督酒店就餐质量，确保饭菜可口、干净卫生，尽量不食凉拌菜，并做好食物留样。督促宾馆保证楼道、出入口畅通，消防疏散指示标识齐全，室内设施、设备良好。

2. 学校责任

学校将参加研学学生的身体不良情况向旅行社提出申报，如心脏病、过敏、癫痫、骨伤痊愈未满一年等，由旅行社负责申请意处保险。

学校负责师生上下车组织，确保秩序良好、人员齐全，监管师生遵守乘车规范，不在车内随意走动，文明乘车。每到达一个研学目的地，学校要组织好师生，防止人员走散。

学校统一安排房间分配，保证学生不私自调换房间，晚上进行就寝检查，未经带队老师批准，学生不得私自出宾馆。学校应教育学生爱护公寓，保持墙壁整洁，爱护楼道及房间内设施，若有损坏，应予赔偿。

学校负责学生就餐的分桌与管理，提前将民族餐、病号餐告知旅行社，以便做好准备。若因游学场地或天气状况需要调整研学活动安排，则需学校与旅行社双方协商，保障研学旅行活动的质量。

3. 学生责任

学生是研学旅行活动的主体，在活动中，在学校保障机制建立和各种客观因素（环境和设施）保障安全的基础上，安全与否最重要的责任人是学生自己。如果学生遵守了自己应该做到的安全行为，遵规守纪，提高安全意识乃至掌握一定的安全保护技能，就能避免事故，甚至逃生自救。家长也要增强安全意识，在家庭教育中提示学生。

总之，安全保障既有对学校建立机制的要求、对设施环境的要求，也有对教师组织工作的要求，还有对活动主体学生的要求。主客观因素同时达到安全标准，排查和避免各处隐患，才能实施一次成功的研学旅行。

二、建立研学旅行家校合作机制

《意见》提出，要规范研学旅行组织管理。学校组织开展研学旅行，要提前拟定活动计划并按管理权限报教育行政部门备案，通过家长委员会、致家长的一封信或召开家长会等形式告知家长活动意义、时间安排、出行线路、费用收支、注意事项等信息，加强学生和教师的研学旅行事前培训和事后考核。学校自行开展研学旅行，要根据需要配备一定比例的学校领导、教师和安全员，也可吸收少数家长作为志愿者，负责学生活动管理和安全保障，与家长签订协议书，明确学校、家长、学生的责任权利。

（一）研学旅行活动家长告知书

研学旅行需要学校和家长通力配合，学校应以书面形式下发研学旅行活动家长告知书，写明本次研学旅行的主题、目的、意义、时间安排、行程、注意事项等。请家长签署意见，表明是否同意学生参加活动的态度。

（二）妥善安排未参加活动学生

1. 学生及家长申请书

不能参加研学旅行的同学，需提交申请书，写明自愿不参加本次研学旅行活动，申请书上须写明不能参加的原因，落款处须学生和家长共同签字，并写明日期。班主任老师要与家长进行电话确认，并向家长说明研学内容的替代安排。

2. 研学内容替代安排

对于因特殊情况不能参加研学旅行活动的同学，要安排其他相近的学习内容替代。一般需要在家由家长监护或到校由教师监护，可以安排阅读相关书籍或文献，通过网络查找相关信息，通过班级微信群及时与集体保持联络，学习相关知识，开展研学活动。

三、建立学校安全保障机制

中小学生是未成年人，自我保护能力较弱甚至缺乏。教育活动首要的任务是保障学生的安全，尤其是校外教育活动，社会复杂，环境生疏，不可控因素太多。常言道：校外活动组织在安全方面要确保“万无一失”，因为安全问题是“一失万无”。因此，安全问题始终是悬在中小学校长们头顶的一把利剑。组织活动最大的担心和顾虑就是怕出现安全问题。在研学旅行活动中，把各个环节做到位，让各方主体发挥作用，让各种机制有序运行，就能避免不安全事故的发生。

1. 成立研学旅行工作领导小组

领导小组成员要牢固树立“安全第一”的指导思想，学校法定代表人为第一责任人，担任研学工作领导小组组长，每条线路均必须由副校级及以上领导带队，担任副组长。年级组长、班主任、备课组长或学科教师等要明确各自在课程实施和学生管理方面的职责。

法定代表人要召开会议专门研究审核活动的各项方案、预案，责任到人，留存会议记录，应按照师生比例中学 1∶15、小学 1∶10、幼儿园 1∶5、特殊学校 1∶5 安排人员。

在研学活动前，召开工作领导小组会议，强调各方面的安排以及对于安全问题的预案。确定研学旅行活动安全责任书、家长告知书、不参加研学的学生和家长申请书、研学手册等各个文件的内容。着重考虑安全问题，列出隐患重点，做到人人管安全，重点隐患有人管。在应急预案和处置上都做到细致全面的部署。

2. 研学旅行活动家长委员会成员会议

在同意参加的家长中举行成员会议，说明本次研学旅行活动的内容与目的，活动时间及地点，说明活动具体安排及注意事项。了解家长的意见和各位同学的状况，确保双重安全，同时，向家长强调对孩子安全问题的重视。与家长委员会成员商量住宿、用餐、家长告知书、研学活动替代内容等各项事宜，了解家长方面的需求。

3. 研学旅行教师行前职责分工说明会

对教师进行研学内容的学生指导和管理培训，针对各种可能会出现的状况进行应急处置训练，普及安全知识，每位教师明确各自的分工，对各自负责的领域了然于心，把握好每一天的行程，确保安全。互相保存好联系方式，熟悉团队成员。

4. 研学旅行活动行前学生动员会

使学生了解本次研学旅行的目的、意义、行程和活动安排，提前对研学内容开展准备工作。强调安全注意事项，动员学生遵守纪律，听从安排，认真学习，不要违反规则。

5. 研学旅行活动行前家长说明会

召开研学旅行活动行前家长说明会，下发家长告知书，对涉及的安全问题、费用作出说明，同时和家长确认行程，确认每日的学习任务。对于家长的担忧和疑惑进行细致的解答。用书面形式明确告知家长是否参加活动属于自愿，对不参加活动的学生，学校应有合理的安排。如遇恶劣天气，应按要求暂停外出活动。

6. 研学旅行后教师总结研讨会

从路线设计、课程安排和学生管理等方面召开研学旅行后教师总结研讨会，及时交流、总结宝贵经验，可以整理成书面材料，将本次研学成果作为下一次学校研学旅行活动的重要资源和课程调整完善的依据。

四、研学旅行安全要求告知书

研学旅行活动本身就是一次综合性的教育活动。学生第一次坐火车或坐飞机集体出行时，教师组织时肯定会大费周章。但是活动的过程正是教育的契机，学生要在活动中成长，安全意识和自我保护能力的培养，也是在实践活动中获得的。尤其是集体旅行、集中食宿的活动，可以培养学生的集体观念和乐群品格。因此，学校在研学旅行的准备工作中，需要把各环节的安全教育要点系统传授给学生，同时也要告知家长，请家长督促学生，与学校形成合力，共同提高学生的安全意识和能力。安全要求告知书需要在以下一些环节提出相应内容。

1. 出发前的要求

对学生和随行教师进行培训，针对各种可能会出现的状况和危险，训练学生和随行教师掌握保护措施，普及安全知识；同时反复强调不能脱离队伍，不要单独行动，所有人单独行动要报备，听从随从教师的安排。准备一些基础药品。

对于旅行时的天气状况，要提前查看好天气预报，准备好防晒和雨具，确保不被晒伤或者淋雨。

2. 集合上车（船、飞机）的要求

要求学生注意统一时间，听从指挥，跟随队伍行走，在规定的时间有序上车，不要拥挤，不要打闹；教师要密切关注学生是否在规定的时间到达，及时确认情况，避免发生意外。

3. 在车（船、飞机）上的要求

乘车（船、飞机）时，一定要带好本人有效身份证件（如身份证、护照等，以购买车票时证件为准），无身份证学生（16 周岁以下学生）需持户口本原件，否则无法登车（船、飞机）。登车（船、飞机）后请保管好车票或硬卧票据铺位卡，避免丢失。

在乘车（船、飞机）时，禁止大声喧哗。注意不要打闹，要有秩序，同行教师要关注每位学生的安全和身体状况，是否有身体不适，注意及时治疗。注意不要和陌生人接触，不要随便吃或者饮用陌生人的食品、饮料。教师每到一个转场环节或集合时间，都要清点人数，确认所有学生都在场。

乘车时，遵守车上的规章制度，请勿在车厢内吃零食，爱护车厢内的卫生，不随意乱扔垃圾；注意安全，保管好自己的物品；上下车时检查确认，避免丢失财物。贵重物品下车时请随身携带，不要放在车内；车辆行驶过程中，车体会晃动，有时会急刹车，在车厢活动时请保持身体平衡，请勿在车内随意行走、奔跑；在火车车厢之间的缝隙、车厢车门、卫生间门、饮水机等危险区域活动时，请注意安全，不要在此停留；火车车厢设有饮水机，学生打开水时一定要注意安全，谨防烫伤；在火车上开水最好只接半杯，防止火车突然刹车溢出烫伤自己。请不要在火车临时停靠站下车；火车停止时不能使用卫生间；注意听车（船、飞机）上的广播及辅导员通知，提前做好下车准备。

学生如有晕车（船、飞机）等特殊情况，请提前告知旅行社或导游，以便安排座位等。

4. 下车（船、飞机）集合的要求

下车时，教师要通知所有的学生，以免有学生没有听到而错过下车时间，确保人数；下车一定要注意脚下安全，禁止打闹。

5. 过马路的要求

过马路时，要遵守交通规则，看红绿灯，不要私自跑到马路上，不要嬉戏打闹，注意

来往车辆。

6. 入住宾馆的要求

首先确认宾馆的名字和地点是否是提前联系入住的宾馆，确认宾馆环境是否适合学生。然后核实信息，办理入住，确认每一位同学都找到房间，熟悉自己房间的位置。

入住宾馆，需携带本人身份证件办理；房间由老师和导游统一分配，任何人不得私自调换房间，未经带队老师同意不得私自离开宾馆；爱护公寓，保持墙壁整洁，严禁在公寓上乱写乱画，爱护楼内及房间内的设施设备，如有损毁请自行照价赔偿；为防止火灾发生，学生在宾馆内不允许使用蜡烛及其他明火设备，不许烧纸屑，严禁吸烟、喝酒和其他不良举止；禁止大声喧哗和打闹，以免影响他人休息；住宿期间学生一定要保管好自己的贵重物品，不得私自动用他人的物品，出入房间要随手锁好门窗；任何人不得不经批准在房间里面乱接电源，插座盒，使用充电器等电子设备；一个房间一个组长，负责按时起床，睡觉；起床后整理内务，做好出发准备；房间内有自费用品，使用前请确认，产生费用需自理；入住房间后请检查房间内相应设施设备是否完好，如有缺失或坏损请马上告知导游；使用开水壶时请注意安全，避免烫伤；洗澡时，铺好防滑垫，以免滑倒。

7. 用餐中的要求

注意饮食卫生，就餐前应洗手；请勿在定点餐厅以外用餐；塑造文明就餐形象，不要大声喧哗，打闹；保持餐厅的干净，整洁，不要随地吐痰，泼洒剩饭菜汤等；注意用餐时间，按时用餐；如对菜品或口味有特殊需求(如清真口味等)，签约前要告知旅行社，以便安排；学生就餐需按分桌安排，按桌签对号入座，10 人 1 桌，人齐后方可开餐；对过敏的食物不要食用，并向老师报告，注意饮食卫生。

8. 活动中的要求

活动中，教师须提醒学生随身携带有效身份证件(16 周岁以下学生可带户口本原件)，以便到景区购买门票或入住宾馆登记房间使用。

同行的活动组织教师要携带好教师证，学生携带学生证，学校需开具 3 ～ 5 份学校介绍信，以备访问相关单位时使用。教师根据自己和学生的身体状况，携带一些必备的药品(如感冒药、止泻药、晕车药)、衣物及雨具。

活动过程中，教师要求学生随身携带研学手册，随手做一些课程学习记录，及时研读相关拓展资料。手册中也会有不同环节和场所的安全提示，学生只要按照相应的规范去做，就能保障安全，并经历一次愉快的研学旅行过程。

中国矿业大学(北京)附属中学对学生研学活动中的要求。

(1) 活动中，学生要听从学校老师、研学活动工作人员安排，注意紧跟随行教师，不要独自脱离队伍。注意随行安全，有伤口及时治疗。

(2) 爱护山野一草一木，维护活动区的生态状况，不要随意丢弃垃圾。

(3) 活动区严禁烟火，严防森林火灾。

(4) 在活动过程中，将手表、项链、手机、徽章、钥匙等硬质物品装入背包，衣裤兜内不要存放硬质物品。

(5) 在活动过程中，不得攀爬高空器械、陡壁或尝试其他冒险活动。

(6) 树林、山坡等地形复杂的区域，严禁奔跑。

(7) 在活动过程中，为了环境卫生，建议学生不要咀嚼口香糖，不在非用餐时间吃各种小食品。

(8) 活动中，学生组成固定小组，任何人不能擅自离队，在特殊情况下离队，应通知班主任，最少三人结伴而行。

(9) 活动过程中，听从教师安排，有序活动，文明参观，不与他人发生纠纷。

(10) 严格遵守活动各环节时间安排，守时不迟到。

(11) 在公共场所活动时（如景区、宾馆、餐厅、火车站等），遵守公共秩序和法规。

(12) 在活动过程中，认清自己的队伍、队旗、全陪工作人员和地陪导游，服从安排，跟队伍的路线走，认真听导游讲解。

(13) 动时间以小组为单位行动，注意集合时间和上车的地点认清自己乘坐的车型车号，以免跟错团。

(14) 每到一个旅游景点，下车进行游览前，用小本子记下导游所讲的行走路线（关键要记得进出的门，途径的景点），集合的时间和上车的地点以及车牌号。

(15) 学生可以自带相机，在有代表性的景点可以拍照留念，但是旅游旺季人比较多，一定要抓紧时间照相，不要在一个地方停留过长时间。

(16) 旅途中不可擅自离团，以防发生意外事件。

(17) 中途不允许随意离开队伍去买纪念品、矿泉水，如果要去买，要告知老师和辅导员，不去团队未安排的小景点和园中园。

(18) 严禁打闹，要随时跟紧队伍，过马路时要注意红绿灯。

（九）活动结束后要求

结束后，整理好自己的行李，不要遗落贵重物品，准备回学校。到达学校后，由家长接走或自行回家，与家长见面后，家长通过电话、短信、微信告知班主任老师。

研学旅行安全与管理工作看起来琐碎细致，需要花费很多精力和时间，但又是有章可循的。当学校建立起一整套的安全保障制度，并且运行一次之后，第二次组织活动就会轻松很多。我们不能让孩子生活在真空中，总是要把他们放飞到天空里，放飞到大地上。那种“一出事情就禁止外出”的做法，是短视化的教育行为，是逃避为师的责任。学生在研学活动中所发生的变化，在短短几天集体旅行这一“关键事件”中的成长，都足以让校长和老师欣慰，觉得为学生付出的一切都是值得的。组织研学旅行活动的老师们，累并快乐着。因为，没有比看到学生的成长更能让为师者兴奋和喜悦的了。

本项目主要分析研学旅行中学校的工作任务及研学旅行安全保障与管理。详细讲述了制定活动方案、向教育行政部门报批备案、制定应急预案、做好研学旅行准备工作、购买研学旅行保险以及赴境外研学旅行要求等内容；详细介绍了建立研学旅行安全责任共担机制、研学旅行家校合作机制、学校安全保障机制及研学旅行安全要求告知书等内容。

一、名词解释

应急预案境　　外研学旅行

二、简答题

1. 简述研学旅行活动方案内容。
2. 简述研学旅行活动的安全准备工作。
3. 简述中小学生研学旅行的安全工作预案内容。
4. 简述研学旅行活动家长告知书内容。
5. 简述如何建立学校安全保障机制。

项目六 研学旅行服务机构

思政素材

习近平总书记在思想政治理论课教师座谈会上，强调了青少年阶段是人生的“拔节孕穗期”，最需要精心引导和栽培。青少年时期是人生习惯、意志力养成、三观形成的关键时期，通过研学实践活动，加强青少年对传统优秀文化、革命文化和社会主义先进文化的认识、认同、认可的教育，提升青少年的人文素养，促进文化认同，增强文化归属感，进而达到凝魂聚气，提升青少年自理能力、创新精神和实践能力。因而衡阳实验中学每年的4、5月份会带领学生们走出课堂。

4月22日至23日，衡阳实验中学初一年级400多名学生奔赴韶山、长沙，开启了一场荡涤灵魂的精神之旅。他们在毛泽东广场敬献花圈，缅怀领袖；在毛泽东故居感受伟人风采，重温历史风云；在韶山非物质文化遗产博览园体验原汁原味的民间工艺；在靖港古镇回望千年前的繁荣商埠；在千龙湖接受感恩教育洗礼；在雷锋纪念馆学习雷锋精神。

根据教育教学计划灵活安排研学旅行时间，并根据学段特点组织研学，初一年级以红色教育、爱国教育为主，初二年级以科技教育为主，初三年级侧重理想信念教育。“这次研学不失为一堂生动的思政课。”在德育副校长看来，思想政治教育不能只存在于封闭的教室中，除了书本灌输，用脚步丈量土地，感悟祖国壮美山河，在行走中长见识、学知识，才是正确的打开方式。

任务一　研学旅行服务机构的内涵

学习目标

【能力目标】

(1) 能分析辨认研学旅行服务机构的资质情况。

(2) 能够说出研学旅行服务机构的优势和不足。

【知识目标】

(1) 掌握研学旅行服务机构的概念。

(2) 掌握研学旅行服务机构应具备的基本条件。

【素质目标】

(1) 通过小组研讨，培养学生的独立思考能力、沟通表达能力。

(2) 通过分析辨认研学旅行服务机构的资质情况，培养学生实事求是地客观评价研学旅行服务机构的能力。

任务描述

××市实验中学初一年级400多名学生打算下个月初奔赴韶山、长沙，开启了一场荡涤灵魂的精神之旅。他们的活动有：在毛泽东广场敬献花圈，缅怀领袖；在毛泽东故居感受伟人风采，重温历史风云；在韶山非物质文化遗产博览园体验原汁原味的民间工艺；在靖港古镇回望千年前的繁荣商埠；在千龙湖接受感恩教育洗礼；在雷锋纪念馆学习雷锋精神。请你帮学校挑选一家合适的研学旅行服务机构。

任务分析

要做好这项工作，首先要了解学校、家长和学生的需求，再根据研学旅行服务机构应具备的六大基本条件在本市遴选出六家资质、信誉好的企业或机构，最后通过竞标来择优确定一家。

知识准备

研学旅行首要关注的就是安全问题，因此应关注研学旅行服务机构的资质、安全保障制度，关注机构配备的研学旅行指导师、导游、安全员人数与学生人数的比例。

一、研学旅行服务机构的概念

研学旅行服务机构是指与研学旅行活动主办方签订合同，提供教育旅游服务的企业或机构。这些企业或机构应经依法注册，并经过旅游行政管理部门审核，具备开展研学旅行活动的条件并符合《研学旅行服务规范》的服务标准。

研学旅行活动的设计主体应该是多样的，不仅要有教师与学生，还要有研学旅行服务机构人员，甚至要有家长，单纯把课程设计交给教师或社会机构是不妥当的。应该认识到，研学旅行既不是少数优质资源学校的特权，也不是学校课堂的“搬家”，更不是豪华的旅行。因此，必须要有专门的研学旅行服务机构（以下简称旅行社）来完成这项专业的工作。

二、研学旅行服务机构应具备的基本条件

(1) 依法注册且达到《××省旅行社等级的划分与评定》(DB36/T 539–2008)3 星级及以上等级管理及服务标准的旅行社。研学旅行服务流程符合《旅行社国内旅游服务规范》(LB/T 004–2013)，《旅行社服务通则》(LB/T 008–2011) 和《研学旅行服务规范》(LB/T 054–2016) 的要求。近三年内无 5 万元及以上较大数额罚款的旅游行政处罚，无不良诚信记录，无重大安全责任事故，有效投诉率不超过当年组织和接待人次的万分之二。

(2) 人力资源配置。应有专业的研学旅行部门，有专门人员从事研学旅行工作，建立和培养专业的辅导员队伍，有专职培训教师、场地、教材和经费保障，应与参与研学旅行服务的员工签订劳动合同并缴纳社会保险。

(3) 研学产品配置。旅行社应积极依托研学旅行基地，开发研学旅行线路，形成科普教育、历史文化、地域文化、国防教育、红色革命遗迹、农耕体验等特色鲜明的研学旅行精品线路。

(4) 安全保障服务。旅行社应重点强化研学旅行安全管理，严格选购经相关部门认可的交通、餐饮和住宿等服务产品。旅行社从业人员（含研学旅行辅导员）上岗前应进行安全风险防范及应急救助技能培训。旅行社应对学生进行风险提示，开展安全培训，应有应急人员随行。旅行社应成立专业的应急处置部门，安排专人负责协调处置突发事件。该旅行社一年内应无重大质量投诉、不良诚信记录、经济纠纷及重大安全责任事故。应具备完

整的研学旅行活动安全应急预案及有效的安全保障体系。从事研学旅行的旅行社应购买国家旅游局与中国保监会共同推广的统保示范项目的旅行社责任险，旅行社应主动提高旅行社责任险保额，旅责险每次人身伤亡赔偿限额不低于60万元，全年累计赔偿限额不低于1000万元。旅行社应履行提示参加研学旅行的师生购买人身意外伤害保险的责任。

(5) 价格优惠服务。旅行社应制定相对低廉的研学旅行服务收费标准，积极协调风景名胜区、自然保护区、文物保护单位等研学旅行目的地，商定统一的中小学生研学旅行的优惠价格，优惠价格原则上不得高于旅游团队和学生票的价格。

(6) 其他服务事项。应设立研学旅行的部门或专职人员，应有承接300人及以上研学旅行团队的经验，并能提供可供查询的资料台账。同等情况下，受到国家、省、市旅游部门表彰的诚信、文明旅行社等优质旅行社优先考虑。应向研学旅行者提供服务说明文件。

任务实施

(1) 全班同学划分为若干小组，每组4～6人为宜。

(2) 各小组组织在市区选1～2家旅游公司进行参观考察。

(3) 通过现场与旅游公司的前台交流访谈来了解旅游公司的资质。

(4) 各小组根据参观考察和交流访谈撰写小结。

任务二　研学旅行服务机构的服务项目

【能力目标】

(1) 能够根据具体情况来客观分析问题。

(2) 能和各种性格特点的领导、老师礼貌地进行沟通交流。

【知识目标】

(1) 熟悉研学旅行服务机构的服务项目。

(2) 掌握研学旅行六大服务项目的服务方法和技巧。

【素质目标】

(1) 培养学生的组织能力。

(2) 通过小组研讨，培养学生的独立思考能力、沟通表达能力。

(3) 通过撰写研学旅行计划书，可以锻炼学生的书写表达能力和空间思维能力。

任务描述

×× 市中心小学计划组织五年级 300 多名学生月底奔赴上饶集中营旧址，去聆听“皖南事变”中革命烈士叶挺的事迹，激发学生们的爱国热情，记住曾经在这里受尽折磨而惨死的革命烈士，想象英雄血洒中华大地的场景。作为研学旅行指导师的你来分析情况，并做好接待计划和准备工作。

任务分析

要做好这项工作，首先了解学校、家长和学生的需求所在，再结合研学旅行机构的六大服务项目要求来撰写研学旅行活动计划书。

知识准备

因为研学旅行是以中小学生为主体对象，以集体旅行生活为载体，以提升学生素质为教学目的，依托旅游吸引物等社会资源，进行体验式教育和研究性学习的一种旅行教育活动。所以研学旅行服务机构应该协助主办方完成的服务项目有教育服务、交通服务、住宿服务、餐饮服务、医疗及救助服务和安全管理。

一、教育服务

国家旅游局在《研学旅行服务规范》中对全国中小学研学旅行服务项目中的教育服务提出了明确的要求。研学旅行服务机构和主办方应围绕学校相关教育目标，共同制订研学旅行教育服务计划，明确教育活动目标和内容，针对不同学龄段学生提出相应学时要求，其中每天体验教育课程项目或活动时间应不少于 45 分钟。

1. 教育服务项目的分类

(1) 健身项目：以培养学生生存能力和适应能力为主要目的的服务项目，如徒步、挑战、露营、拓展、生存与自救训练等。

(2) 健手项目：以培养学生自理能力和动手能力为主要目的的服务项目，如综合实践、生活体验训练、内务整理、手工制作等项目。

(3) 健脑项目：以培养学生观察能力和学习能力为主要目的的服务项目，如各类参观、游览、讲座、诵读、阅读等。

(4) 健心项目：以培养学生的情感能力和践行能力为主要目的的服务项目，如思想品德养成教育活动及团队游戏、情感互动、才艺展示等。

2. 研学旅行教育服务流程

(1) 在出行前，指导学生做好准备工作，如阅读相关书籍、查阅相关资料、制定学习计划等；

(2) 在旅行过程中，组织学生参与教育活动项目，指导学生撰写研学日记或调查报告；

(3) 在旅行结束后，组织学生分享心得体会，如组织征文展示、分享交流会等，同时进行丰富的、多元化的评价。

3. 教育服务设施及教材要求

(1) 研学旅行教育服务应设计不同学龄段学生使用的研学旅行教材，如研学旅行知识读本；

(2) 研学旅行教育服务应根据研学旅行教育服务计划，配备相应的辅助设施，如电脑、多媒体、各类体验教育设施或教具等。

(3) 研学旅行教育服务应由研学导师主导实施，导游员和带队老师等共同配合完成。应建立教育服务评价机制，对教育服务效果进行评价，持续改进教育服务。

二、交通服务

安全重于泰山，文化和旅游部对全国中小学研学旅行服务项目中的交通服务提出了明确的要求。应按照以下要求选择交通方式：

(1) 单次路程在400公里以上的，不宜选择汽车，应优先选择铁路、航空等交通方式。

(2) 选择水运交通方式的，水运交通工具应符合GB/T16890的要求，不宜选择木船、划艇、快艇。

(3) 选择汽车客运交通方式的，行驶道路不宜低于省级公路等级，驾驶人连续驾车不得超过2小时，停车休息时间不得少于20分钟。

应提前告知学生及家长相关交通信息，以便其掌握乘坐交通工具的类型、时间、地点及需准备的有关证件。宜提前与相应交通部门取得工作联系，组织绿色通道或开辟专门的候乘区域。应加强交通服务环节的安全防范，向学生宣讲交通安全知识和紧急疏散要求，组织学生安全有序乘坐交通工具。

应在承运全程随机开展安全巡查工作，并在学生上、下交通工具时清点人数，防范出现滞留或走失。遭遇恶劣天气时，应认真研判安全风险，及时调整研学旅行行程和交通方式。

三、住宿服务

现在的研学活动行程设定一般为五天四夜或者四天三夜。一方面是因为研学旅行活动多在异地，花费时间自然较长；另一方面是为了让学生尽量参观更多的景点、参加更多的活动，学习到更多的知识。在这种情况下，住宿是免不了的。然而，在异地如何保证一大群学生的集体住宿安全是个很重要也很难办的问题。

集体住宿一般有以下几种方式：

一是酒店。酒店便于寻找且方便预订操作，住宿条件尚可，但是，酒店价格相对较高，并且卫生情况不能完全保障，而且不容易找到能够容纳几十甚至几百个学生的酒店。

二是青年旅社。优点：青年旅社价格便宜且可以容纳多人住宿。缺点：青年旅社住宿条件差且居住人员情况复杂，安全隐患多。

三是民宿。优点：民宿具有当地文化特色或独特之处，能吸引学生进行文化探索，环境幽雅。缺点：民宿每户客房较少，大型研学团队无法入住，分散居住不便于管理且大多无安保措施。

四是承接研学活动的营地住宿。俗话说“术业有专攻”，一大批专业承办研学活动的公司有专门的住宿营地，具有承接多次研学旅行的经验，相关制度已经成熟。这些专业公司基地大多为内部活动使用，外人无法进入，有专人管理宿舍，安全有保障。

《研学旅行服务规范》(LB/T 054—2016) 对全国中小学研学旅行服务项目中的住宿服务提出了以下明确的要求：

(1) 应以安全、卫生和舒适为基本要求，提前对住宿营地进行实地考察，主要要求如下：

① 应便于集中管理。

② 应方便承运汽车安全进出、停靠。

③ 应有健全的公共信息导向标识，并符合 GB/T10001 的要求。

④ 应有安全逃生通道。

应提前将住宿营地相关信息告知学生和家长，以便做好准备工作。应详细告知学生入住注意事项，宣讲住宿安全知识，带领学生熟悉逃生通道。在学生入住后及时进行首次查房，帮助学生熟悉房间设施，解决相关问题。宜安排男、女生分区 (片) 住宿，女生片区管理员应为女性。同时制定住宿安全管理制度，开展值班、巡查和夜查工作。

(2) 选择在露营地住宿时还应达到以下要求：

① 露营地应符合 GB/T31710 的要求。

② 应在实地考察的基础上，对露营地进行安全评估，并充分评价露营地接待条件、周边环境和可能发生的自然灾害对学生造成的影响。

③ 应制定露营安全防控专项措施，加强值班、巡查和夜查工作。

四、餐饮服务

餐饮服务作为研学旅行活动中举足轻重的一部分，应当给予较高的关注。餐饮的提供不仅要考虑如何平衡研学旅行需要和员工操作的便捷性，如何平衡预算、学生的参与度及维持一些社会规范中认为的“礼节传统”，还要关注营养、健康和学生的特殊需要问题。

每次研学旅行活动的不同群体都有着不同的餐饮要求，如何提供最合适的餐饮计划是研学旅行面临的一项挑战。在研学旅行的风险管理中，食物准备的安全和健康规定是非常关键的内容。尤其是在研学旅行高峰时期，餐饮安全隐患较大。

国家政策也不断强调研学旅行的安全性，《研学旅行服务规范》中有以下明确要求。

餐饮服务应该以食品卫生安全为前提，选择餐饮服务提供方。首先应提前制定就餐座次表，组织学生有序进餐。应督促餐饮服务提供方按照有关规定，做好食品留样工作。在学生用餐时做好巡查工作，确保餐饮服务质量。

当研学旅行活动中有野外烹饪或任何带学生离开餐厅的短途旅行活动时，研学导师或相关责任人必须提前做好计划，按照《餐饮服务食品安全操作规范》(国食药监食〔2011〕395号)进行相应的操作。

1. 食材的采购

(1) 选择的供货者应具有相关合法资质。

(2) 特定餐饮服务提供者应建立供货者评价和退出机制，对供货者的食品安全状况等进行评价，将符合食品安全管理要求的列入供货者名录，及时更换不符合要求的供货者。鼓励其他餐饮服务提供者建立供货者评价和退出机制。

(3) 特定餐饮服务提供者应自行或委托第三方机构定期对供货者食品安全状况进行现场评价。

(4) 鼓励建立固定的供货渠道，与固定供货者签订供货协议，明确各自的食品安全责任和义务。鼓励根据每种原料的安全特性、风险高低及预期用途，确定对相应供货者的管控力度。

2. 食品留样

(1) 学校(含托幼机构)食堂、养老机构食堂、医疗机构食堂、中央厨房、集体用餐配送单位、建筑工地食堂(供餐人数超过100人)和餐饮服务提供者(集体聚餐人数超过100人或为重大活动供餐)，每餐次的食品成品应留样。其他餐饮服务提供者宜根据供餐对象、供餐人数、食品品种、食品安全控制能力和有关规定，进行食品成品留样。

(2) 应将留样食品按照品种分别盛放于清洗消毒后的专用密闭容器内，在专用冷藏设备中冷藏存放48小时以上。每个品种的留样量应能满足检验检测需要，且不少于125克。

(3) 在盛放留样食品的容器上应标注留样食品名称、留样时间(月、日、时)，或者标注与留样记录相对应的标识。

(4) 应由专人管理留样食品、记录留样情况，记录内容包括留样食品名称、留样时间(月、日、时)、留样人员等。

3. 废弃物存放容器与设施

(1) 食品处理区内可能产生废弃物的区域，应设置废弃物存放容器。废弃物存放容器与食品加工制作容器应有明显的区分标识。

(2) 废弃物存放容器应配有盖子，以免有害微生物侵入、不良气味或污水溢出，防止污染食品、水源、地面、食品接触面(包括接触食品的工作台面、工具、容器、包装材料等)。废弃物存放容器的内壁应光滑，易于清洁。

(3) 在餐饮服务场所外适宜地点，宜设置结构密闭的废弃物临时集中存放设施。

4. 废弃物处置

(1) 餐厨废弃物应分类放置、及时清理，不得溢出存放容器。餐厨废弃物的存放容器应及时清洁，必要时进行消毒。

(2) 应索取并留存餐厨废弃物收运者的资质证明复印件(需加盖收运者公章或由收运者签字)，并与其签订收运合同，明确各自的食品安全责任和义务。

(3) 应建立餐厨废弃物处置台账，详细记录餐厨废弃物的处置时间、种类、数量、收运者等信息。

五、医疗及救助服务

在研学旅行过程中，无论是学校还是家长，都会担心学生在研学过程中出现安全问题，安全始终是要摆在第一位的，《研学旅行服务规范》对全国中小学研学旅行服务项目中的医疗及救助服务提出了明确的要求：

(1) 应提前调研和掌握研学营地周边的医疗及救助资源状况。

(2) 学生生病或受伤，应及时送往医院或急救中心治疗，妥善保管就诊医疗记录。返程后，应将就诊医疗记录复印并转交家长或带队教师。

(3) 宜聘请具有执业资格的医护人员随团提供医疗及救助服务。

其中医疗及救助服务的基本功能包括以下内容：

① 整合医护资源：医护服务整合研学旅行的医护资源，为研学旅行提供更健康、安全的环境，可以及时处理出现的健康问题。医护中心的具体工作职责就是明确研学旅行提供的医护服务种类，制定医务人员的工作内容，并对工作人员进行监管，制定医护预算，制订与家长的沟通计划(如何向家长介绍研学旅行的医护服务——介绍什么？怎样介绍？)安排研学旅行医护服务，制定和签署医护方案，确定医务人员的组织架构。这些职责由医护管理人员完成，通常是由研学旅行指导师与指导医生共同完成，但是对于规模比较大的研学旅行或者有很多特殊需要参与者的研学活动，很多职责也是由具有执业资格的医务人

员随团提供医疗或救助服务。

② 实施医疗照护：医护服务不仅可以满足学生和教师的个人医疗的需要，也是对整个研学旅行团队的健康负责。研学旅行医护服务的具体工作职责包括药品管理、健康检查、健康评估、照护、疾病或伤害诊断、检视研学旅行的安全隐患、协助其他工作人员为学生提供安全有益的研学旅行体验、与研学旅行管理人员一起提高研学旅行的医护水平、联络外部医护资源等。这些职责通常由研学旅行医务人员——护士或医生完成。

③ 应对突发状况：在应对突发状况的过程中，医护中心可以制定、实施并评估研学旅行的应急机制。应对实发状况时，研学旅行医护服务的具体工作职责包括为研学旅行工作人员制订不同突发状况的应对计划，并且必要时对接外部医务人员，这些职责通常是研学导师提出，由包括医务人员在内的一组工作人员完成。接受了心肺复苏术和自动除颤仪 (CPR/AED) 培训以及具有水上活动或野外活动医疗证书的工作人员也会参与到这些工作中来。

研学旅行需要根据活动的项目、活动时间的长短及所在地方的相关规定来确定是否需要学生提交体检报告或者医生的意见。有的研学旅行活动中涉及极其耗费体力的活动，或有远离学校、市区的长途旅行，同时目的地没有急救服务，活动时长可能会有三天、一周或更长，最终由研学导师或研学活动负责人咨询专业的医务和法律人士后确定是否需要学生提交体检报告和医生意见。

如果确定提交体检报告或医生意见，活动负责人还须要求体检不得早于研学活动开始前六个月，报告必须由具有执业资格的医生签字，标明签字日期，写清当前的用药和治疗情况，以及因为身体限制不能参加的研学旅行活动。

健康历史表对所有研学旅行活动都至关重要。健康历史表要包含姓名、电子邮箱、电话号码、紧急联系人地址和详细的健康史信息。学生健康史信息由监护人填写并签字确认，这是学生过去及现在健康状况的有效记录。有效指的是记录中所有信息专门为研学旅行活动准备，提供符合活动要求的信息。签字后表明学生监护人认真阅读了表格，并且根据研学旅行活动特点，完整、准确地填写了相关健康信息。如果研学旅行对工作人员有不同的健康史信息要求，工作人员签字确认后表明自己已经提供了对应工作内容的完整、准确的健康信息。

相似地，在学生进行研学旅行活动 24 小时之内进行身体检查，并做相应的记录，也是研学旅行医护工作重要的一部分，内容包括：可观察到的疾病、伤害和传染性的疾病的检查、健康历史表信息确认及更新、用药情况是否有变化、身体状况与体检结果是否有变化、是否有研学旅行活动期间需要特别注意的情况等，研学旅行期间按要求发给学生的药物检查及存放情况等。

六、安全管理原则及措施

（一）研学旅行安全管理原则

研学旅行服务机构应与中小学校及活动供应方密切配合，遵循安全第一的原则，全程进行安全防控工作，确保活动安全进行。对于研学旅行来说，保证学生及教师人身安全是基础，一切都应该建立在安全的基础上。安全保障是前提，《国务院关于促进旅游业改革发展的若干意见》(简称《若干意见》)中明确提出研学旅行要按照教育为本、安全第一的原则组织，但由于学生外出安全责任太大、风险太大，在现实中，虽然有相应的保险、事故处理、责任界定及纠纷处理机制，但考虑到社会稳定、舆论影响等诸多因素，在一些研学意外事故的处理中，学校仍承受着巨大的压力和责任，这也让学校组织研学旅行顾虑重重，使研学旅行难以常态化开展。

在这方面，一是必须建立相应的保险机制；二是要建立严密的组织体系，各环节责任到人；三是学校、研学组织机构、学生家长及所涉各部门职责分工、安全责任必须明确。同时，政府及相关部门也要积极协调，建立起完备的安全保障体系和法律援助体系，为学校组织研学旅行保驾护航，切实解除学校的后顾之忧。

《若干意见》要求主办方、承办方及供应方应针对研学旅行活动，分别制定安全管理制度，构建完善、有效的安全防控机制。明确安全管理责任人员及其工作职责，在研学旅行活动过程中安排安全管理人员随团开展安全管理工作。还要准备地震、火灾、食品卫生、治安事件、设施设备突发故障等在内的各项突发事件应急预案，并定期组织演练。

对工作人员与学生，需要提前进行安全教育，提供安全防控教育知识读本，召开行前说明会。在旅行过程中教师要严格监督学生服从领导、遵守规则。只有每一个参与者都意识到自身承担的安全责任，才能将风险降到最低，同时也有利于在危险发生时将损失降到最低。

研学旅行的安全服务体系是一项涉及单位多、关联业态多、参与人数多、服务环节多、涉及安全内容多、安全风险点多、安全管控难度大的系统工程。安全服务单位涉及政府、学校、机构和研学目的地等多个部门，安全内容涉及交通安全、食品安全、住宿安全、身体安全、心理安全、财产安全、景点安全、活动安全等多个方面。

因主要服务对象为小学至高中学生。各个学龄段、各个学生、各个家长对安全的理解差异较大，对安全技能的掌握参差不齐，对于研学旅行的从业者来说，安全防控的难度更大，安全服务的要求更细，安全管理的责任更重，研学安全的目标更高。

研学旅行具有集体性、独立性、实践性、动态化等特点。知识性、安全性是伴随学生成长的永恒主题，也贯穿于安全研学旅行全过程。

研学旅行安全保障服务的中心是人，保障安全的核心亦是人，安全保障的重心也是人。思想决定行动，研学旅行的安全保障也一样，所有研学旅行的组织者、参与者都要从思想上高度重视，筑牢研学旅行安全思想防线。任何思想上的麻痹大意都可能会使再完善的安全管理制度、再细致的安全手册、再周密的安全应急预案的安全保障归零。

在研学旅行管理方面，要遵循以下原则：

(1) “四位一体”来管控，形成研学“安全链”。

研学旅行从概念推出到行业发展再到即将急需行业市场完善的专业指导，一步步前行就意味着将有更多中小学生走出校园，我们应按照研学旅行相关要求和实施标准去践行研学旅行活动。

针对中小学生研学旅行活动，其安全管理需构建家庭、学校、研学机构、研学目的地“四位一体”的联合管控机制，实施安全管理工作的紧密衔接和无缝对接，确保研学旅行安全顺畅开展。

首先是研学机构要建立畅通的研学沟通渠道，信息沟通要提早、及时、精准，多方信息要保持一致、同步。通过书面和即时通信等方式，实现研学目的地与服务机构、服务机构与学校家庭、学校家庭与学生之间信息的精准无误的传达，使研学旅行工作在实施前得到多方认可，达成多方共识。

其次是层层签订安全责任书。即根据具体的研学旅行的要求，拟定针对性强的安全责任书，学校要与研学机构、研学机构与汽服公司和餐饮酒店服务企业、研学机构与研学目的地签订专项安全责任书，明确各自的安全工作职责和安全工作要求，做到责权明晰。通过“四位一体”联动机制，形成研学旅行的“安全链”。

(2) 专业队伍须构建，构筑研学“安全屏”。

一支有爱心、专业过硬、责任心强、经验丰富的研学旅行的服务队伍是实现安全研学的基本保障。从事研学旅行工作的单位要求如下。

首先要配备基本的研学导师、安全员、辅导员等人员，有条件的需配备从事青少年疾病防控工作或户外救护经验丰富的医生、青少年心理学辅导教师、旅游客运驾驶经验丰富的驾驶员、从事过酒店管理或餐饮服务的人员、带团旅游经验丰富的导游等作为研学旅行的专职或兼职教师。

其次是要对研学旅行从业人员开展岗前、行前、行后的相关安全法律法规、安全管理制度、安全操作流程、安全岗位职责等日常化系统性培训，并聘请有关专业人士，围绕研学旅行相关的乘车安全、交通安全、消防安全、餐饮安全、住宿安全、心理安全、旅游安全等方面，开设心理辅导、应急疏散、紧急救护等专业课堂，对从业人员进行不定期的安全培训。

最后选派能力强、经验足的领队人员，组建安全小分队，对每次研学旅行的安全关键部位、重点环节和危险风险点，提前开展实地全面摸底排查，详细制定切实有效的安全防范预警措施，并开展实际模拟演练，做到行程心中有数、防护措施得当、安全责任到人。用专业的服务队伍，以严谨周密的工作部署，构筑研学旅行的“安全屏”。

(3) 人防技防制度行，垒砌研学“防火墙”。

研学旅行是一个人多、环节多、内容多的动态服务工作，我们可实施人防加技防的防控体系，确保研学旅行全员、全过程、全方位的安全防控。

一是人防，即实施研学旅行的单位除要求配备安全辅导员外，还要配备随团研学导师、导游、医生等；借助学校的体检报告，与学校、家长提前沟通，了解每个参与研学旅行学生的个性喜好、成长环境、生活习惯、饮食禁忌、有无过敏史、身体状况等基本信息，建立一人一卡、一团一行一档，坚决杜绝“带病”上路，把好人、车和路况三个源头关。

二是技防，即要充分利用车载电视和 GPS、微信、监控设备、直播平台、学生电子手表、定位手机或手环等先进的科技设备，为研学旅行的安全服务。

针对中小学生研学旅行的需要建立全面、完善、系统的安全管理制度是安全研学旅行的基础保障。研学旅行实施单位应制订研学旅行的安全手册、安全责任书、安全应急预案、安全操作程序并签署保险等，而且这些制度要根据具体的群体和活动内容不断地及时修改和完善。

(4) 安全课程及评价，延伸研学“服务链”。

安全，是伴随一个人一生成长的课程。尤其对于中小学生，使他们从小树立安全保护意识，实践书本上学到的安全知识，掌握基本的安全防护技能，提高应对紧急问题的能力是研学旅行的重要任务。

首先，创新安全课程的研发设计要把安全课程贯穿于研学旅行全过程。针对不同学龄段学生的特点，结合研学旅行的内容，创造性开发安全体验类的课程。例如，可通过绘制简笔画的讲授方式，让学生了解有关旅行财产安全的知识；可将乘车安全课程设置在客车上，引导学生观察车辆所配备的灭火器、安全带、安全锤、安全门、安全窗等安全器材，让学生了解安全带的设计原理，现场模拟教学紧急情况下这些安全器材的使用方法等。通过亲身体验将安全的知识渗透到研学旅行活动中。

其次，要加强创新安全课程的宣教方式。即可根据不同学龄段的学生特点，以游戏渗透式、故事导入式、情境表演式、活动体验式、案例剖析式等多种方式进行安全宣教。诸如，围绕“安全带＝生命带”等安全主题开展学生喜闻乐见的活动，寓教于乐，让学生通过不同的活动，深刻了解安全的重要性，感悟生命的珍贵，并在他们心中播撒遵守规矩、收获安全的种子。

研学旅行的实施单位需要建立安全评价体系，对研学行前做好安全隐患排查，行中做好安全过程监控，行后要做好安全回顾总结，经常性开展安全“回头看”。对每次研学旅行存在的安全管理漏洞和不足，对可能诱发事故的安全风险点及时进行信息搜集整理，制订出切实有效的改进措施，为开启下一次的安全研学旅行打好基础。同时也可建立竞争机制，评价结果与承办单位信誉等挂钩，优胜劣汰，末位淘汰。要不断学习总结全国先进地域研学旅行安全管理的先进经验，对一些典型的案例进行深入剖析，分析原因，结合自己的实际情况，总结、提炼成自己的安全管理工作举措。

总之，研学旅行安全管理是一个持续改进、不断完善、精进的工作。

（二）研学旅行计划过程中的安全措施

在研学旅行计划过程中需做到“四个选择”，落实“三个报告”，做好“两个防护”，抓好“一个强化”，助推研学旅行安全高效进行。

1. 做到“四个选择”

(1) 选择好服务车辆。学校要与有营运资格的运输公司签订用车协议和安全责任书，注意选取性能良好的车辆和驾驶技术娴熟的驾驶人员，并对驾驶人员的驾驶证和行驶证进行备案，防止使用报废车、拼装车、故障车和无营运资格的车辆。

(2) 选择好行进路线。行进路线尽量避开悬崖陡坡、崎岖险峻的山路或村道，选择县级以上道路或单向两车行驶的平坦道路为宜。

(3) 选择好活动地点。研学旅行活动地点不宜在人迹稀罕的森林草原、高山河谷、低洼地域、崎岖险峻山崖旁、地质灾害隐患点等，尽量选择爱国主义教育基地、革命旧址（纪念馆）、博物馆、科技馆、减灾教育馆、动物园、名胜景区、非遗基地等有教育意义的馆所或开阔平坦的安全地带。

(4) 选择好天气。要提前通过各种方式查询天气预报情况，不得在狂风、大暴雨、雷电、冰冻、大雾等气候下组织研学旅行活动。

2. 落实“三个报告”

(1) 活动前的报告。学校组织开展研学旅行可采取自行开展或委托开展的形式，提前一周拟定活动计划和安全应急预案，报上级教育行政部门审批后，并将与运输公司签订的用车协议、安全责任书和驾驶人员的驾驶证、行驶证复印件及学校组织该项活动的安全预案上报存档备案，切实做到“活动有方案，行前有备案，应急有预案”。学校自行开展研学旅行要与家长签订安全协议书，并组织购买该项活动的学生意外伤害保险和校方责任险，明确学校、家长、学生的责任权利，告知家长活动意义、时间安排、出行线路、费用收支、注意事项等信息。学校委托开展研学旅行，要与有资质、信誉好的委托企业或机构签订协议书，明确委托企业或机构的相关责任。研学旅行要坚持学生全员参与的原则，并通过整年级、整班级集体行动的方式进行。如学生确因自身原因不能参加的，必须由家长出具请假条，经批准后，由家长切实履行监护人的责任，在确保安全的前提下妥善安排该生的学习生活。

(2) 活动中的报告。通常情况下，校长为该校组织开展研学旅行活动的安全主体责任人，一同开展研学旅行活动的学校行政管理人员、班主任、学科教师和其他管理人员务必保持通信畅通，逐级随时报告遇到的突发情况。校长要切实落实主体责任，在研学旅行过程中如遇突发事件，要按照政府应急响应机制开展救援工作，要第一时间实施现场救援、第一时间请求事发地的 110、120 支援，第一时间以电话形式向上级教育行政部门报告突发事件的处置情况或车辆行进情况、活动开展情况、安全管理情况等，教育行政部门相关人员应做好记录，并适时协调、指导处置各类应急突发事件，必要时应立即赶往现场协调处理重大突发和伤害学生事件或事故。

(3) 活动后的报告。活动结束后、学校应及时组织召开总结会，总结好的方面，查找并反思存在的问题或不足，为下次组织类似活动积累经验。同时，学校应当在 1 小时内以短信、微信、电话等形式，向上级教育行政部门报告活动开展情况和学生安全回校(回家)情况。

3. 做好“两个防护”

(1) 带好防护药品。组织研学旅行活动时，要提前对学生身体素质情况进行排查摸底，对有心脏病史及花粉、植物等过敏史的学生做到心中有数，学校务必准备和携带感冒、痢疾、腹痛、过敏等常备药品，以备后患。

(2) 带好防护雨具和衣物。户外天气复杂多变，温度变化大，要教育引导学生携带好防护雨具、防晒用具和衣物，防止因暴晒、雨淋引发身体疾病。

4. 抓好“一个强化”

“一个强化”，即强化全程安全管理。学校要坚持“安全第一”的原则开展研学旅行等校外活动，务必成立以校长为组长的领导小组，明确安全管理人员，不断强化组织领导。要做好行前安全教育工作，每次组织研学旅行活动要由校级领导带队，研学旅行工作领导小组相关人员参与，要为每班配备不少于 3 人的随行教师或工作人员。有条件的学校要安排掌握应急知识的技能人员随队保证安全。活动中，学校领导、班主任、带队教师或其他管理人员务必加强过程跟踪管控，不得“马放南山”撒手不管，不得让学生单独行动或有冒险行为和举动。往返途中，每车要指派安全员，对违规驾驶、超速行驶，以及学生推搡、追逐、打闹、将身体部位伸出车窗等不文明乘坐行为要当即制止，要禁止学生或家长携带管制刀具和易燃易爆物品，防止因过程管理不细致而发生问题。对于学生或家长因小误会、小纠纷引发矛盾和隔阂的，学校行政人员、班主任等要及时做好矛盾化解工作。

任务实施

××中心小学研学旅行工作计划

为全面实施素质教育，深化基础教育课程改革，让学生能在旅行的过程中陶冶情操、增长见识、体验不同的自然和人文环境、提高学习兴趣、全面提升学生综合素质，结合我校实际，将组织四、五、六年级部分学生赴合肥科技馆开展研学旅行活动。让学生走出校园去认知社会，体验集体生活培养实践能力，同时领略现代科学技术发展的无穷魅力，激发关爱自然、关心社会发展、进行科学探究的兴趣，培养热爱家乡、热爱社会的思想情感。

一、研学旅行课程目标

研学旅行是学校社会综合实践课程的重要组成部分。旨在让学生在旅行中感受优美的自然风光，了解祖国悠久的历史文化，培养学生良好的科学素养，人文素养和国际化视野，养成良好的公民素养和社会责任意识；增强班级凝聚力，加强学生间的沟通和交流，培养学生团结互助、合作共赢的意识。通过研学旅行让学生在身体、心理、情操、品德等各方面得到发展。

二、研学旅行课程的组织与管理

研学旅行课程实施过程中，校长为总负责人，大队部牵头组织，教导处负责研学课程计划的制定、指导及课程管理与评价。各班主任负责课程的具体实施。

领导小组名单：

组　长：×××

副组长：×××

成　员：×××、×××、×××、×××、各班班主任

三、活动参与对象与条件

1. 五、六年级部分学生。（预计三十人左右）

2. 坚持自愿的原则。报名参加的同学，须填写《申请表》，经所在班级班主任推荐，家长同意签名后，由学校审核通过方能获得参加资格。

3. 学生身体健康，无病史及其他疾病。（凡患有先天性心脏病、癫痫等病史的学生、体质虚弱的学生，严禁报名参加。）

四、活动阶段安排

5 月 11 日：召开学校领导班子会议，部署本次活动。

5 月 14 日：制定实施细则预案、报名表及致家长的一封信。

5 月 15 日：召集四、五、六年级班主任会议，明确活动内容及意义。发放《致家长的一封信》，针对本次活动面向学生及家长进行宣传。

5 月 22 日：上报学生名单。

5 月 23 日—28 日：准备活动的有关事宜。

5 月 29 日—31 日：开展活动。

五、后续活动总结

1. 各班级撰写研学旅行活动总结，每位学生写一篇“科技馆之旅”的心得体会（可侧重于知识收获，可谈感受或体会等）。

2. 展示本次研学旅行收获。

六、研学旅行课程的主题教育与安全保障

研学旅行课程实施前，要对学生开展三个教育：安全教育、文明旅游教育、文

化教育。学生出发前利用班会课、升旗仪式对学生进行主题教育。

(一) 安全教育

一是人身安全。学校采取招标的形式对各旅行社的资质和出行方案进行审核。旅行社要负责给学生买两种保险——安全险及人身意外险。要求学生在旅行过程中上下车要有序，不得推搡拥挤，车辆行驶中不得随便走动。在旅游区要注意行路安全，做到走路不看景，看景不走路。进住宾馆后，要先查看宾馆设施有无损毁，洗澡时注意防滑垫的使用，电子产品充电时要注意安全。在景区内不乱吃小吃，防止病从口入。

二是财产安全。各旅行社要选择有资质的宾馆，宾馆防盗措施需得力，消防通道需畅通。要求学生保管好自己的手机、相机等电子产品及现金等财物。在景区拍照时要防止相机脱落损毁，注意脱下的衣服、放下的包等物品安全，装钱的包要背在前面。到宾馆后，要锁好门窗，不要给陌生人开门，出门要随手关门。结束住宿时要认真清点物品，不要遗落。

(二) 文明旅游教育

外出游览要注意行为举止文明，参观景区时要自觉保护景区设施，认真听讲解员的讲解。在宾馆住宿时，不要影响他人休息，不得大声喧哗；爱护宾馆里的设施，节约用水用电。

(三) 文化教育

出行前对目的地文化的了解有利于学生在旅行过程中更为深入地体会、感悟旅行的意义，带着问题去旅行，在旅行中思考、寻找，能够让学生在旅行中有更大的收获。

请你撰写一份以“红色之旅”为主题的研学旅行活动计划书

任务三　研学旅行服务机构的服务流程

学习目标

【能力目标】

(1) 能识别性格特点偏内向的学生和极其活跃的外向性学生。

(2) 能和各种性格特点的学生进行很好地沟通交流。

(3) 能做好研学旅行行前、行中、行后学生的安全提醒工作。

【知识目标】

(1) 熟悉研学旅行服务准备的具体内容。

(2) 掌握研学旅行的行前导学、行中指导和行后总结的工作方法。

【素质目标】

(1) 通过见习参与组织研学旅行活动，培养学生的组织能力。

(2) 通过小组研讨，培养学生的独立思考能力、沟通表达能力。

(3) 通过撰写研学旅行活动总结，锻炼学生的书写表达能力和空间思维能力。

任务描述

2013年10月21日，习近平总书记在欧美同学会成立100周年庆祝大会上的讲话强调："在激烈的国际竞争中，惟创新者进，惟创新者强，惟创新者胜。"正如生命需要阳光、水和空气一样，创新也需要良好的社会氛围。我们要在全社会积极营造鼓励大胆创新、勇于创新、包容创新的良好氛围。由此可见，从小培养中小学生的创新能力是关系国家兴衰之关键。要培养学生的创新能力就应该去广袤的田野来一次农科研学旅行，为此××市实验小学组织学生去市郊农村进行研学旅行。

任务分析

农科研学旅行对于城里的学生来说会有很多不适应，特别是蚊虫叮咬和乡村中的狗遇见陌生人会乱吠或乱咬，作为研学旅行指导师的你会怎样解决这些问题呢？

知识准备

研学旅行服务机构的服务流程主要是指研学旅行服务机构研学旅行指导师的服务流程。研学旅行指导师是取得研学旅行业务承办资质的服务机构的研学旅行指导师。这部分研学旅行指导师往往由导游员转型而来，优势是具有较好的服务意识、讲解水平和应变能力，但在教育理念、教育技能方面可能有所欠缺，对研学课程理解往往不深，需通过专业培训和认证才能胜任。研学旅行指导师服务内容主要是具体制定或实施研学旅行教育方案，指导学生开展各类体验活动。研学旅行指导师服务规程是指从研学旅行指导师接受研学团队接待任务开始，到结束实地研学服务并做完善后工作为止的工作程序。研学旅行指导师应严格按照研学旅行服务规范提供各项研学教育服务。

一、服务准备

在接到研学团队接待任务后，要做好充分的准备工作，这是研学旅行指导师提供良好服务的重要前提。研学旅行指导师服务准备工作主要包括研学课程准备、知识准备、形象准备和心理准备。

1. 课程准备

研学课程是服务主办方(校方)委托接待方制定和落实研学旅行教育方案的具体内容，也是研学旅行指导师开展研学旅行教育活动的主要依据。研学导师拿到研学教育方案后要制订详细的课程计划，备好课，做好课前准备。

(1) 熟悉情况。了解研学团队基本情况，包括学校特色、学生年级、规模、主要活动安排、有无特殊要求等，做到心里有数，为针对性服务做好准备。

(2) 备好课程。研学旅行指导师要根据研学教育方案备好课，一般研学课程教案应包括研学主题、研学目标、重点和难点、研学方法、项目内容、研学手册、实施条件等。其中围绕研学主题的项目化课程内容设计是核心，要求研学旅行指导师在了解研学对象认知水平的基础上，依托和充分利用课程资源设计研学项目。研学方法最能考验研学导师教学水平，对研学活动开展的效果有重大影响，要求研学旅行指导师要不断探究和提高教学方式和手段，能针对不同阶段的学生采用针对性教学。研学旅行指导师要认识到研学旅行与传统课堂教学的差异，应以学生为中心，充分突出体验性和探究性特点。

(3) 资料、设备准备。根据课程内容要求结合研学现场实际情况，提前准备好研学手册、道具、扩音器、投影仪等资料和设备。

2. 知识准备

研学旅行指导师平时要注意储备研学相关知识，在接待之前还需针对性加强相关知识的准备。一是与研学主题相关的知识，这是研学旅行指导师需着重准备的知识，尽量拓展相关知识的深度和广度，甚至要了解多学科交叉知识、研究热点及热门话题等；二是研学目的地相关知识，研学旅行是综合实践课程，涉及知识面广，中小学生正是求知欲旺盛的阶段，每个学生都有十万个为什么，在研学目的地所见所闻会触发学生许多思考，因此要求研学旅行指导师对研学目的地要有所研究，特别是对容易吸引学生注意力的事物要做到心里有数。

3. 形象准备

研学旅行指导师的自身形象有助于在学生心目中树立良好的职业形象。研学旅行指导师要诠释好自己在研学活动中所扮演的角色，尤其要重视“第一印象”。着装要符合导师身份和个人身体特征，衣着应整洁、得体，女士首饰适度，一般以淡妆为宜；仪态要求举止大方、端庄、稳重，表情自然、诚恳、和谐。当然也可根据研学主题精心设计个人形象，将自身融入研学体验场，增强学生的代入感，从而达到意想不到的效果。

4. 心理准备

中小学生因为心智尚不成熟，甚至正处于叛逆期，自理能力和自制力相对较差、比较感性，容易冲动，对研学旅行指导师工作难免会造成困扰，加之户外研学还存在诸多不可控因素，这要求研学旅行指导师要做好充分的心理准备，提前预判可能遇到的问题和困难，多从学生角度思考和处理问题。

二、行前导学

为保证研学旅行效果，研学旅行指导师可以根据课程项目情况在出发前1周内提前安排或组织学生做好课程预习工作。这项工作根据实际情况可以是研学指导师现场进行前置课程导学，也可以安排学生自主完成前置课程任务，如阅读相关书籍、查阅相关资料、制订学习计划等。如果条件允许，研学旅行指导师进行现场课程导学会使效果更佳。行前课程现场导学环节一般包括以下几点。

1. 自我介绍

结合学生学龄段特点及兴趣点，进行自我介绍，也可进行学生感兴趣的、简短的破冰游戏，营造轻松愉快的氛围，拉近与同学们的距离，增加同学们对自己的兴趣和好感，树立良好的研学旅行指导师形象。

2. 课程导学

一是发放研学手册、课程提纲等导学资料；二是根据班级人数和研学开展需要组建研学小组，并适当安排团队建设环节，如选组长、取团名、绘制团徽等；三是介绍研学课程主题、研学目标、项目内容、开展方法、成果展示、研学手册填写、注意事项等；四是安排个人和小组完成好研学旅行出发前的任务，如阅读书籍、查阅资料、准备材料等。前置课程导学目的是让学生做好实地研学准备，激发学生研学兴趣，对实地研学充满期待，所以要注意把握学生兴趣点，营造良好的氛围。如果条件允许，还可多次开展前置课程导学，引导和督促学生做好研学准备工作。

3. 建立联系群

条件允许可建立微信群或qq群，邀请学生、家长、老师、导游人员等研学相关人员加入，以实时展示研学过程和成果，方便家庭、学校、研学机构等人员及时了解研学进展和解决可能发生的问题。

三、行中指导

随着研学旅行行程的启动，研学课程教育活动根据课程项目设计可以贯穿前往途中、研学目的地、返程的整个过程。研学旅行指导师的主要工作是在带队老师和导游员等配合下，根据研学旅行计划安排，有序实施课程项目，实现研学教育目标。

1. 交代课程项目任务

研学旅行指导师在具体实施课程项目前，一是要讲解清楚本项目的开展程序、需完成环节、成果呈现、采取方法、组内分工、特定工具使用等内容；二是强调实施范围、完成时间、集合时间与地点、安全问题等注意事项；三是为增加研学活动趣味性、激励性，也可设置积分兑奖、比赛、获取称号等奖励措施，需提前明确规则。

2. 现场讲授与指导

研学旅行指导师结合课程项目内容要求，一是进行必要的现场知识传授，当然现场传授应充分利用周围条件，方式可以灵活多样；二是指导学生亲身体验，“纸上得来终觉浅，绝知此事要躬行”，这正是研学旅行的魅力所在，研学旅行指导师要充分利用和营造研学体验场，让学生身体力行，深刻体会；三是引导学生思考、探究，鼓励学生围绕研学主题提出问题、现场探索问题、分析问题和解决问题。

3. 穿插组织活动

研学旅行在保障学习性的同时，不可忽略其“游乐”娱乐性的一面，这往往是学生最为开心和兴奋的环节。所以在学习之余要适当穿插组织学生多进行户外拓展游戏等健康娱乐活动，既寓教于乐，又可锻炼身体。

4. 课程项目总结

按照规定时间，把控课程项目开展进程，了解项目完成情况，指导学生填写研学手册或撰写研学日记、调查报告等，条件允许的情况下，应分组进行成果展示和讨论，研学旅行指导师适当点评和小结，并导入开展下一活动项目。

四、行后总结

研学旅行结束后，研学旅行指导师需做好两个总结。

1. 学生研学总结

指导学生对研学活动过程和活动结果进行系统梳理和总结，总结自己在研学旅行中的收获和心得，并选择合适方式进行呈现。除完成研学手册外，还可通过分享交流会、征文、绘画、摄影、戏剧与表演等方式呈现。针对某些引发学生思考的知识和观点还可让学生广泛征求同伴和导师意见适当讨论，目的是促进学生总结、反思，提升个体经验，促进知识建构，深化主题体验和探究效果。

2. 学生评价

研学活动结束后，研学导师需对学生研学活动做出评价，填好学生研学情况反馈表，交给带队老师带回存档作为以后学生综合素质评价的依据之一。

(1) 评价原则。① 方向性原则：明确评价核心方向，研学旅行作为综合实践课程，着重培养学生高尚的道德品质、核心素养的养成、探究学习的愿望和能力、健壮的体魄、良好的心理素质以及健康的审美情趣。② 客观性原则：在评价过程中坚持实事求是的原则，从学生参加研学旅行活动整个过程的实际出发，做出合理的评价。③ 参与性原则：学生是研学旅行主体，学生参与程度是考核的重点，评价要加强学生之间、学生与导师的理解与沟通，与自己、同伴、研学旅行指导师的评价相结合。

(2) 评价内容。根据研学旅行课程目标和内容，结合学生研学层次，应灵活设计学生研学评价表。一般可从研学态度、方法、团队协作、组织纪律、研学效果等方面进行评价。

(3) 评价方法。一般采用自评、组内互评、研学旅行指导师评价相结合的方式，通过充分沟通与交流进行相对客观的评价。

3. 研学旅行指导师工作总结

研学工作结束后，研学旅行指导师的工作还有以下几项：一是征求学生和带队老师的意见，填写研学旅行指导师工作意见征询表，回收后交给自己所在企业或单位存档；二是要及时处理遗留问题，如完成学生委托的事情，回复学生现场提出但未解答的疑难问题等；三是认真总结本次工作经验和体会，查漏补缺，找出不足，不断提高工作水平；四是与学生保持适当的联系和沟通，继续为学生答疑解惑。

任务实施

研学旅行活动总结

为贯彻国家和我省中长期教育改革和发展规划纲要中提出的全面实施素质教育的要求，深化基础教育课程改革，让学生能在旅行的过程中陶冶情操、增长见识、体验不同的自然和人文环境、提高学习兴趣，全面提升中小学生综合素质，按照县教育局的部署，决定开展五、六年级在校学生研学旅行活动。

由于事前准备充分，筹备周密，各项活动安排有序，因此本次研学旅行活动取得了比较圆满的成功。现将活动开展情况总结如下。

1. 后期反馈

(1) 为了及时总结本次研学旅行的成功得失，学校要求每个学生都要撰写研学旅行随记，由语文教师筛选出优秀作品进行评比，要求每个参加研学旅行的学生写出自己感受最深的人和事，加深学生对此次研学的印象。

(2) 每个班级上报几幅最能体现本人或本班此次研学旅行精髓的照片。

2. 研学旅行感想与收获

(1) 既能寓教于乐，又能激励学生。

(2) 培养学生团队精神。

(3) 增进了教师和同学之间的情感。

(4) 增强了学生安全意识。

3. 存在问题

(1) 社会公德意识有待加强。学生随手乱扔垃圾现象还随处可见。

(2) 部分学生重娱乐性节目，轻知识性展览。有不少学生还是认为研学旅行就是玩，对景区的参观带有很大的随意性，不认真听导游的解说，导致吸收效果欠佳。

总体而言，此次研学旅行活动安全、顺利、圆满，收获颇丰。

任务四　研学旅行优质承办机构遴选要点

学习目标

【能力目标】

学会辩证地看待机构提供的材料、证据，选出靠谱、合适的合作机构。

【知识目标】

(1) 掌握承办机构遴选基本要点。

(2) 熟悉学校、家长对承办机构的要求。

【素质目标】

培养批判性思维，提高解决问题的能力。

任务描述

北京某旅游公司是一家致力于青少年社会实践教育的机构，是青少年体验式教育的开创者和引领者之一。公司多年来以在国内开展体验式培训的丰富经验为支撑，以为青少年社会实践及综合素质的提高提供整体解决方案为使命，创造性地开发出了研学旅行、社会实践、夏令营三大系列产品，做青少年成长的伙伴，使青少年从应试教育中走出来，让青少年在快乐体验中学习，在学习中快乐成长。从 2012 年公司团队成立至今，先后服务了从事青少年教育的企业单位 20 多家、学校近百所，受益青少年学生超过 10 万人。公司团队先后获得“北京市优秀创业团队”称号和青少年拓展培训“杰出贡献奖”。

任务分析

作为北京某旅游公司的一名见习生，你会为该旅游公司制定一个怎样的10年规划呢？

知识准备

一、承办机构的基本条件

目前研学市场上的承办机构(旅行社、教育机构等)不仅承担着吃住行、研学场所安排的任务，还承担着课程设计与执行的任务。

学校一般不愿意经常更换承办机构。因为更换承办机构会增加遴选成本、信任成本等，毕竟价格仅是其中一方面，更重要的是机构懂学校，知道学校需要什么。学校长期合作的机构大多是3家，那么如何在最初的时候选择承办机构，就显得尤为重要。选择一家好机构所花费的成本远远低于培养一家机构。

遴选机构通常从机构资质、专业团队、安全保障、课程线路、社会评价、退出机制6个维度来开展。

1. 机构资质

研学旅行承办机构应是在中华人民共和国境内依法注册的旅行社或旅行服务机构，近三年内无较大数额罚款的旅游行政处罚，无不良诚信记录，无重大安全责任事故，有效投诉率不超过当年组织和接待次的万分之二。研学旅行服务流程符合《旅行社国内旅游服务规范》(LB/T 004–2013)、《旅行社服务通则》(LB/T 008–2011)和《研学旅行服务规范》(LB/T 054–2016)的要求。

2. 专业团队

研学旅行承办机构应有专业的研学旅行部门，有专门人员从事研学旅行工作，建立和培养专业的研学指导师队伍，有专职培训教师、场地、教材和经费保障，应与参与研学旅行服务的员工签订劳动合同并缴纳社会保险。有承接100人以上中小学生研学旅行团队的经验。

3. 安全保障

与研学旅行承办机构合作的旅客运输企业应该具有道路旅客运输经营资质、取得“道路运输经营许可证”，且与之签订“旅游团队汽车运输合同”，并向公安交警部门和交通运输部门报备，有相对固定的合作旅游车队。餐饮企业应该有市场管理局颁发的营业执照和食品监督管理局颁发的食品经营(卫生)许可证，从业人员均持有健康证，餐饮企业和从业人员 5 年内无责任事故和不良诚信记录。除此之外，住宿安全、研学场所安全、合同管理、安全培训、应急救援、安全预案和应急机制也都是承办机构要做好安排和演练的。

4. 课程线路

研学旅行承办机构应具备研学课程线路研发的能力，能配合学校，依托研学旅行基地，开发设计出可以满足校方需求的研学旅行线路，形成科普教育、历史文化、地方文化、国防教育、红色革命文化教育、农耕体验等特色鲜明的研学旅行精品线路。

5. 社会评价

研学旅行承办机构在国家企业信用信息公示系统查询中的企业基础信息清晰，无行政处罚信息，不存在经营异常。连续 3 年或 3 年以上无重大质量投诉，无经济纠纷、群体性纠纷及重大安全责任事故。没有发生过任何涉及出团的安全问题。曾经合作过的学校和教育机构评价良好。

6. 退出机制

研学旅行承办机构有以下情形都属违约行为：机构停止运营或失去相应经营资质；过往投标资格未取消，或者存在违约等问题；落实安全措施不力，发生安全责任事故，遭到重大服务质量投诉；线路和课程开发不力，管理不规范，课程未落实，课程实施年度评估不合格；学校、家长投诉超过 5 例或满意率在 80% 以下；擅自提高收费标准；弄虚作假获得推荐目录管理资格；不履行合同，造成一定损失并侵犯学生权益；不服从主管部门管理。

二、研学旅行承办机构的服务评价

研学旅行承办机构与委托学校制定研学旅行方案，签订研学接待服务合同，其内容必须满足国家和地方研学服务规范的相关规定，并严格履行合同约定的内容。主要从安全保障、价格优惠、接待服务、课程项目服务、监督和配合等方面对研学旅行承办机构进行评价考核。

1. 安全保障服务是否到位

研学旅行承办机构要重点强化研学旅行安全管理，严格选购经相关部门认可的交通、餐饮和住宿等服务产品。研学旅行承办机构从业人员（含研学指导师）上岗前应进行安全风险防范及应急救助技能培训。研学旅行承办机构应对学生进行风险提示，开展安全培训。研学旅行承办机构应有应急处理预案和启动机制，遇到紧急情况，能随时启动，快速反应。研学旅行承办机构应购买文化和旅游部与中国保监会共同推广的统保示范项目的旅行社责任险，履行提示参加研学旅行的师生购买人身意外伤害保险的责任。

2. 是否履行价格优惠政策

根据国家研学旅行服务的公益性原则，研学旅行承办机构应制定相对低廉的研学旅行服务收费标准，积极协调风景名胜区、自然保护区、文物保护单位等研学旅行目的地，商定统一的中小学生研学旅行的优惠价格，优惠价格原则上不得高于旅游团队和学生票的价格。

3. 接待服务是否符合规范

根据国家和行业相关研学旅行服务规定要求，要考核研学旅行承办机构是否为研学活动团队至少配置一名项目组长、安全员、研学指导师、导游员；是否选择了合适的交通方式，400 千米以上的单次路程是否优先选择铁路或航空，司机驾驶路线选择是否优先选择省级以上道路，连续驾车超过 2 小时是否休息了 20 分钟以上，学生转移途中安全防范工作是否到位等；对住宿条件是否提前实地考察，是否满足安全、卫生和舒适等基本要求，是否方便集中管理，是否方便集体交通工具进出，安排住宿是否注意男女生分区，是否充分考虑学生入住安全和告知注意事项，是否做好入住安全维护工作等；餐饮服务是否做到食品卫生安全，是否做到引导学生有序就餐，是否有效督促餐厅保证餐饮质量及做好食品留样等。

4. 课程项目服务是否达到预期

课程项目是研学旅行的核心内容，对于导游服务来说，主要考核其讲解服务是否符合研学对象需求，是否与研学项目课程有机结合，是否引导了学生安全旅游和文明旅游；对于研学导师主要考核其是否有序组织完成研学课程项目，是否有效引导学生开展活动，是否实时指导学生深入思考和探究，是否及时适当点评和小结，是否认真批阅研学手册并给予学生相对客观的评价等。

5. 是否做好了监督和配合工作

在课程实施前、实施中、实施后是否与校方进行了有效沟通和配合，是否及时处理校方提出的要求和遇到的问题，是否履行了对研学基 (营) 地、餐厅、住宿等服务提供单位的协调和监督职责，是否有效保障了服务质量等。

三、研学旅行承办机构的创始团队

投资人投资一家单位，最看重的是创始团队。创始团队可靠，做任何产品都不会太差。

1. 创始团队的从业经历

什么样的从业经历更合适，取决于服务的客户属性。研学旅行是以班级、年级为单位集体出行，大多是公办学校。公办学校更看重承办机构的性质。事业单位投资，或者创始人在事业单位从业时长 (5 年以上更佳)，这样体制内的单位或人更注重品牌影响力，后续服务更有保障，也更能让学校放心。

2. 创始团队对学习的投入

研学从业者首先是教育工作者，帮助孩子成长前自己要成长，自己成长的速度要快于孩子成长的速度，才能更好地去辅导孩子。非学习型组织很难做好研学旅行。如果有条件，创造机会跟创始团队原来的同事、朋友、员工、合作伙伴接触一下更好，可以验证一下之前的判断。

四、常见误区

1. 过于相信材料，不注重实证

验证材料时，不能一味相信机构提供材料的真实性。需要坚持三个原则：一是坚持有图有真相，材料越具体、越细越好，展示当时场景，更值得信任。比如，机构说他们组织过某个活动，可以请其提供活动照片、视频、签到表等。二是坚持有官方平台可查询或官方单位见证的，一定要优先调取这些材料，如企业法人信用、人社部门盖章的花名册等。三是坚持现场考察辅助验证，比如验证餐厅、酒店是否符合要求，最好的方式是提前去餐厅吃一顿饭，在酒店入住一晚。这样，基本上能验证所提供材料的真实性，还有机会接触餐厅、酒店的人员，了解服务态度，从而发现材料上发现不了的问题。当然，如果能有机会体验一下承办方组织的活动，将会更加直接地了解承办机构的运作方式和管理水平。

2. 片面考察，忽略整体

考察仅针对承办机构过往经历，但本次将要组织的活动执行效果如何，都要打一个问号。通过过往只能预测，但实际研学活动现场情形可能要复杂得多。因此，千万警惕由于个人偏好而忽略系统性、多角度、多形式的考察。如果考察时含含糊糊、草草了事，没考察到位，那实际研学过程中出现的一些突发事情会更加让人措手不及。以“如果我是那个孩子，如果是我的孩子”为出发点，去看待考察这件事，换位思考，则更容易做到把事情做得系统、细致。

3. 对忽略承办机构的活动前考察

有些机构为了达成合作，会专门组织人员训练，整个过程中表现得无可挑剔，但是实际开展活动时并不一定如展示的那样。合作之前很热情，合作之后可能又是另外一种态度。最好的方式是，在活动前布置一些任务来再次考察承办机构靠谱性。如安排行前课，推荐相关材料预习等，通过这样一些小任务，可以测试承办机构执行活动或任务的状态，以小见大，便能推测出其实际开展活动时的情形。

任务实施

遵义市中小学生研学实践教育第三方承办单位

为贯彻《市教育局等 9 部门关于印发遵义市中小学生研学旅行工作实施意见》(遵教发〔2017〕5 号)及《遵义市教育局遵义市旅游发展委员会关于申报遴选全市中小学生研学旅行实践基地的通知》(遵教素质〔2018〕6 号)文件精神，落实立德树人根本任务，帮助中小学生了解国情、热爱祖国、开阔眼界、增长知识，着力提高中小学生的社会责任感、创新精神和实践能力。经研究，决定在全市遴选一批中小学生研学实践教育第三方承办单位(第三方资源库),广泛开展中小学生研学实践教育活动。现将有关事宜通知如下。

一、申报条件

1. 法人资质

申报单位须具备法人资质,经营范围中有中小学生研学实践或劳动教育实践,且在遵义市内注册。

2. 注册资金

注册资金不少于 200 万元(含),有稳定的经营场所;近 3 年内无责任事故和不良诚信记录。

3. 经验能力

有中小学生研学团队接待经验和接待能力;有根据中小学校需求和研学实践教育基地实际落实课程的能力。

4. 辅导服务

有不少于10人的研学实践专职导师,且已参加研学辅导培训并取得培训合格证,并能结合研学实践教育要求,提供有针对性、互动性、趣味性和引导性的讲解辅导服务。

5. 课程开发

能开设适合不同研学实践教育基地需求的中小学生研学实践教育课程,至少有一个活动主题。

6. 保险要求

必须购买国家保险示范项目的旅游责任险或公众责任险,单次事故赔付限额应不低于500万元;学生单次事故每人赔付限额应不低于80万元。

7. 研学保险

必须购买遵义市中小学研学旅行险或意外伤害险和意外伤害医疗险。

8. 医护安保

有专职的医护救护和安全保卫人员,有切实可行的应急预案。

二、申报流程

(1) 第三方承办单位申报。符合条件的各资源单位将申报材料报遵义市教育局和文体旅游局初步审核。

(2) 各资源单位上报资料后,教育局、文体旅游局会同相关部门、组织行业专家对申报材料进行评审,并实地评估,最终确定我市县级中小学生研学实践教育第三方承办单位。

(3) 评审时将统筹考虑地域、资源、类别、需求等因素,优先选择已获得等级评定、有第三方承办经验的相关单位，对通过认定的第三方承办单位进行公示。

(4) 公示期满后，由教育局、文体旅游局共同挂牌。

三、资料提供

申报研学实践教育第三方承办单位应提供资料如下：(一式四份)

(1) 单位简介、营业执照、资质证明、近 3 年来无安全事故的相关证明及其他证明材料(如保险等)。

(2) 单位运行情况(包括活动专区、信息化服务、安保措施)等图片文字资料。

(3) 单位师资力量。

(4) 历年案例展示。

注意：本项目不接受驻地在遵义市以外的资源单位申报。

四、申报方式

有意向申报的资源单位将申报表、单位介绍、安全保障体系、师资队伍介绍等一式四份的完整资料(纸质版、电子版)于 2022 年 04 月 16 日前报送至遵义市教育局业务科。

项目小结

本项目主要介绍了研学旅行服务机构的概念和其应具备的基本条件；研学旅行服务机构的服务项目；研学旅行服务机构的具体服务流程；阐述了优质承办机构遴选的基本要点；介绍了学校、家长对承办机构的要求。

一、名词解释

研学旅行服务机构　　优质研学机构

二、不定项选择题

1. 遴选机构通常不从以下哪个维度评价？(　　)

A. 机构资质　　B. 专业团队　　C. 退出机制　　D. 课程线路

E. 安全保障　　F. 社会评价　　G. 自我推荐

2. 以下 (　　) 情况出现，绝不能选为承办机构。

A. 连续 3 年以上无重大质量投诉，无经济纠纷、群体性纠纷及重大安全责任事故。

B. 所租用大巴保证每人都有独立座位。

C. 近一年发生过一次出团的安全问题。

D. 具有良好、健全的财务会计制度

3. 股东的 (　　) 行为，可以断定其下机构无法承办研学活动。

A. 创始人在事业单位从事 5 年以上。

B. 创始人朋友评价其很靠谱。

C. 创始人周末、节假日期间常外出学习。

D. 创始人曾经误伤过人。

E. 创始人的一个合作伙伴认为其人品不好。

三、判断题

1. 为了降低成本，保证出行，意外伤害保险单人单次保额 10 万即可。(　　)

2. 安全应急培训应定期举行，明确培训时间、参加人数等内容，不用提供照片。(　　)

3. 确定承办机构后，在活动正式开始实施前，还可以布置一些小任务，让学生提前进入研学状态。(　　)

四、论述题

1. 思考承办机构创始团队还有哪些表现能反映其可靠性，列举 2 ～ 3 条。

2. 遴选承办机构时，为何大部分学校更愿意相信材料不愿意实地考察验证？

五、实训题

1. 选择一家承办机构，结合本项目所学的内容和要求来判断其可靠程度。

2. 采访小学或中学代表，咨询过往与承办机构合作期间，是否发现机构列举材料与事实不一致现象？有的话，请列出 1 ～ 3 处。

六、课外拓展

了解全国各省市区教育厅、局关于研学旅行承办机构遴选的相关文件。

项目七 研学旅行基地(营地)

思政素材

一湖碧水、十美乡村、百里茶廊……2017 年新华社记者在地处大别山南麓的河南信阳市采访时发现，作为我国北方最大的茶叶主产区之一，近年来当地依托良好生态资源发展茶乡体验游，在传统茶产业的基础上催生出茶旅融合新业态，绿水青山“变身”金山银山由此走出了新路子。以茶产业为依托，培养学生的爱国爱家情怀，真正践行习近平总书记提出的“绿水青山就是金山银山”。党的十八大报告提出“立德树人是教育的根本任务”，“培养什么人、怎样培养人”是中国社会主义教育事业发展中必须解决好的根本问题。依托研学基地(营地)的课程开发，实现文旅融合，讲好地方故事，促进地方文化传播和传承。

任务一　研学旅行基地（营地）的内涵

学习目标

【能力目标】

充分了解研学基地（营地）的含义。

【知识目标】

(1) 了解研学基地（营地）的含义。

(2) 掌握研学基地（营地）的含义。

【素质目标】

(1) 通过对研学旅行基地（营地）的了解，提高理论认识。

(2) 培养学生认识我国的研学基地（营地）。

任务描述

江西省某旅游景区被列入市级研学基地，小谭以该景点申报研学基地为依托了解研学基地的相关知识。首先了解什么是研学基地（营地）。

任务分析

小谭不知道什么是研学基地（营地），该景区是否属于研学基地。本任务需要通过以下内容来完成：了解研学基地（营地）的含义。

知识准备

一、研学旅行基地（营地）的含义

研学旅行基地（营地）又称研学基地（营地）是指自身或周边拥有良好的餐饮住宿条件、必备的配套设施，具有独特的研学旅行活动课程资源、专业的运营团队、科学的管理制度以及完善的安全保障措施，能够为广大中小学生研学旅行提供良好服务的场所。如，江西省 2021 年发布的《中小学研学旅行》系列标准中提出，研学旅行基地（营地）指至少有一类特定的主题资源，适合中小学生前往开展研究性学习和实践活动的研学旅行资源单位或集合体。

研学基地（营地）是研学旅行的载体和基石，也是教育行政主管部门重点推动的建设项目。2017 年和 2018 年教育部先后推选出两批国家级研学基地和营地，全国十多个省份积极开展研学基地和营地建设，也纷纷评选出省级研学基地和营地。我国研学旅行基地（营地）主要是在青少年校外综合实践基地和教育营地基础上发展衍生而来，同时扩展到爱国主义教育基地、国防教育基地、博物馆、主题公园等具有研学资源价值的平台和空间。

二、研学基地（营地）

综合实践基地和教育营地为我国研学基地（营地）建设和发展奠定了良好的基础，目前原综合实践基地和教育营地大部分已朝研学基地（营地）转型。截至 2019 年 3 月，我国已评定的国家级研学基地有 581 个，研学营地 40 个；有 11 个省份评定了省级研学基地共 628 个，7 个省份评定了研学营地共 63 个（见表 7-1）。其中湖南省评定研学基地 173 个为最多，主要是第二批评定时直接将 124 家省级爱国主义教育基地认定为研学基地；湖北省评定研学营地 21 个为最多。总体来看，我国研学基地（营地）数量少，与蓬勃发展的研学旅行市场需求不相匹配，亟待大力发展和建设。从类型上看，现有研学基地（营地）具有一定多样性，其中主要以综合实践基地、科研科普基地、爱国革命基地、企业工程等基地类型为主，具有生态文化性质和旅游性质的自然保护地、历史文化地和旅游景区占小部分。从服务质量上来讲，基础设施设备、人员配备、安全保障等方面还需完善，研学课程方面还存在以展示性课程形式为主，学生自主探索性内容不多，课程类型比较单一，综合性课程结合不够等问题。

表 7-1　国家级和省级研学旅行基地和营地数量（截至 2019 年 3 月）

地区	研学实践教育基地（个）	研学实践教育营地（个）
国家级	第一批 204	第一批 14
	第二批 377	第二批 26
黑龙江	78	15
浙江	54	9

续表

地区	研学实践教育基地（个）	研学实践教育营地（个）
安徽	第一批 43	第一批 2
	第二批 34	第二批 2
福建	30	6
江西	64	无
山东	65	无
湖北	35	21
湖南	第一批 49	无
	第二批 124	无
海南	20	无
四川	40	2
陕西	57	6

目前国家还未对研学基地和营地做明确的入围界定和规范管理要求。2018 年教育部发布《教育部办公厅关于开展“全国中小学生研学实践教育基地营地”推荐工作的通知》(教基厅函〔2018〕45 号）对推选基地和营地的条件与范围进行了明确，其中基地界定范围很广泛，营地则主要针对公益性青少年校外活动场所和综合实践基地。结合该通知具体内容可知国家级研学基地（营地）的基本要求。

任务实施

某景区获市教育体育局批准，正式成为市级中小学生研学实践教育基地并予以挂牌以来，景区根据自身特色，打造了多条研学活动相关的研学体验线路，设置二十多处研学体验点，不断创新研学产品，以沉浸式的体验感受传统月亮文化、红色文化、温泉文化。

任务二　研学旅行基地（营地）的建设

学习目标

【能力目标】

(1) 能够对研学基地（营地）的选址和核心内容建设有所了解。

(2) 能够遵守研学基地（营地）建设的原则。

【知识目标】

(1) 了解研学基地（营地）的选址。

(2) 掌握研学基地（营地）的核心内容和原则。

【素质目标】

(1) 通过对研学基地（营地）的选址，了解核心内容的建设。

(2) 培养学生对基地（营地）资源的策划和运用能力。

任务描述

江西省某旅游景区被列入市级研学基地，小谭以该景点申报研学基地为依托了解研学基地的相关知识。首先了解研学基地（营地）建设的选址和基本原则及核心内容。

任务分析

小谭作为刚毕业的大学生，不知道选址有哪些要求，不清楚研学基地的各项设施的构成、研学基地建设的基本原则，他将从以下方面来学习：研学基地（营地）选址和研学基地（营地）建设原则。

知识准备

加强研学基地（营地）的建设是提升研学旅行服务质量的基本保障。目前，我国研学基地（营地）建设的主要模式是依托有编制的事业单位和行政机关，独立的企业经营模式数量少。随着研学旅行的发展，未来研学基地（营地）将呈现公私结合等多种经营模式互补共荣发展的局面。对于研学基地(营地)建设，国家尚未有统一的标准规范，已有的行业和地方标准中，由中国研学旅行联盟发布的《研学旅行基地设施规范》对基地分类建设要求比较具体。

一、研学基地(营地)的选址

研学基地(营地)的选址应符合国家和地方对自然环境、文化、历史和资源保护等方面的要求，相关活动场所和功能区地理位置的策划和选择应基于对以下几方面因素的考虑。

(一)能否满足目标客源市场需求

满足目标客源市场需求是研学基地(营地)存在价值的基础，选址首先要分析周边主要客源市场和潜在客源市场，可采用 SWOT 分析法，综合比较分析自身优劣势以及机遇和挑战，避免重复开发和恶性竞争。

(二)依托的自然、历史、文化等资源的可开发性

研学基地(营地)选址依托的自然、历史、文化等研学核心资源是决定因素，在充分调查、研究评估的基础上对研学资源开发价值进行客观评价，论证开发可行性，制订切实可行的开发与发展规划。

(三)交通的安全与便利性

交通的可进入性和安全性是保障研学基地(营地)正常运行的基本条件，研学基地(营地)的选址应充分考虑目的地与研学目标客源市场的距离和交通条件，一般应具有县级以上规格直达公路，且车程距主城区行车时间不超过 2 小时为宜。

(四)所在地周边的社会人文环境影响性

研学资源开发要有开放式思路，要充分考虑研学基地(营地)与周边环境的协调发展，能与周边利益相关者建立友好关系，实现和谐可持续发展。

(五)发生自然灾害的可能性

研学基地(营地)的选址首先应考虑周边环境的安全性，尤其是研学营地对自然环境依赖程度更高，应对周边自然环境充分调研，是否存在泥石流、山体滑坡、洪水暴发、生物入侵等危害因素。

（六）各类污染源的潜在影响

研学基地（营地）选址应充分考虑周边各类污染源的不良影响，本着安全第一、健康第一的原则，远离大气污染、水体污染、土壤污染、噪声污染、辐射污染、垃圾污染等污染源，以减少潜在危害和负面影响。

（七）实现紧急救援或及时应对突发事件的可行性

研学安全是学校、家长、行政管理部门等相关社会各界关注的焦点，国家明确规定开展研学旅行活动安全措施必须要有保障，研学基地（营地）选址要充分考虑安全预案问题，对可能出现的突发事件要有应对措施，对可能需要的紧急救援充分考虑其可行性。

（八）水、电、通信等基础设施的保障性

研学基地（营地）选址要考虑水、电、通信等基础设施的保障性，要测查选址地是否存在高峰期断水、断电问题及通信网络不畅通等问题，综合考虑其对研学活动的影响。

二、研学基地（营地）的建设

（一）研学基地建设

一般来说，研学基地建设项目核心内容主要包括教育设施、游览设施和配套设施。

1. 教育设施建设要求

(1) 自然遗产教育设施。应划定地质和自然地理结构的范围；应明确濒危动植物生存区；应有地质、生物结构和自然面貌的说明设施；应有重要的地质过程、生物演化、人类与自然相互联系现象的演示；应在自然现象、地貌特征、生物群落的实验区设置教学活动平台。

(2) 文化遗产教育设施。① 历史文化教育设施：应设置古文化遗址、古迹、古建筑的说明设施；应有展示近现代历史的图片、影像、文献等设施；应有历史文化艺术品的展示空间；应有展示历代社会制度、生产、生活、风俗等代表性实物的展示平台；宜有模拟历史景象的事件场所和生活场景。② 红色文化教育设施：故居、旧居、革命活动地等旧址类教育场地应有说明牌；战役、战斗、惨案、重要事件等遗址类教育场地应有指示牌匾或说明牌；纪念碑、陵园、雕塑性建筑等祭奠类教育场所应有研学场地；博物馆、纪念馆、科技馆、科研机构、高等院校及工矿企业等应有教学场所；爱国主义教育基地、红色旅游经典景区等应有教学设施；应有展示传统文化、革命文化、革命精神和革命事迹的景物设施。③ 民俗文化教育设施：宜有展示地方民俗文化的设施和场地；宜有乡规民约的展示和说明；宜有地方语种和方言文化的演示场所；应设置地方特色餐饮制作、演示和品尝的区域；

宜对民间信仰的场地划定展示区，设置说明牌；应对有历史、艺术和科学价值的民间建筑进行介绍说明。

(3) 非物质文化遗产教育设施。宜有口头传授和表述的工具载体；宜有表演艺术的载体和场地设施；应有社会风俗、礼仪、节庆等表现形式的演示设施；宜有学习、了解、体验自然界和宇宙知识的实践场所；宜有传统手工艺技能操作、体验的展示场所。

(4) 景观教育设施。宜在文化景观设置具有展示、传承、学习和互动功能的设施；宜在历史景观设置人物、事件、过程的展示设施；宜有展现地方性、原生性的乡土景观设施；宜有演示、体验、实践的活动景观设施。

(5) 科普教育设施。应设科普教育的展示、学习和教学场馆；应有开展科普教育的实验室；应备有开展科学知识教学的仪器设备；宜设开展科普活动的体验场地；可提供科普教育的标本采集区。

2. 游览设施建设要求

(1) 讲解设施。应设置研学讲解的备讲室或工作室；配置对讲机、扩音器和其他讲解设备；编写研学讲解大纲、讲解手册或图册等资料；开发研学电子解说系统和电子讲解设备；有投影仪、幻灯等多媒体设施；可设置多语种研学讲解词或资料；可设置二维码标识，展示科普读物、音像制品、研学导览图等公共信息。

(2) 展陈设施。应依据研学活动规模，配置展馆和展厅；应配置展陈和多媒体等设施；应按研学讲解大纲进行布展；可设置流动、巡展和演示等展陈设施；可设置互动、演讲、交流、展示的区域；应有展品防护、保护的安全设施；应配备温度和空气调节设施；应对馆藏文物和资源进行挖掘、收集、整理，不断充实研学展陈。

(3) 体验设施。应有报告、演讲、研讨、座谈、会议等研学教育体验场所；应有历史、文化、民俗、风貌等生活体验区；宜利用资源还原历史、事件、生产、生活等模拟体验场所；宜设有中小学拓展项目，配备拓展体验设施；应有监控、监护、预案、应急等人身安全和突发事件处置设施。

(4) 导览设施。① 基本导览设施：应设基地全景导览设施；应设基地景点区域线路指示牌等导览设施；应在售票处、研学服务中心、厕所、餐饮、购物等场所设置服务指示设施；应在外部交通、景区内道路、停车场等设置交通导览设施；应在医疗救护、危险地段、安全疏散通道、质量投诉和参观线路设置导览设施；基地导览设施应符合规定要求；基地导览设施应有多种文字对照，使用国际通用语言和标识。② 自然类导览设施：应有地质和自然地理结构的导览设施；应有濒危动植物生存区导览设施；应有地质、生物结构和自然面貌的导览设施；应在重要的地质、生物和人类活动区域设导览设施；应在自然现象、地貌特征、生物群落区域设导览设施。③ 人文类导览设施：应对古文化遗址、古迹、古建筑区域设导览设施；应对故居、旧居、革命活动地等旧址类教育场地设导览设施；应对战役、战斗、惨案、重要事件等遗址类教育场地设导览设施；应对纪念碑、陵园、雕塑性建筑等祭奠类教育场所设导览设施；应对博物馆、纪念馆、科技馆、科研机构、高等院校及工矿企业等设导览设施；应对有历史、艺术和科学价值的民间建筑设导览设施；应对传统手工艺技能操作、体验区设导览设施。④ 复合类导览设施：应对文化景观场所设置导览设施；应对地方性、原生性的乡土景观设导览设施；应对社会实践活动场所设导览设施；应对科普教育场馆设导览设施；应对标本采集区设导览设施。

3. 配套设施建设要求

(1) 接待设施。应设研学服务中心、咨询台、休息场地和研学活动场所；应设饮水处、方便座椅、遮阳避雨场所和卫生设施；宜设私人物品寄存处；基地内游步道应线路通达、标识醒目，并设有无障碍通道和道路照明系统；应配置通信、网络、移动信号覆盖和邮政设施。

(2) 交通设施。外部交通应有县级以上公路，安全便捷，站牌指示醒目，符合要求；内部线路规划合理、布局规范，设有内部交通设施；游步道设施应符合要求；应设置研学专用停车场。

(3) 餐饮设施。餐饮设施的选址、布局合理，营业面积及餐饮设施满足接待要求；餐厅环境、空气质量、卫生标准、就餐设施符合规定；餐厅设施无安全隐患；餐厅、餐具的消毒卫生符合规定。

(4) 安全设施。安全设施应配置齐全，包括应急照明灯、应急工具、应急设备和处置设施；应标识醒目，包括疏散通道、安全提示和指引标识等；应在出入口等主要通道和场所安装闭路电视监控设备；基地内不应存放易燃、易爆、腐蚀性及有碍安全的物品；基地内禁止吸烟、燃放鞭炮和使用明火；应对各种安全隐患和紧急情况制定应急预案。

(5) 卫生设施。基地厕所布局和环境卫生应符合要求。应设置特殊人群使用的卫生间和无性别厕所；应合理布局垃圾箱，垃圾分类回收的图示标志符合要求；应对空气质量进行监测，PM2.5 和有害气体限值应按照相关要求执行。

（二）研学营地建设

目前研学营地建设尚未出台专门标准，考虑到营地规模和户外性特点，借鉴国家体育总局青少年体育司出台的《全国青少年户外体育活动营地建设规范》，在研学基地建设标准基础上，研学营地建设基本要求如下：研学营地涉及的教育设施、游览设施和配套设施建设项目可参照研学基地建设要求；基于研学营地规模相对更大和偏户外活动的特点，还需注重以下方面。

(1) 住宿设施。住宿设施应符合要求；床位根据青少年身体特点进行设计；应男女分室，集体住宿，设施安全，卫生洁净；应设有安全和紧急避险通道，配置警戒设施；野外露营点选址科学合理，露营位地质条件稳定，排水性要好，有一定的坡度，上方要安全，防止枯枝下坠，卫生条件较好，要躲避蚊虫，帐篷搭建安全规范并设警示区，每个露营位最小面积为 16 平方米且尽量架空处理。

(2) 沐浴设施。沐浴房应男女分立设置，沐浴位能满足营地接待实际需要，可以满足供应冷热水的要求。

(3) 水电设施。饮用水、生活用水应符合卫生标准，可通过城市供水系统或打井取地下水提供饮用水和生活用水。营地内雨污分流，污水排放达到规定。

(4) 消防设施。所有建筑物内外均应设消防栓。消防安全标志的设置应符合要求。在林区的营地应配置防雷设施、防火林道。

(5) 营地专项设施。① 应有门区。营门最能体现营地特色和形象，往往给人留下深刻的第一印象，应在设计上多花心思。在材料上宜采用木、石等生态材料建设门区，与环境协调，同时标示门禁时间。② 必须有营围。应利用自然地形或围墙、栅栏等生态材料设置有效的营围，注意与周围环境相协调。

(6) 室外活动场所。① 露天活动场所。无固定设施的团队训练项目在该场地开展，要求场地平整，排水良好，无尖石碎物等危险物体，面积不小于1600平方米。② 有顶活动场所。应满足营员露天集合及开展各类活动的需要，同时能为避免日晒雨淋开展活动提供场所，面积不小于200平方米。③ 其他设施场所。应设立专门的旗台，用于满足培养营员爱国主义精神、团队凝聚力等活动的需求。④ 野炊区。应设置在避风处，搭建避雨炊事篷，并设足够的用水点和垃圾箱 (需分类)。

(7) 营地安全。① 安全机构、制度及人员。设有安全机构，且安保制度健全，安全责任落实到人。在营员集中或有安全隐患的地方配备专职安全保护人员。攀岩、水上活动等项目必须配备专职安全保护人员。② 应急预案、演练。需有高峰期和特殊情况的安全处置应急预案，至少每个月进行一次演练，通过文字、图片、视频详细记录演习内容。③安全设备、设施。应在危险区域设置醒目的安全标识，其设置、安装、维护与管理应符合要求。需设有专门的警用品管理与使用规章制度，按要求执行，有档案记录。应配备有应急通信设备，定期检查确保设备正常使用，有档案记录。营门和项目场地需有24小时监控系统，制定监控管理办法，专人负责并定期检查维护。

(8) 营地医疗救护。建立紧急救援机制，至少配备1套AED设备并会操作，至少有兼职医务人员，能提供基本救急服务。设有突发事件处理预案，有应急处理能力，事故处理及时、妥当，档案记录准确。

(9) 资源和环境的保护。① 环境保护 (空气、水资源、土壤的保护)。空气质量达到二级标准，地面水环境质量达到二级标准。② 营区内建筑及设施与环境协调，建筑布局合理，不破坏原有生态环境，建筑物体量相协调。③ 绿化。环境优美，绿化覆盖率达到40% 及以上 (不包含沙漠等特殊地域)。④ 环保设施。使用当地原材料或可再生材料建设，使用清洁型能源，与景观环境协调。各项设施设备符合国家关于环境保护的要求。

三、研学基地（营地）建设的基本原则

（一）教育性原则

习近平总书记在2018年的全国教育大会上提出我们的教育要在六个方面下功夫："要在坚定理想信念上下功夫，在厚植爱国主义情怀上下功夫，在加强品德修养上下功夫，在增长知识见识上下功夫，在培养奋斗精神上下功夫，在增强综合素质上下功夫"，这是未来教育需要着力去研究和解决的问题，也是教育发展的方向，研学旅行也必须在这六个方面去彰显教育的价值。

研学旅行作为校外教育教学活动，必须遵循教育规律，突出其教育目的和学生成长指向。通过研学旅行，学生不仅能收获知识和快乐，更重要的是从"六个下功夫"方面培养学生的综合素养。

作为研学旅行活动的基地（营地），要根据自己的资源特点，找准定位，确立基地营地的研学实践教育主题。要遵循"教育思维先行"的原则，结合青少年身心特点、接受能力和实际需要，在建设和运营中深挖基地（营地）教育内涵，结合课本知识和校内教育教学情况，提供具有教育性、知识性、趣味性、科学性的课程内容，为青少年的成长提供更为宽广的空间。

（二）实践性原则

研学旅行是区别于常规校内教育的重要教育形式。研学旅行是让学生走出教室，走向大自然和社会，让学生在亲力亲为的实践和体验中增长知识、拓宽视野、了解社会、亲近自然，实现人文素养的内化，因此实践性和体验性是研学旅行的重要特征。

基地（营地）需要针对研学旅行的特点进行建设、规划，在资源点的建设方面要依据考察探究、设计制作、职业体验、社会服务等方面有针对性地设计，充分体现实践性和体验性特征。要精心设计和安排研学实践活动，让学生有动脑、动手和表达的机会，引导学生一起活动，共同体验，相互研讨，培养团队合作能力和社会实践能力，使得基地（营地）教育与校内教育教学真正实现有效互补。

（三）安全性原则

安全是整个研学旅行课程方案实施的保障，没有安全就没有研学旅行。以接待研学旅行业务为主的基地（营地），在建设过程中要远离地质灾害或其他危险区域，排除意外隐患，任何具有一定风险系数的资源点都不适合建设研学旅行基地（营地）。

在运营过程中要制定完整的接待方案和安全应急预案；配备安全保障设施，建立安全保障机制，明确安全保障责任，落实安全保障措施，确保学生安全。

研学旅行基地（营地）在建设、运营和发展的过程中要始终坚持"安全第一"的原则。

（四）公益性原则

公益性是教育的基本原则，研学旅行是校外教育教学活动，是素质教育的一个重要环节，具有公益性质。因此，基地（营地）的建设、运营和发展要充分考虑研学旅行教育活动的公益性特征。

按照建设的资金来源，目前，我国能够开展研学旅行的基地（营地）可以分为两类：一类是由各级政府部门投资建设的基地（营地），这类基地（营地）有相应的运行经费支撑，能够确保研学旅行实践活动的公益性。一类是由社会资本积极介入而建设的基地（营地），社会资本具有逐利性特征，所以，在基地（营地）建设中一定要明确基地（营地）研学实践活动的公益性特征。研学基地（营地）的公益性教育功能大于营利性功能，只有真正有教育情怀的投资人才适合建设并运营研学基地（营地）。

研学旅行基地（营地）在实际运营过程中，应将社会效益放在首位，对经当地相关主管部门核准为贫困家庭的贫困生适当减免费用。

任务实施

营地项目规划面积 $10hm^2$，其中建筑占地面积为 $0.98hm^2$、水体面积为 $0.44hm^2$，铺装面积为 $2.41hm^2$，绿地面积 $6.17hm^2$。研学旅行营地是综合实践基地首选的学习场地，主要通过“生存体验、素质拓展、科学实践、专题教育”四大主题的具体内容来呈现实践活动。本项目共分为四个区：教学功能区、生活服务区、户外拓展区、亲子教育区。

任务三　研学旅行基地（营地）创建申报要点

学习目标

【能力目标】

能够清晰掌握研学旅行基地（营地）申报要点。

【知识目标】

(1) 了解研学旅行基地(营地)的申报要点。

(2) 掌握研学旅行基地(营地)申报的相关准备材料。

【素质目标】

(1) 通过对研学旅行基地(营地)申报要点的学习，加强学生的社会责任感。

(2) 培养学生与人协作、沟通和团队合作的能力。

任务描述

江西省某旅游景区被列入市级研学基地，小谭以该景点的申报研学基地为依托了解研学基地的相关知识。了解研学基地(营地)申报要点。

任务分析

小谭想全面了解研学基地(营地)，在实际操作上会有很多跟理论不同的地方，一定会遇到许多问题，如何申报，申报的要点是什么，所以本任务需要通过以下两个活动来完成：

(1) 了解研学旅行基地(营地)申报条件。

(2) 了解研学旅行基地(营地)认定程序。

知识准备

一、申报条件设置

申报市级中小学生研学旅行基地(营地)的，必须符合下列基本条件：

(1) 法人资质。申报单位具备法人资质。

(2) 前置条件。申报单位应符合以下类别中的前置条件之一：① 市级及以上相关部门命名或认定的爱国主义教育基地、国防教育基地、国家安全教育基地、海洋意识教育基地、革命旧址，列入全国红色旅游经典景区名录、省级红色旅游教育基地名录的景区，优秀传统文化教育基地、文物保护单位、历史文化遗产，市级及以上设立的博物馆、艺术馆等。② 市级及以上相关部门命名或认定的特色小镇、旅游风情小镇，美丽乡村 (A 级景区村庄、乡村旅游产业集聚区、最美田园、示范型农业基地等)，生态保护区(森林公园、湿地公园、水利公园等)、动植物园等。③ 省、市级及以上相关部门命名或认定的科普教育基地、科技创新基地、中小学综合实践教育基地、青少年活动中心；省级及以上设立的高等院校；

市级及以上设立的科技馆、各类青少年校外活动场所、大型公共设施等；④ 全国、省内闻名的企业、市场，省级及以上各类“旅游 +”产业融合示范基地等；⑤ 有较好育人价值、适合中小学生研学活动的国家 2A 级及以上旅游景区等。

(3) 运行情况。对公众正式开放，运营情况良好。

(4) 活动专区。设置有面向中小学生研学活动专区，且主要面向中小学生开放。

(5) 课程设置。开设适合中小学生研学旅行的课程，至少有一个活动主题。

(6) 讲解服务。配备有面向中小学生群体的专业讲解、辅导人员。能结合研学实践教育要求，提供有针对性、互动性、趣味性和引导性的讲解服务。

(7) 费用减免。凡接待学校集体组织的中小学生研学团组的，首道门票全免；内设的研学活动可免费参与的项目数不少于总项目数的 50%；对家庭组织研学、或学生个体参与的研学，按有关规定减免门票，并有特别的研学项目减免费等优惠举措。

(8) 安保措施。基地 (营地) 整体通过消防验收。符合公共场所安全的基本要求，有严格的安全管理措施，有针对中小学生群体的特别安全管护措施，各类安全设施设备运作良好。

(9) 信息化服务。开设有网站或公众微信号并全年公开开放接待时间和联系方式；具备师生及家长查询方便快捷、信息更新及时的研学实践服务和评价的信息管理系统。

申报市级中小学生研学旅行基地 (营地) 的，除必须符合基本条件外，还必须符合下列基本条件：

(1) 工程项目通过竣工验收，并已正式运营半年以上。

(2) 具有能同时接待 300 名及以上中小学生的床位。面向研学团队优惠后的住宿收费标准每人每天不超过 50 元。住宿区相对隔离；住宿卫生、安全等条件符合国家有关规定；制定有住宿安全管理制度，配有专门的、足量的安保人员，巡查、夜查工作正常。

(3) 有专门的面向中小学生研学活动的就餐区，能同时接纳 300 名及以上中小学生的集中用餐；符合国家餐饮卫生标准，食品留样工作落实到位。

(4) 服务配套，环境整洁。按能同时接待学生活动的上限人数计，有不少于人均 3 平方米的研学实践教育室内活动场所。

(5) 交通便捷，大巴车辆能直达，沿途路况好；内部或周边停车场地能容纳相应规模学生活动接送车辆停放；疏散方便。

(6) 内部具备基本的医疗保障条件，配有全天候值守的专门医护人员；附近 30 公里范围内，有可以随时施行急诊医疗的医院及救助资源。

(7) 内部有安全警示标志、有专门的安全应急通道；主要通道和重点部位有 24 小时、无死角的监控系统，监控影像资料回放保存至少 30 天；有现场安全教育和安全防护及消防措施，有应急预案；近 5 年来未发生过安全责任事故，近 3 年来没有受到各级行政管理 (执法) 机构的行政处罚。

(8) 管理机制健全，制度完备，正常运转；运转经费稳定；内部控制与财务制度健全，会计基础工作规范。

(9) 营地周边教育资源丰富，有若干个研学实践教育的基地，能够满足学生 2～4 天开展研学实践教育的需求。

(10) 有中小学生团队接待经验和接待能力；有从事研学实践教育工作的专业队伍；开辟有健身、健手、健脑、健心等教育服务项目，设计规划有不同主题、不同学段与学校教育内容相衔接的研学实践课程和线路。

(11) 投诉渠道畅通。建立投诉处理制度，确定专职人员处理相关事宜；公布有投诉举报电话、邮箱和投诉处理程序、时限等。

二、申报时间、认定程序

1. 申报认定时间安排

市级基地(营地)一般安排在每年 4 月启动申报，5 月认定公布(具体事项以开展有关申报工作的通知为准)。

2. 市级基地(营地)按以下基本程序申报、认定

(1) 受理。申报单位统一向教育局基教科提交纸质和电子申报材料。

(2) 会审。市教育局会同市文化和广电旅游体育局对申报项目进行材料审核，现场踏勘，召集相关部门业务科室和专家，按类别进行评审，出具评审意见。

(3) 公布。评审结果经公示无异议后，按程序由市教育局、市文化和广电旅游体育局联合发文公布。

已认定为省、地市级中小学生研学实践教育基地(营地)的，将直接公布为中小学生研学实践教育基地(营地)。获市级中小学生研学实践教育基地(营地)的可优先推荐地市、省级中小学生研学实践教育基地(营地)申报。

三、市级基地(营地)的基本义务

公布为市中小学生研学旅行基地(营地)的，除满足本市需求外，在其接待能力范围内，应积极主动接纳外市各地学校组织的中小学生研学实践教育团队。

四、摘牌退出机制

已公布为市中小学生研学旅行营地(基地)，若出现下列情况之一的，经核查确认后，予以摘牌退出处理：

(1) 情况发生变化，不再符合申报时的前置条件的；

(2) 发生安全责任事故，出现人员伤亡的；

(3) 发生严重舆情等事件，在社会上产生较大负面影响的；

(4) 不符国家旅游局发布的《研学旅行服务规范》相关要求，经第三方机构测评，学校、学生、家长等相关群体满意度极低的，或旅游等部门接到投诉不断的；

(5) 列入行业重点整治对象，业务主管部门提交摘牌书面意见的；

(6) 一年内没有接待研学旅行团队，或运行不正常、难以为继的；

(7) 其他原因，必须摘牌退出的。

任务实施

某市研学旅行基地申报表如表 7-2 所示。

表 7-2 某市研学旅行基地申报表

<table>
<tr><td>单位名称
（全称，与公章一致）</td><td colspan="5"></td></tr>
<tr><td>单位详细地址</td><td colspan="5"></td></tr>
<tr><td>统一社会信用代码</td><td colspan="5"></td></tr>
<tr><td>单位类型</td><td colspan="5">□事业单位 □国有企业 □民营企业 □其他：</td></tr>
<tr><td>成立时间</td><td></td><td>场地面积</td><td colspan="3">平方米
□租赁 □自有</td></tr>
<tr><td>负责人</td><td></td><td colspan="2">电话（手机）</td><td colspan="2"></td></tr>
<tr><td>联系人</td><td></td><td colspan="2">电话（手机）</td><td colspan="2"></td></tr>
<tr><td rowspan="2">在职员工总数（人）</td><td rowspan="2"></td><td colspan="2" rowspan="2">少先队实践教育
师资数（人）</td><td>专职</td><td></td></tr>
<tr><td>兼职</td><td></td></tr>
<tr><td>场地类别（关键词）</td><td colspan="5">如：爱国主义、科技、历史...</td></tr>
<tr><td>青少年（年均）
参与量</td><td></td><td colspan="2">场地最高容纳量</td><td></td><td></td></tr>
<tr><td colspan="6">一、场地简介（含成立背景、行业地位、其他机构命名、授牌情况）</td></tr>
</table>

续表

<table>
<tr><td>二、青少年实践教育活动开展经验（时间、主题名称）
1.
2.
3.
⋮</td></tr>
<tr><td>三、本场地关于少先队校外实践教育基地的设想（活动、师资、硬件元素等）</td></tr>
<tr><td>负责人（签字）：

单　位（盖章）：

年　月　日</td></tr>
<tr><td>主管部门意见（盖章）：

年　月　日</td></tr>
</table>

需一起提供的材料：

1. 申报单位资质证书或营业执照复印件；
2. 现有实践教育场地的环境照片，包括内外部环境、少先队专属设施、消防通道等。

项目小结

本项目主要介绍了研学旅行基地（营地）的含义和核心内容及其建设的基本原则，研学旅行基地（营地）的申报情况，旨在培养学对研学旅行基地（营地）的认识开发和统筹运用，以便在以后的实践中达到“知行合一”的目的。

基础检测

一、名词解释

研学旅行基地（营地）

二、简答题

研学旅行基地（营地）建设的基本原则有哪些？

三、实训题

认识一个研学基地

实训目的：深入了解研学基地的设施设备

实训内容：到研学基地现场观摩一次研学旅行实施的场景

实训方式：

1. 个人或小组业余时间实地考察
2. 以班级为单位集体到研学旅行基地观摩

实训要求：

1. 通过实训谈谈对研学旅行基地的认识，班级展开讨论。
2. 通过实训活动，总结观摩成果，分享交流。

项目八
研学旅行经典案例

思政素材

新时代呼唤研学旅行新作为

中国作为文明古国、礼仪之邦，自古以来游学之风颇为盛行。今天我们广泛关注研学旅行，也是优秀传统文化传承的需要，更是深刻认识社会的需要；是教育方式变革的需要，更是知识拓展的需要。所以，研学旅行涉及的绝对不仅是“阳春白雪”的文化、经典的文化，而也应该包括“下里巴人”的文化、民间的文化、老百姓的生生不息的、活生生的当地文化。文化自信、国家认同就是要通过旅游这种大众化、普遍性、老百姓乐于主动参与的方式，来落实、落细、落小；就是要通过研学旅行的方式激发感悟，激发文化自信、文化自觉，激发民族自豪感，激发“天下兴亡，匹夫有责”的民族复兴责任感。参与、认知、感悟、反省、内化，应该成为研学旅行追求的文化目的和责任。否则，如果只是走马观花、有眼无心，那研学旅行的意义就不大。

截止目前，我国有 2.35 亿的中小学生群体，10 岁以下的人口也有 1.41 亿之多。如何让研学旅行中我们的教育诉求和学生们的兴趣寻求之间达到契合？这是设计研学旅行方案的重要课题。我们必须了解到：研学旅行不仅包括文化，还应包括技能的提升，比如自主生活、社会交往等方面的能力；以及自然教育、户外生存等方面的知识。研学旅行产品的研发最关键的是坚持因人施策的理念。针对不同学龄的学生，设计针对性的研学旅行课程体系，并针对不同人群的特定需求策划研学活动；研学课程内容必须要体现德智体美劳多个维度，促进学生的全面发展。研学旅行产品需要注重政策宣传、科技前沿、思维启迪、素质培养等内容，要强调研学旅行产品的参与性、互动性、体验性、科技感、启发性、趣味性，要重视研学旅行过程中服务的人性化、舒适性。优秀的研学旅行方案，必须将这些方面都考虑进去，才能真正把研学旅行做好，也才能通过研学旅行把当地的资源价值充分挖掘出来。

任务一　红色主题研学活动实操

学习目标

【能力目标】

(1) 能够针对红色主题，制定相应的研学实践方案。

(2) 能够合理选择研学目的地，安排具有红色文化特色的实践活动。

【知识目标】

(1) 了解研学实践方案的含义。

(2) 理解红色文化的教育功能。

(3) 掌握红色主题研学旅行的特点。

(4) 掌握研学旅行方案制定的相关要素。

【素质目标】

(1) 通过对代表性红色研学旅行方案的学习，加强学生的工作责任感和历史使命感。

(2) 培养学生与人协作、沟通和团队合作的能力。

(3) 培养学生组织活动、协调活动开展的能力。

任务描述

江西某旅游公司与中小学进行合作，打算组织该校五年级学生在省内开展红色主题研学旅行，要求带领学生赴红色景点，学习红色历史，接受红色文化的洗礼。

小王是刚毕业的研学旅行管理专业大学生，现在接受总公司的委派，作为研学旅行活动方案制作者，负责进行研学旅行实践活动策划，完成活动组织及人员安排。

任务分析

小王作为刚毕业的大学生，针对红色主题，制定相应的研学旅行实践方案，一定会遇到许多问题：江西周边的红色景点分布情况如何？如何安排具有红色文化特色的实践活动？如何安排学生的食宿、安全、日常管理？如何进行工作人员的安排与协调？在方案制定过程中也要回顾自己所学的专业知识，需要与公司实际业务相结合，所以本任务需要通过以下两个活动来完成：

(1) 江西省旅游现状调研。

(2) 活动方案设计。

知识准备

一、江西红色历史及景点

江西是一片充满红色记忆的红土地，党史上的许多重大事件曾经在这里发生，共产党人的文韬武略大都在这里试验过、预演过。

2019 年，习近平总书记在江西考察时指出，要饮水思源，不要忘了革命先烈，不要忘了党的初心和使命，不要忘了我们的革命理想、革命宗旨，不要忘了我们中央苏区、革命老区的父老乡亲们；要求推进红色基因传承，从红色基因中汲取强大信仰力量，走好新时代长征路。

回顾我们党走过的苦难辉煌历程，无数革命先烈抛头颅、洒热血，视死如归、前赴后继，靠的就是信仰信念。革命战争年代，仅在江西这块红土地上，牺牲的有名有姓的革命烈士就有近 26 万人，他们用鲜血和生命铸就了伟大的井冈山精神、苏区精神、长征精神，也为我们留下了许许多多可歌可泣的英雄故事、树立起一座座信仰信念的精神丰碑。

江西的红色文化驰名中外，井冈山是中国革命的摇篮，南昌是中国人民解放军的诞生地，瑞金是中华苏维埃共和国临时中央政府成立的地方，安源是中国工人运动的策源地……井冈山革命历史辉煌，自然风光绚烂，红绿辉映，融为一体，是全国著名的革命圣地和 5A 级旅游景区。井冈山不仅革命遗址众多，而且风景非常秀丽，分为茨坪、龙潭、黄洋界、五指峰、笔架山、仙口、桐木岭、湘洲八大景区。

南昌八一起义纪念馆是为纪念南昌起义而设立的专题纪念馆，位于江西省南昌市西湖区中山路，占地面积 5903 平方米。南昌八一起义纪念馆基本陈列陈展各类图片、图表 509 幅，文物展品 407 件(套)，艺术品 51 件。

南昌新四军军部旧址陈列馆位于江西省南昌市西湖区友竹路 7 号，由旧址保护区、陈列展示区、纪念广场区三大部分组成，占地面积约 3 万平方米，总建筑面积 11 633 平方米。院内郁郁葱葱，中西合璧的建筑群青砖黛瓦、饱经沧桑。

瑞金共和国摇篮景区位于江西省瑞金市沙洲坝镇金都大道，占地 4550 余亩，由叶坪景区、红井景区、二苏大景区、中华苏维埃纪念园四大景区组成，叶坪景区位于叶坪乡叶坪村，红井景区、二苏大景区位于沙洲坝镇，中华苏维埃纪念园位于瑞金市红都大道以北、龙珠路以东。瑞金共和国摇篮景区既保留“形体”的简朴，又展现出内涵的“身价”。

叶坪革命旧址群位于江西省瑞金市叶坪乡叶坪村，是全国保存最为完好的革命旧址群之一。旧址内有一苏大旧址、中共苏区中央局旧址、红军检阅台、红军烈士纪念塔、公略亭等多处文物。这里既是中国第一个全国性红色政权——中华苏维埃共和国临时中央政府的诞生地，又是中共苏区中央局和临时中央政府机关在瑞金的第一个驻地。

安源路矿工人大罢工谈判旧址位于江西省萍乡市安源区安源镇八方井。旧址原是萍乡煤矿公事房，建于清光绪三十二年，占地600平方米，是砖木结构轿顶式两层楼房，前后均有拱通廊，后廊有螺旋式铁梯。

二、红色文化研学旅行产品的相关要求

完善红色文化研学旅行产品体系，要求坚持市场导向，针对不同客源群体，整合各地红色旅游资源，突出产品特色，打造红色文化研学旅行产品。进一步细分红色教育客源市场，针对中小学生、社会青年、企业员工、民兵预备役等社会公民群体，重点推出能满足党员干部党性教育、中小学生爱国主义教育、青少年革命传统教育实践、社会青年企业员工民兵预备役等社会公民国防教育的红色旅游产品体系。要求结合建党、建军、建国等重大纪念活动及其他重要节假日，组织开展红色研学旅行系列活动。

任务实施

红色研学旅行课程实施方案

一、活动主题

“红色筑梦·井冈小红军”研学旅行课程实施方案

二、目的意义

为贯彻党的教育方针，推进素质教育全面实施，培养学生红色情怀和爱党爱国热情，进一步推动研学旅行工作的扎实、有效开展，结合江西省中小学研学旅行的有关要求和学科教学需求，开展主题为“红色筑梦·井冈小红军”的研学旅行互动课程。

通过前往“红色摇篮”井冈山开展访问老红军后代、参观红色景点、军事训练等形式多样、主题鲜明、广泛参与的系列活动，让中小学生全面了解和正确认识党的光荣传统、革命历程，培养他们的爱国主义情操，汲取艰苦奋斗的精神，更好地让青少年得到锻炼，提高青少年的综合素质，为今后的学习和生活做好铺垫，为其茁壮成长打下坚实的基础。

具体达到以下目标：

(1) 继承和弘扬井冈山精神、革命传统、爱国主义精神，坚定理想信念，丰富艰苦奋斗的内涵，将崇高理想与现实学习、生活统一起来，使之不断地与时俱进、升华提炼。

(2) 通过“寻根红色文化之源，探秘绿色生态宝库”，激发同学们的爱国热情和对大自然的认识与热爱。

(3) 将“爱国主义教育(红色文化)”“绿色生态教育”“古色文化教育(地域文化)”紧密结合，让同学们更加深入地了解和践行社会主义核心价值观。

(4) 帮助同学们树立正确的世界观、人生观、价值观，做一名“有梦想、有信仰”的时代新人。

(5) 让中小学生学习、践行“坚定信念、艰苦奋斗、实事求是、敢闯新路，依靠群众、勇于胜利”的井冈山精神；

(6) 培养中小学生“参与、体验、调查、研究、思考、创新、实践、发扬”的红色文化和自然生态研学习惯。

三、物品准备

物资准备：大巴车、条幅、小红军服、矿泉水、研学手册、安全手册、常备药物(创可贴、十滴水、人丹、红花油、风油精等)。

知识准备：活动前围绕研学主题，班主任上一节活动指导课，学生在教师指导下，通过调查、访问、查阅资料、专题讲座、观看视频等形式做好知识储备。

四、课程实施过程

(一)行前准备

(1) 学生明确研学主题。

(2) 对学生进行安全教育、文明教育。

(3) 发放研学手册。

(二)行中研学

(1) 参观井冈山，让学生在几天的实践中学习井冈山革命先烈的艰苦奋斗和不畏牺牲精神，让红色基因在血液中流淌。

(2) 通过传唱红歌，在歌声中体会井冈山精神。

(3) 通过参与打糍粑、制作红军饭等活动，感受井冈山客家情。

(4) 通过整场研学活动，培养学生的沟通、团结协作能力。

(三)成长评估

(1) 根据本次研学特点，对学生的研学旅行活动进行评价。

(2) 通过摄影展示、手抄报制作分享、征文比赛、举行主题班会，分享研学心得，进行研学成果评选。

(3) 通过课程评价表评选优秀研学成果、优秀班级、优秀小组、优秀个人等，表彰优秀。

五、人员分工

人员分工如表 8-1 所示。

表 8-1 “红色筑梦 · 井冈小红军”研学旅行人员分工表

相关人员	职责	具 体 事 务
带队老师	总负责	研学活动总协调
助教老师 1	主题教育	红色文化讲解、研学活动组织
助教老师 2	生活管理	学生住宿、餐饮及乘车
安全员	安全管理	行前安全教育、研学途中安全保障
随行校医	健康保障	学生健康保障
学生组长	学生团队协调	带领同学积极参与活动，协助老师组织活动
学生副组长	宣传	协助老师进行活动宣传工作

六、路线和日程安排

路线安排：学校—井冈山革命博物馆—井冈山革命烈士陵园—黄洋界哨口、挑粮小道—茨坪毛主席旧居—脱贫示范村“神山村”—学校。

日程安排如表 8-2 所示。

表 8-2 日程安排

时间	主题	地点	主 要 内 容
第一天：集结革命圣地			
7:00—09:00	安全注意事项、趣味互动活动等	大巴车	研学课程特色基础训练及团体文化建设，帮助学生快速融入情境，提升积极性和参与热情
09:30—10:30	“小红军”抵达中国革命摇篮、全国中小学生研学旅行目的地城市——井冈山→入住基地→分房→放置行李→换发衣服		
10:30—11:30	开班仪式	红旗广场	着红军服，集体朗诵红色诗歌
11:30—14:00	整队清点人数→分桌→餐前训导→午餐（基地）→休整		

续表一

时间	主题	地点	主要内容
14:00—15:00	了解井冈山的斗争	井冈山革命博物馆	了解历史，感受历史，在博物馆的参观过程中重温那段波澜壮阔的烽火岁月，从而铭记历史，珍惜当下的幸福与和平
15:00—17:00	缅怀先烈，珍惜当下	井冈山革命烈士陵园	井冈山早已不仅仅是一座山，它成为了一种符号、一种象征、一种震撼、一种吸引、更是一种信仰。缅怀革命先烈，敬献花圈
17:00—18:30	整队清点人数→入座→晚餐（基地）→休整		
19:00—20:00	内务强化训练	住宿基地	养成良好的学习、生活习惯和积极向上、遵守纪律、团结友爱的品质
20:00—21:00	填写研学手册→与家长联系→休整→洗漱→熄灯→就寝→教师查寝		
第二天：感受井冈情怀			
07:00-08:00	起床→洗漱→整理内务及着装→整队清点人数→前往操场集合→早餐（基地）、整队清点人数→登车前往教学点		
08:30-11:30	忆峥嵘岁月	黄洋界哨口、挑粮小道	真实感受黄洋界哨口革命旧址、挑粮小道，还原红军波澜壮阔的战争岁月，再现小学课文《朱德的扁担》，忆苦思甜，珍惜来之不易的幸福生活
11:30-14:00	整队清点人数→分桌→午餐→休整→整队清点人数→登车前往教学点		
14:30-17:00	感受伟人风采（教师讲授毛委员在井冈山）	茨坪毛主席旧居	从 1927 年 10 月至 1929 年 1 月，毛泽东同志代表井冈山前委起草了《井冈山前委对中央的报告》一文，阐明了“工农武装割据”的新思想
17:00-18:30	整队清点人数→入座→晚餐（基地）→休整		
19:00-20:00	红歌比赛	住宿基地	轻松愉快的氛围中让学员放开歌喉唱响井冈山斗争时期留下的红色歌曲，感受每一首歌谣背后的感人故事
20:00-21:00	填写研学手册→与家长联系→休整→洗漱→熄灯→就寝→教师查寝		

续表二

时间	主题	地点	主要内容
17:00-18:30	整队清点人数→入座→晚餐（基地）→休整		
第三天：体验井冈客家情，惜别井冈山			
07:00-08:00	起床→洗漱→整理内务及着装→整队清点人数→前往操场集合→早餐（基地）→整队清点人数→登车前往教学点		
08:30-11:30	感受客家情、军民鱼水情	井冈山神山村	2016年2月2日，习近平总书记在井冈山市茅坪乡神山村同村民一起打糍粑。学员通过参与打糍粑活动，体验客家情，感受军民鱼水情。教师带领学生自己动手制作红军饭
11:30-14:00	整队清点人数→分桌→午餐→休整		
14:30-16:30	结营仪式	基地	结营仪式，总结发言，评优颁奖。学员通过与父母进行视频通话等形式，汇报本次研学收获
16:30-17:00	结束愉快行程，合影留念→整队清点人数→登车返回温馨的家		
[备注] 以上行程可根据天气及学员实际情况进行合理调整			

在这些活动中没有枯燥的说教，所有的体验都以环境模拟、现场讲解、参观教学的方式进行。通过对井冈山光荣而壮丽的革命历史学习，激发同学们的爱国热情和报效祖国的壮志雄心。“走进井冈山”、“爱国主义教育”及“感恩教育”紧密结合，让同学们更深刻地体会到现在的幸福生活来之不易并懂得珍惜，同时培养并加强社会主义荣辱观和责任感，引导青少年积极践行社会主义核心价值观。

七、活动预算

(1) 交通费：空调旅游大巴车（保证一人一正座） 100元/人。

(2) 住宿费：基地标准宿舍两晚（含早餐） 200元/人。

(3) 餐　费：正餐六餐，10人一桌，9菜1汤 200元/人。

(4) 门　票：含景区观光车 80元/人。

(5) 保险费：旅游意外险 10元/人。

(6) 红军服：三天租赁 20元/人。

(7) 景区讲解：博物馆等地讲解 20元/人。

(8) 矿泉水、条幅、应急药品、研学手册等 30元/人。

合计：660元/人

八、安全保障

(1) 研学旅行研学活动实行全封闭管理，设总负责老师1名、医护人员1名及助教教官数名。

(2) 学生研学前，组织人员对住宿及训练基地的消防、电力、供排水系统以及各种生活设施进行安全情况核实，以确保设备正常运行，消除不安全隐患。

(3) 研学基地实行24小时的安全保卫工作，防止外人恶意闯入，避免孩子们无故外出；学生就寝或休息时，派生活老师轮流职守，保证学生的休息及安全。

(4) 食宿: 选择配备安全许可的餐厅,保证每位学生的饮食营养与卫生,住宿2～3人/间宿舍。实行一人一铺模式，定时测量体温，必备消毒液、洗手液等。

(5) 交通: 选择专业优质的旅游大巴和驾龄6年以上经验丰富的老司机全程护送。

(6) 保险：为每一位学生及老师购买意外伤害险等保险。

(7) 医务：专业校医提供全程医务跟踪。

(8) 项目设计：所有户外活动均安全可靠。

(9) 疫情期间，保证接触的每位景区工作人员按时测量体温、戴口罩、勤洗手，并教导学生如何防控疫情。

(10) 制定安全方案及突发事件应急预案，保障研学活动开展。

附：

安全方案及突发事件应急预案

为保障学生研学旅行活动顺利圆满结束，在保证安全的基础上保证活动质量及效果，并为有效应急处置学生研学旅行活动可能发生的活动安全事故、交通安全事故等情况，确保事故处理高效、有序地进行，最大限度地减轻事故造成的损失，切实保障活动的安全，特制订本安全预案。

一、校外活动基本要求

(1) 必须牢固树立“安全第一”的思想，加强各个环节的安全工作，要多方考虑活动的安全性，落实安全责任。

(2) 每班安排两名校外辅导员教师组织学生活动，活动现场安排至少两名以上的安全督导人员，活动场地必须配备校医和急救车辆。学校、组织方、家长之间保持通信畅通，校方班主任老师必须随带本班家长的联系电话号码，校外辅导员教师必须随带班主任老师和安全督导人员、校医的电话号码，安全督导人员必须随带各班校外辅导老师、校医、教师、校方领导和司机的电话号码。

(3) 外出活动前，事先对学生进行安全教育，要讲明具体的安全要求（安全教育）及意外情况的联系方式、应急方案，要有据可查。要特别强调：① 准时；② 不得单独行动；③ 不得随意在无证摊贩处购物；④ 严禁前往地势险峻或无安全设施地方游玩；⑤ 活动过程中必须服从校外辅导老师的安排；⑥ 活动过程中要注意保管好自己的财物，注意安全。

(4) 外出活动以班级为单位集体组织活动，每次更换活动场地或者上车后必须清点人数。

(5) 学生活动期间，校外辅导教师必须密切注意学生动态并及时采取有效的管理措施。

(6) 学生在活动结束后先到校集合，由班主任老师与校外辅导教师交接完毕并安排放学后方可回家。如有特殊情况，必须向校方班主任老师或学校领导请假，经批准后再离开。

二、学校领导机构与职责（校方安排）

1. 学校安全工作领导小组

组　长：××

副组长：××

直接负责人：××

组　员：×× ×× ××

2. 领导小组职责

根据上级文件精神及学校实际，研究制定工作意见，并对各出行班级负责人、年级负责人、安全小组工作提出指导性意见。

统一指挥学生研学旅行活动安全事故处理，协调各方力量进行应急救援，控制事态发展。统一组织事故善后处理工作，落实整改措施，尽快恢复学校正常教育、教学秩序。

负责对各承办机构对学生出行的人员配置、团队接待、交通安全工作的协调和评价。

3. 直接责任人职责

下发上级有关文件和制订各项有关学生活动的文件通告，指导班主任学习学生研学旅行应急处理预案。

接到事故报告，立即向领导小组（组长）报告，随时掌握应急处理进展情况，协调各方关系，具体负责人员调度、组织后勤保障，保障应急处理工作的有序进行。

三、行动安全保障措施

(1) 活动往返车辆确保均为专业正规汽车服务公司有营运牌照的空调大巴车，车况良好，以保障往返路程安全，且车辆司机均有A牌驾照，有多年行车经验。

(2) 为学校参加活动每个班 (35 人以上) 安排 3 名经过严格培训、有多次带队经验的辅导老师，并与学生同吃同行，同时安排两名以上的监督人员进行全场巡视。

(3) 学生活动现场安排随队校医，配备急救车辆一辆，了解突发紧急事件急救方法并准备相关药物。

(4) 学生用餐由正规餐厅、景区餐厅统一配送，确保用餐卫生、安全、量足、可口。

(5) 参加活动的全体师生均购买相关保险。

四、活动紧急情况的预防和处理

(一) 学生意外受伤、意外伤害事故应急方案

(1) 发现学生出现意外伤害事故，必须把握“抢救第一”的原则，立即安排人员联系、报告活动责任人，就近送当地正规医院或者联系当地 120 急救中心予以紧急救助。同时疏散学生撤离至安全地点，保护事故现场。

(2) 根据伤势轻重，由负责人决定是否立即通知学生家长，并安排下一步行动。

(3) 回校后，责任人要写详细事故报告，根据事件严重程度按规定上报，处理。

(二) 预防措施

(1) 强化安全教育，增强学生自护意识；

(2) 带队老师熟悉各场所安全隐患，加强特殊地段的预防；

(3) 遵守活动章程，不违规操作；

(4) 抓好组织教学，防止学生脱离集体，私自行动；

(5) 活动前宣讲安全注意事项，活动中加强防护，活动后有安全小结。

(三) 处理方法

(1) 微伤 (只破一点皮，不出血)，可由带队老师暂用创可贴自行处理，过后送往校医处理。

(2) 轻伤 (破皮出血)，由其中一位带队老师立即送往校医处理 (另一位带队老师维持秩序，或继续组织活动)，及时做好止痛、止血、消炎、包扎等工作，可留医查看，带队老师听从校医安排，按时接学生归队。

(3) 轻伤以上的伤情，带队老师第一时间向督导或领导汇报学生伤情，并立即送往校医处，校医应对伤员紧急处理，并做出准确判断，必要时应由专门人员尽快送受伤者到医院治疗。

(4) 如出现轻伤以上的伤情，应由督导或领队迅速通过外联员报告学校领导和班主任。

(5) 校医对受伤学生应作好登记，督导和领队对轻伤以上的学生作全程跟踪服务 (送医院、报告学校领导、与班主任和家长沟通、定期电话询问等)。

任务二　科技主题研学活动实操

学习目标

【能力目标】

(1) 能够针对科技主题，制定相应的研学实践方案。

(2) 能够合理选择研学目的地，安排具有科技文化特色的实践活动。

【知识目标】

(1) 了解研学实践方案的含义。

(2) 理解科技文化的教育功能。

(3) 掌握科技主题研学活动的特点和实践性。

(4) 掌握研学方案制定的相关要素。

【素质目标】

(1) 通过对代表性科技主题研学方案的学习，加强学生的工作责任感和爱国之情。

(2) 培养学生与人协作、沟通和团队合作的能力。

(3) 培养学生组织活动、协调活动开展的能力。

任务描述

北京某旅游公司与中小学进行合作，打算组织该校学生开展无人机主题研学旅行，要求带领学生赴相关场馆参观学习，引导学生认识到我国科技的高速发展，感受科技的力量。

小王是刚毕业的研学旅行管理专业大学生，现在接受总公司的委派，作为研学活动方案制作者，进行研学实践活动策划，完成活动组织及人员安排。

任务分析

小王作为刚毕业的大学生，针对科技主题，制定相应的研学实践方案，一定会遇到许多问题：科技场馆分布情况如何？如何安排具有科技文化特色的实践活动？如何安排学生的食宿、安全、日常管理？如何进行工作人员的安排与协调？在这过程中也要回顾自己所学的专业知识，需要与公司实际业务相结合。所以本任务需要通过以下两个活动来完成：

(1) 无人机主题调研。

(2) 活动方案设计。

知识准备

一、无人机简介

无人驾驶飞机简称“无人机”，英文缩写为“UAV”，是利用无线电遥控设备和自备的程序控制装置操纵的不载人飞机，或者由车载计算机完全地或间歇地自主操作的不载人飞机。与有人驾驶飞机相比，无人机往往更适合那些太“愚钝，肮脏或危险”的任务。无人机按应用领域，可分为军用与民用。军用方面，无人机分为侦察机和靶机。民用方面，无人机 + 行业应用，是无人机真正的刚需；在航拍、农业、植保、微型自拍、快递运输、灾难救援、观察野生动物、监控传染病、测绘、新闻报道、电力巡检、救灾、影视拍摄等领域的应用，大大地拓展了无人机本身的用途。

2018 年 9 月份，世界海关组织协调制度委员会 (HSC) 第 62 次会议决定，将无人机归类为“会飞的照相机”。

二、科技文化研学旅行产品的相关要求

完善科技文化研学旅行产品体系，要求坚持市场导向，针对不同客源群体，整合各地科技旅游资源，突出产品特色，打造科技文化研学旅行产品。要求以科学技术为支撑，以各种科技资源为吸引物，以满足旅行者增长知识、开拓视野、丰富阅历、休闲娱乐等旅行需求为目的，融参观、考察、学习、娱乐等于一体的活动。

任务实施

北京航空航天大学无人机研学旅行方案

一、研学时间

研学时间为 2019 年 11 月。

二、课程目的

为推动无人机教育发展，传播无人机文化知识，弘扬创新实践精神，培养具备开拓创新潜力的下一代创新人才，营造中小学校科技创新文化氛围，激发中小学校

自主创新动力，特推出航空科技研学旅行活动。通过在北京航空航天大学开展航空科技研学旅行活动，学习无人机的安装，体验炫酷的飞行，宣传普及航空知识，激发青少年对航空科技的热情和积极性。

三、课程特色

走进飞行体验中心，感受 K8 教练机模拟飞行体验；在无人机实验室进行无人机设计组装，在无人机实验室，听无人机科普讲座；感受无人机飞行竞赛体验；参观航空航天博物馆；获赠自己组装的无人机飞机模型。

四、研学要点

最权威：北京航空航天大学专业团队带队讲解无人机组装、试飞。

最丰富：课程内容多样化，深入学习无人机课程。

最真实：全真场景呈现，真正实现体验式教学。

五、研学课程

09:00—09:20 无人机基地展厅参观体验；

09:30—10:00 参观北京航空航天大学；

10:00—11:00 无人机科普课、无人机理论课、任务单检测、模拟飞行；

11:00—12:00 参观北京航空航天博物馆（如果学校有特殊情况不能安排，请理解）；

12:00—13:00 品牌快餐或学校食堂；

13:00—14:00 大教室、模拟器室午休；

14:00—15:00 模拟器室模拟练习 K8 教练机模拟飞行体验；

15:00—16:00 无人机实飞比赛；

16:00—16:50 大教室组装无人机；

16:50—17:00 基地展厅合影；

17:00 获赠自己组装的无人机飞机模型。

附：

研学旅行安全预案

为贯彻落实“安全第一，预防为主”的安全工作方针，确保师生研学旅行的安全，特制订此研学旅行应急预案。

一、出发前注意事项

(1) 根据报名人数分班，取好班名、队名。原则上一个班 40 人，选择一名班长；1 个班分为 2 队（每队 20 人），每队选出队长；1 个队分成 2 个小组（每组 10 人），选出组长。班长、队长、组长辅助带队老师进行管理，清点人数，保障队伍不掉队。

(2) 按照学校指令统一地点，统一时间，准时出发，任何人不能影响整体行动。

(3) 来京火车上注意安全（不得打闹等），如有急事，必须先向带队教师请示。

(4) 任何时候不得离开团体单独行动，一切行动听从指挥；否则，出现不良后果自行承担。

二、活动过程中安全细节

1. 讲解员安全培训

组委会对所有讲解员进行三轮针对性的安全培训和动员。

2. 接站

(1) 讲解员提前一个小时到站台接站。

(2) 接站车辆提前半个小时到达火车站停车场，并接受组委会负责人检验。

(3) 下车后，由讲解员和带队老师当场清点人数，由讲解员带领列队出站，有序上车。

(4) 其他：讲解员与带队教师随时沟通，掌握学生各方面情况。

3. 管理

(1) 研学旅行现场由专人负责管理，学生不能随便出入。

(2) 分区进行安全管理，与学生同吃同住，保障安全。

(3) 场地保持清洁卫生，餐具每餐消毒。

4. 市内各景点活动

(1) 时间空间转换：每次转换场地时讲解员和带队老师均需要清点人数，核实无误后方可进行下一步活动。

(2) 场馆内参观：严格按照队列行进，严禁打闹、攀爬建筑物。如遇紧急情况辅导员应及时与领队联系妥善处理。

5. 用餐

(1) 讲解员提前通知餐饮负责人就餐地到达时间及人数，保证用餐顺畅。

(2) 组委会监督就餐地卫生，确定用餐菜肴，确保菜肴的数量和质量，保证饮食安全。

6. 住宿

讲解员每天要在就寝前查房，确认每名学生均在自己的房间内。

7. 交通

(1) 所有用于接待研学旅行学生的车辆均是北京正规公司营运的车辆，专车专用。

(2) 车辆在使用前必须进行检查，保证车辆完好无损。

(3) 车辆均有专职司机，驾龄10年以上，驾驶记录良好，熟悉运营路线和规则。

8. 送站

(1) 组委会协助带队教师分好座位或铺位，按照单子仔细登记。

(2) 讲解员提前一个小时将学生们带到离京火车站，保证能够顺利上火车。

(3) 保证所有学生均已上车，并等到火车启动后讲解员再离开车站。

三、预防意外事故紧急应变措施

1. 预防受伤或生病情况

(1) 活动及休息场地内配有经验丰富的队医，时刻观察学生身体状况。如有突发病情，专人看护并派专车送往指定医院救治。

(2) 对于轻微生病者 (发烧、感冒等)，组委会将派专业人员护理。

(3) 严重者及时通知学校领队和学生家长，同时派专业医务人员陪同医院就诊，并垫付学生在京医疗全部费用，同时向保险公司申报相关事宜。

2. 预防人员走失情况

(1) 告知联系方法。学生手册上填写带队老师和讲解员老师的联系电话，如有走失，安排专人接送或在原地等待，还可以通过 110 电话求助。

(2) 学生分成 10 人一小组，统一活动，相互监督。

3. 预防食物中毒情况

(1) 就餐时，干净卫生。在外与符合卫生标准的正规餐厅合作。

(2) 严禁学生购买小商小贩的食物。

(3) 如发现有中毒情况应及时送往医院，同时告知校方负责人详情，与所在餐厅协商并通知保险公司。

4. 预防交通事故

(1) 下车后，讲解员清点人数，人员齐备后带离汽车，通知汽车启动离开。

(2) 在京期间，禁止学生私自外出。外出活动，统一组织车辆直接到达指定地点。

(3) 活动车辆限速行驶，避免交通事故。如有发生，及时拨打 120 急救电话，救治受伤人员，并告知学校负责人实际情况，向保险公司申报情况。

5. 预防火情

(1) 严禁携带易燃易爆物进入室内，安排值班工作人员 24 小时巡视。

(2) 室内活动在符合安全标准的报告厅或大礼堂进行，做好防范工作。

(3) 消防设备齐备，安排专人巡视，如发现隐患及时补救，从所有场所的安全出口紧急疏散学生，同时拨打 119 火警电话。

6. 预防财物丢失情况

(1) 上下车之前提示学生对照检查随身物品是否整理好。

(2) 携带财物丢失后，讲解员协助学生调查，与相关责任人沟通，必要时可以请公安部门介入。

7. 出现其他情况

活动进行中如出现其他情况，组委会将及时酌情处理，原则是首先要保证人身安全，其次要保证研学旅行安全顺利进行。

任务三　生态环保主题研学活动实操

学习目标

【能力目标】

(1) 能够针对生态环保主题，制定相应的研学实践方案。

(2) 能够合理选择研学目的地，安排具有生态环保特色的实践活动。

【知识目标】

(1) 了解研学实践方案的含义。

(2) 理解生态环保的教育功能。

(3) 掌握生态环保主题研学游的特点和实践性。

(4) 掌握研学方案制定的相关要素。

【素质目标】

(1) 通过对代表性生态环保主题研学方案的学习，加强学生的责任感和爱国之情。

(2) 培养学生与人协作、沟通和团队合作的能力。

(3) 培养学生组织活动、协调活动开展的能力。

任务描述

北京某旅游公司与中小学进行合作，打算组织该校学生开展生态环保主题研学活动，要求带领学生参加相关活动，引导学生认识到“金山银山不如绿水青山，既要绿水青山，也要金山银山”的发展理念。

小王是刚毕业的研学旅行管理专业大学生，现在接受总公司的委派，作为研学活动方案制作工作者，负责进行研学实践活动策划，完成活动组织及人员安排。

任务分析

小王作为刚毕业的大学生，针对生态环保主题，制定相应的研学实践方案，一定会遇到许多问题：我国践行生态文明建设的指导思想是什么？如何安排具有生态环保特色的实践活动？如何安排学生的食宿、安全、日常管理？如何进行工作人员的安排与协调？在策划活动的过程中也要回顾自己所学的专业知识，需要与公司实际业务相结合。所以本任务需要通过以下两个活动来完成：

(1) 生态环保主题调研。

(2) 活动方案设计。

一、习近平生态文明思想

党的十八大以来，以习近平同志为核心的党中央把生态文明建设摆在全局工作的突出位置，全面加强生态文明建设，一体治理山水林田湖草沙，开展了一系列根本性、开创性、长远性工作，决心之大、力度之大、成效之大前所未有，生态文明建设从认识到实践都发生了历史性、转折性、全局性的变化。

习近平总书记传承中华民族传统文化、顺应时代潮流和人民意愿，站在坚持和发展中国特色社会主义、实现中华民族伟大复兴中国梦的战略高度，深刻回答了为什么建设生态文明、建设什么样的生态文明、怎样建设生态文明等重大理论和实践问题，系统形成了习近平生态文明思想，有力指导生态文明建设和生态环境保护取得历史性成就、发生历史性变革。习近平总书记关于生态文明建设的重要论述，立意高远，内涵丰富，思想深刻，对于我们深刻认识生态文明建设的重大意义，完整准确全面贯彻新发展理念，正确处理好经济发展同生态环境保护的关系，坚持走生产发展、生活富裕、生态良好的文明发展道路，加快建设资源节约型、环境友好型社会，推动形成绿色发展方式和生活方式，推进美丽中国建设，实现中华民族永续发展，实现“两个一百年”奋斗目标、实现中华民族伟大复兴的中国梦，具有十分重要的意义。

二、生态环保主题研学旅行产品的相关要求

完善生态环保主题研学旅行产品体系，要求坚持市场导向，针对不同客源群体，整合各地生态环保主题研学旅行资源，突出产品特色，打造生态环保主题研学旅行产品；要求

以可持续发展为理念，以保护生态环境为前提，以统筹人与自然和谐发展为准则，并依托良好的自然生态环境和独特的人文生态系统，采取生态友好方式，开展生态体验、生态教育、生态认知。

任务实施

生态环保主题研学活动实操
绿色环保 我是环保小卫士——研学实践方案

一、活动背景

为贯彻党的十九大会议精神，落实《×× 市教育局 ×× 市旅游发展委员会关于进一步规范和加强 ×× 市中小学研学实践教育活动工作的意见》《教育部等 11 部门关于推进中小学研学实践教育活动的意见》《市教育局等 9 部门关于印发 ×× 市中小学研学实践教育活动工作实施意见》精神，按照《中小学德育工作指南》的要求，结合本校“点亮童心，习得智慧 ”的办学理念和“童话教育”的办学特色，综合开发校本课程，在全校全面实施“生态环保”研学实践特色课程。在课程实践中，落实立德树人的根本任务，帮助学生了解国情、热爱祖国、开阔眼界、增长知识。让学生能从社会、历史文化、大自然中汲取自身发展的力量，锻炼自己的实践能力、团队协作能力、处理问题能力，培养社会责任感和创新精神。

二、指导思想

以习近平新时代中国特色社会主义思想和坚定“四个自信”为指导思想，让学生在研学实践过程中感受家乡的美丽山水和传统文化，体验劳动的喜悦，培养学生学会学习、学会生活，锻炼学生坚强的意志，形成正确的人生观和价值观。

三、活动目的

一二年级以“生态环保”研学主题为主线，培养学生热爱自然、保护环境、团结协作的意识，锻炼其自理能力，通过让学生掌握垃圾分类的基本知识和技能，了解环保相关知识，将环保意识的培养和学生的思想品德教育相结合，提高学生的生态环保意识。

四、活动程序

(1) 垃圾分类，环保先行。

学生们到达基地后，导师以印度恒河为案例，为孩子们讲述垃圾污染带来的环境破坏和生存环境的危机。

(2) 垃圾分类游戏，让孩子在体验中学习。

玩转垃圾大神游戏。四大垃圾分类展示在四个不同的垃圾桶上，每种垃圾被做成小卡片，孩子们根据手中的卡片去归类。边玩边学中孩子们深深地认识到生活中不同垃圾如何分类的问题。

(3) 环保时装秀，可回收垃圾的魅力绽放。

废旧纸张属于可回收垃圾。废旧纸张的再利用，除了能重新生产出新的纸张，也能做出各种环保作品。每个班级分成 4 个小组，每个组学生根据材料发挥创意和想象，充分参与制作，做出不同款式的服装进行展示。培养学生创意物化的能力，不仅是研学旅行培养孩子能力的目标之一，还能促进学生想象力和创造力的开发。

(4) “垃圾蹲”游戏，在快乐中掌握垃圾分类。

“可回收垃圾蹲，可回收垃圾蹲，可回收垃圾蹲完有害垃圾蹲”，让孩子们扮演四大垃圾分类，在有趣的游戏中认知可回收垃圾、其他垃圾、有害垃圾、厨余垃圾，加深对垃圾分类的认知，同时也培养团队合作的精神。

(5) 制作工艺品，创意物化能力的培养。

研学指导师引导孩子，将部分可回收垃圾制作成为工艺品，充分培养孩子对美好事物的创造力。

(6) 规则培养，立德树人。

“锄禾日当午，汗滴禾下土。谁知盘中餐，粒粒皆辛苦。”让孩子们在导师的带领下，有序入座，一起诵读，感受粮食来之不易。

五、活动意义

本次研学实践活动是一次户外的课堂，在研学中培养了孩子的观察能力，团队合作意识、创意物化能力、发现问题并解决问题的能力。请通过研学评价表如表 8–3 所示，对本次研学旅行活动做出评价。

表 8–3　研学评价表

请从以下几个方面对本次研学旅行活动做出评价。

评价项目	具 体 内 容
合作交流	1. 是否能主动和同学配合
	2. 是否乐于帮助同学
	3. 是否能认真倾听同学的观点和意见
	4. 是否对班级和小组的活动贡献很大
探究学习	1. 是否能认真完成研学的前期准备
	2. 是否能积极主动地参与研学前的各项活动
	3. 是否会用多种方法搜集处理信息

续表

评价项目	具 体 内 容
研学过程	1. 是否做到不怕困难和辛苦
	2. 是否能积极主动地参与活动
	3. 是否能积极主动地发现问题并寻求办法
	4. 是否能严格要求自己，文明旅行
成果展示	1. 是否能认真细致地完成研学手册
	2. 是否能积极主动地展示研学成果
	3. 成果是否有新意
我对自己的评价	
小组的评价	
老师的评价	

任务四　职业探索主题研学活动实操

【能力目标】

(1) 能够针对职业探索主题，制定相应的研学实践方案。

(2) 能够合理选择研学目的地，安排具有职业探索特色的实践活动。

【知识目标】

(1) 了解研学实践方案的含义。

(2) 理解职业探索主题的教育功能。

(3) 掌握职业探索主题研学活动的特点和实践性。

(4) 掌握研学方案制定的相关要素。

【素质目标】

(1) 通过对代表性的职业探索主题研学方案的学习，加强学生的责任感。

(2) 培养学生与人协作、沟通和团队合作的能力。

(3) 培养学生组织活动、协调活动开展的能力。

任务描述

北京某旅游公司与中学进行合作，打算组织该校学生开展职业探索主题研学旅行，要求组织学生参与相关主题活动，引导学生进行职业探索，逐步确立职业生涯目标。

小王是刚毕业的研学旅行管理专业大学生，现在接受总公司的委派，作为研学活动方案制作工作者，负责进行研学实践活动策划，完成活动组织及人员安排。

任务分析

小王作为刚毕业的大学生，针对职业探索主题，制订相应的研学实践方案，一定会遇到许多问题：如何安排具有职业探索特色的实践活动？如何安排学生的食宿、安全、日常管理？如何进行工作人员的安排与协调？在制定方案的过程中也要回顾自己所学的专业知识，需要与公司实际业务相结合，所以本任务需要通过以下两个活动来完成：

(1) 职业探索。

(2) 活动方案设计。

知识准备

一、职业探索

职业探索旨在帮助学生建立认识职业世界的概念框架和结构；学会获取有效的职业信息，整合并评估职业信息；找到自己的兴趣爱好，进行职业探索；力求达到对目标职业有充分的了解，并在明确和职业要求的差距中制定求职策略，从而有效地规划当前的学习和生活。

二、职业探索主题研学旅行产品的相关要求

完善职业探索主题研学旅行产品体系，要求坚持市场导向，针对不同客源群体，整合各地职业旅行资源，突出产品特色，打造职业探索主题旅行产品。要求研学旅行活动以职业探索教育为支撑，以各种职业介绍为基点，以满足旅行者增长知识、开拓视野、丰富阅历、确立职业目标等旅行需求为目的，融参观、考察、学习、娱乐等于一体。

任务实施

青少年生涯探索研学营

一、课程特色

(1) 4 天 3 晚，参观哈尔滨工业大学、哈尔滨工程大学两所大学的相关实验室，与名校教师、学生面对面，激发学生学习动力。

(2) 为每位参加研学的学生提供教授评价，授予智涯教育出具的“生涯探索，认识工作世界”社会实践证明。

(3) 邀请企业人力资源经理、大学专业教师，教授点评学生生涯发展方案。

(4) 全程录像，记录学生成长历程。

(5) 赠送家长课程由 ×× 教授亲自讲授，帮助家长了解学生特点，完善生涯规划方案。

(6) 10 号前确定付款，赠送一对一测评，出具测评报告。

本次研学营针对初、高中学生的需求设计，通过探索活动、团队游戏、绘画、分享交流、职业测评等方式帮助学生清晰自己未来的职业、专业定位、激发学习动力；通过成就事件、闪光时刻等团体活动帮助学生发现学科兴趣、自身优势、潜在的特点，提升学习动力、增强自信心；通过院校参观，解析专业，让学生提前了解职场、了解职业专业的需求。

让孩子们在研学营的探索活动中，渡过一个有意义的假期，遇到一些有趣的伙伴，打开人生新的视角，获得生涯导师的指导，开启人生新的旅程。

二、参营人员

12～18 岁青少年，初高中生。

三、训练目标

(1) 知专业——叙事生涯探索活动。

通过六岛环游、MBTI 生涯探索、职业测评、未来名片分享的方式帮助学生深度清晰自己未来的职业、专业定位，清晰选科、选专业方向，激发学习动力。

(2) 游大学——感受名校风韵。

以哈尔滨工业大学、哈尔滨工程大学为基地精心设计的一日游学，让同学们以游览讲解、交流讲座、动手体验等方式零距离接触大学生活，让同学们增长见识、开阔视野，在与校园的亲密感受中找到自己努力的方向；访谈名校学子，提升沟通与合作能力，了解名校各专业的专业内涵、专业设置、专业学习难度，专业相关职业、专业发展路径等。

(3) 定目标——激发未来学习动力。

通过让学生述说成就事件、闪光时刻以及给未来的一封信等，彼此见证人生重要结点；通过团体活动和仪式帮助学生发现自身优势、潜在的兴趣和特点，激发对未来生活的憧憬与向往。

(4) 访职业——解职业特质。

访谈大学学长、职场人物，了解典型职业的工作情形，理智选择未来的专业。

本期智涯教育青少年生涯探索研学营是以探索中学生对专业、职业的兴趣为目标，以职业生涯理论、心理学、管理学为基础，全程贯穿团队游戏、生涯体验、生涯访谈、名校参访、专业访谈、公司模拟等，以多元的方式进行生涯探索，提升中学生生涯认知能力，为今后的选择(如选考选科、三位一体面试、清晰未来专业职业)、寻找学习方向、激发学习动力奠定良好的基础。

四、课程安排

(一)三天的叙事：自我探索

模块一：团队组建、沟通体验；

模块二：兴趣探索与未来职业和专业；

模块三：性格探索与未来职业和专业；

模块四：我的职业兴趣；

模块五：洞察我的才能；

模块六：多元智能与未来职业和专业；

模块七：我的能力清单；

模块八：我理想的生涯愿景；

模块九：我重要的工作价值观；

模块十：我的家庭职业树、生命之树。

(二)最后一天：外部世界探索

(1) 参观访问：上午哈尔滨工业大学，下午哈尔滨工程大学的相关重点实验室探访、学长学姐经验介绍、专家讲学科专业、职业生涯人物访谈。

(2) 结营仪式。

五、跟踪服务

(1) 营地专属营服 1 件、旅游保险费用。

(2) 营地住宿、餐饮、培训场地安排。

(3) 助教老师全程陪同。

六、活动时间及费用

(1) 时间：1 月 27 日至 30 日(四天三晚)。

(2) 费用：3980 元 / 人。

附　　录

关于推进中小学生研学旅行的意见

教基一〔2016〕8号

各省、自治区、直辖市教育厅（教委）、发展改革委、公安厅（局）、财政厅（局）、交通运输厅（局、委）、文化厅（局）、食品药品监督管理局、旅游委（局）、保监局、团委，新疆生产建设兵团教育局、发展改革委、公安局、财务局、交通局、文化广播电视局、食品药品监督管理局、旅游局、团委，各铁路局：

为贯彻落实党的十八大和十八届三中、四中、五中、六中全会精神，深入学习贯彻习近平总书记系列重要讲话精神，秉承“创新、协调、绿色、开放、共享”的发展理念，落实立德树人根本任务，帮助中小学生了解国情、热爱祖国、开阔眼界、增长知识，着力提高他们的社会责任感、创新精神和实践能力，现就推进中小学生研学旅行提出如下意见。

一、重要意义

中小学生研学旅行是由教育部门和学校有计划地组织安排，通过集体旅行、集中食宿方式开展的研究性学习和旅行体验相结合的校外教育活动，是学校教育和校外教育衔接的创新形式，是教育教学的重要内容，是综合实践育人的有效途径。开展研学旅行，有利于促进学生培育和践行社会主义核心价值观，激发学生对党、对国家、对人民的热爱之情；有利于推动全面实施素质教育，创新人才培养模式，引导学生主动适应社会，促进书本知识和生活经验的深度融合；有利于加快提高人民生活质量，满足学生日益增长的旅游需求，从小培养学生文明旅游意识，养成文明旅游行为习惯。

近年来，各地积极探索开展研学旅行，部分试点地区取得显著成效，在促进学生健康成长和全面发展等方面发挥了重要作用，积累了有益经验。但一些地区在推进研学旅行工作过程中，存在思想认识不到位、协调机制不完善、责任机制不健全、安全保障不规范等问题，制约了研学旅行有效开展。当前，我国已进入全面建成小康社会决胜阶段，研学旅行正处在大有可为的发展机遇期，各地要把研学旅行摆在更加重要的位置，推动研学旅行健康快速发展。

二、工作目标

以立德树人、培养人才为根本目的，以预防为重、确保安全为基本前提，以深化改革、完善政策为着力点，以统筹协调、整合资源为突破口，因地制宜开展研学旅行。让广大中小学生在研学旅行中感受祖国大好河山，感受中华传统美德，感受革命光荣历史，感受改革开放伟大成就，增强对坚定“四个自信”的理解与认同；同时学会动手动脑，学会生存生活，学会做人做事，促进身心健康、体魄强健、意志坚强，促进形成正确的世界观、人生观、价值观，培养他们成为德智体美全面发展的社会主义建设者和接班人。

开发一批育人效果突出的研学旅行活动课程，建设一批具有良好示范带动作用的研学旅行基地，打造一批具有影响力的研学旅行精品线路，建立一套规范管理、责任清晰、多元筹资、保障安全的研学旅行工作机制，探索形成中小学生广泛参与、活动品质持续提升、组织管理规范有序、基础条件保障有力、安全责任落实到位、文化氛围健康向上的研学旅行发展体系。

三、基本原则

——教育性原则。研学旅行要结合学生身心特点、接受能力和实际需要，注重系统性、知识性、科学性和趣味性，为学生全面发展提供良好成长空间。

——实践性原则。研学旅行要因地制宜，呈现地域特色，引导学生走出校园，在与日常生活不同的环境中拓宽视野、丰富知识、了解社会、亲近自然、参与体验。

——安全性原则。研学旅行要坚持安全第一，建立安全保障机制，明确安全保障责任，落实安全保障措施，确保学生安全。

——公益性原则。研学旅行不得开展以营利为目的的经营性创收，对贫困家庭学生要减免费用。

四、主要任务

1. 纳入中小学教育教学计划。各地教育行政部门要加强对中小学开展研学旅行的指导和帮助。各中小学要结合当地实际，把研学旅行纳入学校教育教学计划，与综合实践活动课程统筹考虑，促进研学旅行和学校课程有机融合，要精心设计研学旅行活动课程，做到立意高远、目的明确、活动生动、学习有效，避免“只旅不学”或“只学不旅”现象。学校根据教育教学计划灵活安排研学旅行时间，一般安排在小学四到六年级、初中一到二年级、高中一到二年级，尽量错开旅游高峰期。学校根据学段特点和地域特色，逐步建立小学阶段以乡土乡情为主、初中阶段以县情市情为主、高中阶段以省情国情为主的研学旅行活动课程体系。

2. 加强研学旅行基地建设。各地教育、文化、旅游、共青团等部门、组织密切合作，根据研学旅行育人目标，结合域情、校情、生情，依托自然和文化遗产资源、红色教育资源和综合实践基地、大型公共设施、知名院校、工矿企业、科研机构等，遴选建设一批安全适宜的中小学生研学旅行基地，探索建立基地的准入标准、退出机制和评价体系；要以基地为重要依托，积极推动资源共享和区域合作，打造一批示范性研学旅行精品线路，逐步形成布局合理、互联互通的研学旅行网络。各基地要将研学旅行作为理想信念教育、爱国主义教育、革命传统教育、国情教育的重要载体，突出祖国大好风光、民族悠久历史、优良革命传统和现代化建设成就，根据小学、初中、高中不同学段的研学旅行目标，有针对性地开发自然类、历史类、地理类、科技类、人文类、体验类等多种类型的活动课程。

教育部将建设研学旅行网站，促进基地课程和学校师生间有效对接。

3. 规范研学旅行组织管理。各地教育行政部门和中小学要探索制定中小学生研学旅行工作规程，做到“活动有方案，行前有备案，应急有预案”。学校组织开展研学旅行可采取自行开展或委托开展的形式，提前拟定活动计划并按管理权限报教育行政部门备案，通过家长委员会、致家长的一封信或召开家长会等形式告知家长活动意义、时间安排、出行线路、费用收支、注意事项等信息，加强学生和教师的研学旅行事前培训和事后考核。学校自行开展研学旅行，要根据需要配备一定比例的学校领导、教师和安全员，也可吸收少数家长作为志愿者，负责学生活动管理和安全保障，与家长签订协议书，明确学校、家长、学生的责任权利。学校委托开展研学旅行，要与有资质、信誉好的委托企业或机构签订协议书，明确委托企业或机构承担学生研学旅行安全责任。

4. 健全经费筹措机制。各地可采取多种形式、多种渠道筹措中小学生研学旅行经费，探索建立政府、学校、社会、家庭共同承担的多元化经费筹措机制。交通部门对中小学生研学旅行公路和水路出行严格执行儿童票价优惠政策，铁路部门可根据研学旅行需求，在能力许可范围内积极安排好运力。文化、旅游等部门要对中小学生研学旅行实施减免场馆、景区、景点门票政策，提供优质旅游服务。保险监督管理机构会同教育行政部门推动将研学旅行纳入校方责任险范围，鼓励保险企业开发有针对性的产品，对投保费用实施优惠措施。鼓励通过社会捐赠、公益性活动等形式支持开展研学旅行。

5. 建立安全责任体系。各地要制订科学有效的中小学生研学旅行安全保障方案，探索建立行之有效的安全责任落实、事故处理、责任界定及纠纷处理机制，实施分级备案制度，做到层层落实，责任到人。教育行政部门负责督促学校落实安全责任，审核学校报送的活动方案（含保单信息）和应急预案。学校要做好行前安全教育工作，负责确认出行师生购买意外险，必须投保校方责任险，与家长签订安全责任书，与委托开展研学旅行的企业或机构签订安全责任书，明确各方安全责任。旅游部门负责审核开展研学旅行的企业或机构的准入条件和服务标准。交通部门负责督促有关运输企业检查学生出行的车、船等交通工具。公安、食品药品监管等部门加强对研学旅行涉及的住宿、餐饮等公共经营场所的安全监督，依法查处运送学生车辆的交通违法行为。保险监督管理机构负责指导保险行业提供并优化校方责任险、旅行社责任险等相关产品。

五、组织保障

1. 加强统筹协调。各地要成立由教育部门牵头，发改、公安、财政、交通、文化、食品药品监管、旅游、保监和共青团等相关部门、组织共同参加的中小学生研学旅行工作协调小组，办事机构可设在地方校外教育联席会议办公室，加大对研学旅行工作的统筹规划和管理指导，结合本地实际情况制订相应工作方案，将职责层层分解落实到相关部门和单位，定期检查工作推进情况，加强督查督办，切实将好事办好。

2. 强化督查评价。各地要建立健全中小学生参加研学旅行的评价机制，把中小学组织学生参加研学旅行的情况和成效作为学校综合考评体系的重要内容。学校要在充分尊重个性差异、鼓励多元发展的前提下，对学生参加研学旅行的情况和成效进行科学评价，并将评价结果逐步纳入学生学分管理体系和学生综合素质评价体系。

3. 加强宣传引导。各地要在中小学广泛开展研学旅行实验区和示范校创建工作，充分培育、挖掘和提炼先进典型经验，以点带面，整体推进。教育部将遴选确定部分地区为全国研学旅行实验区，积极宣传研学旅行的典型经验。各地要积极创新宣传内容和形式，向家长宣传研学旅行的重要意义，向学生宣传“读万卷书、行万里路”的重大作用，为研学旅行工作营造良好的社会环境和舆论氛围。

教育部 国家发展改革委 公安部
财政部 交通运输部 文化部
食品药品监管总局 国家旅游局 保监会
共青团中央 中国铁路总公司
2016 年 11 月 30 日

参考文献

[1] 甄鸿启，李凤堂．研学旅行教育理论与实践 [M]. 北京：旅游教育出版社，2020.

[2] 郭平．中学教育学 [M]. 成都：西南交通大学出版社，2015.

[3] 曾钊新，李建华．道德心理学 (上)[M]. 北京：商务印书馆，2017.

[4] 徐国民．中小学生涯教育理论与实务 [M]. 上海：上海交通大学出版社，2017.

[5] 邱美华，董华欣．生涯发展与辅导 [M]. 中国台北：心理出版社，1997.

[6] 魏巴德，邓青．研学旅行实操手册 [M]. 北京：教育科学出版社，2020.

[7] 王煜琴，赵恩兰．研学旅行执业实务 [M]. 北京：旅游教育出版社，2020.

[8] 邓德智，伍欣．研学旅行指导师实务 [M]. 北京：旅游教育出版社，2020.

[9] 李杰．研学旅行指导师基本素养 [M]. 桂林：广西师范大学出版社，2021.

[10] 陶行知．中国教育改造 [M]. 北京：北京联合出版公司，2015.

[11] 中国旅游研究院．中国研学旅行发展报告 (2017)[M]. 北京：旅游教育出版社，2018.

[12] 李先跃．研学旅行发展与服务体系研究 [M]. 武汉：华中科技大学出版社，2020.

[13] 陈大六，徐文琦．研学旅行理论与实务 [M]. 武汉：华中科技大学出版社，2020.

[14] 魏巴德，邓青．研学旅行实操手册 [M]. 北京：教育科学出版社，2020.

[15] 董妍，刘爱书．小学生心理学 [M]. 杭州：浙江教育出版社，2015.

[16] 国家教育行政学院．基础教育新视点 [M]. 北京：教育科学出版社，2003.

[17] 顾明远．国际教育新理念 [M]. 海口：海南出版社，2001.

[18] 郭一新．假日生意经旅游休闲篇 [M]. 广州：广东经济出版社，2000.

[19] 刘海春．生命与休闲教育 [M]. 北京：人民出版社，2008.

[20] 庞桂美．闲暇教育 [M]. 南京：江苏教育出版社，2004.

[21] 中国儿童中心．校外教育优秀案例研究背景 [M]. 北京：北京师范大学出版社，2011.

[22] 邹尚智．陶行知素质教育思想研究与实践 [M]. 北京：中国社会科学出版社，2004.

[23] 陈佑清．教育活动论 [M]. 南京：江苏教育出版社，2000.

[24] 郭元祥．综合实践活动课程与教学论 [M]. 北京：人民教育出版社，2013.

[25] 吴颖慧．研学旅行学校指导手册 [M]. 北京：北京师范大学出版社，2019.

[26] 中华人民共和国教育部义务教育劳动课程标准 (2022 年版)[DB/OL].(2022-04-21).[2022-05-06].http://www.moe.gov.cn/srcsite/A26/s8001/202204/W0202204 205 82367012450.pdf.

[27] 甄鸿启，李凤堂．研学旅行教育理论与实践 [M]. 北京：旅游教育出版社，2020.

[28] 刘洪涛，孔庆娜，王洪秋，等．新时期高校德育实践的新思考 [J]. 价值工程，2014,33(16):233-234.

[29] 徐明波．研学旅行的德育创新与实现路径 [J]. 思想政治课教学，2019(04):8-12.

[30] 吴支奎，杨洁. 研学旅行：培育学生核心素养的重要路径 [J]. 课程 . 教材 . 教法，2018,38(04):128.

[31] 肖祥 . 伦理学教程 [M]. 成都：电子科技大学出版社，2009.

[32] 绣道文化研学之旅：走进沙坪湘绣小镇 [DB.OL]. (2020-07-25).[2022-05-06]. https://www.sohu.com/a/409632158_99904683.

[33] 徐国民 . 中小学生涯教育理论与实务 [M]. 上海：上海交通大学出版社，2017.

[34] SUPER D E，A Life-Span, Life-Space Approach to Career Development[J]. Journal of Vocational Behavior 16, 282-298 (1980).

[35] 沈之菲 . 生涯心理辅导 [M]. 上海：上海教育出版社，2000.

[36] 徐寅 . 20 世纪 70 年代和 80 年代初美国生涯教育发展研究 [D]. 保定：河北大学出版社 , 2020.

[37] 周卓行 . 中学生研学旅行中的生涯教育 [J]. 江苏教育：心理健康，2017：33-35.

[38] 浙江 (杭州) 研学旅行：访名校，立大志，学传统，立大德 [DB.OL]. (2018-10-22). [2022-05-06]. https://www.sohu.com/a/270515259_822435.